拉美研究丛书
Latin American Studies Series

中国社会科学院
拉丁美洲研究所
INSTITUTO DE AMERICA LATINA
ACADEMIA DE CHINA DE CIENCIAS SOCIALES

墨西哥农业改革开放研究

Studies about Mexican Agricultural Reforms and Opening-up

谢文泽◎著

中国社会科学出版社

图书在版编目（CIP）数据

墨西哥农业改革开放研究／谢文泽著 . —北京：中国社会科学出版社，
2015. 5

（拉美研究丛书）

ISBN 978 - 7 - 5161 - 5892 - 0

Ⅰ.①墨…　Ⅱ.①谢…　Ⅲ.①农业经济—研究—墨西哥②农村经济—
研究—墨西哥③农民问题—研究—墨西哥　Ⅳ.①F337.31②D423.731

中国版本图书馆 CIP 数据核字（2015）第 069673 号

出 版 人	赵剑英
选题策划	罗　莉
责任编辑	刘　艳
责任校对	陈　晨
责任印制	戴　宽

出　　　版	中国社会科学出版社
社　　　址	北京鼓楼西大街甲 158 号
邮　　　编	100720
网　　　址	http://www.csspw.cn
发 行 部	010 - 84083685
门 市 部	010 - 84029450
经　　　销	新华书店及其他书店

印刷装订	三河市君旺印务有限公司
版　　次	2015 年 5 月第 1 版
印　　次	2015 年 5 月第 1 次印刷

开　　本	710×1000　1/16
印　　张	16.25
插　　页	2
字　　数	281 千字
定　　价	52.00 元

凡购买中国社会科学出版社图书，如有质量问题请与本社营销中心联系调换
电话:010 - 84083683

《拉美研究丛书》总序

  拉美和加勒比地区共有 33 个国家，总人口 5 亿多，经济总量高达 1.8 万亿美元，在世界政治和经济中发挥着越来越重要的作用。中国与拉美和加勒比地区虽然相距遥远，但友好交往源远流长，在政治、经济、文化等方面的交流与合作具有广阔的发展前景。拉美和加勒比地区是我国实施和平外交政策的重要对象，也是共同构筑和谐世界的重要伙伴。

  我国历代领导人都十分重视发展拉美和加勒比地区国家的关系。早在 1988 年，邓小平以其深邃的战略家的眼光，对将来的世界发展前景做出了这样的预言："人们常讲 21 世纪是太平洋时代……我坚信，那时也会出现一个拉美时代。我希望太平洋时代、大西洋时代和拉美时代同时出现。"他还指出："中国的政策是要同拉美国家建立和发展良好的关系，使中拉关系成为南南合作的范例。"2004 年，胡锦涛总书记提出了要从战略高度认识拉美的重要指示。2004 年 11 月 12 日，胡锦涛主席在巴西国会作演讲时指出，中拉关系在不远的将来能够实现如下发展目标：(1) 政治上相互支持，成为可信赖的全天候朋友。(2) 经济上优势互补，成为在新的起点上互利共赢的合作伙伴。(3) 文化上密切交流，成为不同文明积极对话的典范。

  我国与拉丁美洲和加勒比地区国家在争取民族解放、捍卫国家独立、建设自己国家的事业中有着相似的经历，双方在许多重大国际问题上有着相同或相似的立场。我国高度重视拉美在维护世界和平、促进共同发展方面所发挥的积极作用；越来越多的拉美国家领导人也认识到我国的重要性，对与我国的交往及合作持积极态度。

  作为中国—拉丁美洲友好协会的会长，我非常高兴地看到近年来中拉关系发展迅速。许多拉美国家的国家元首、政府首脑纷纷到中国访问，中国国家领导人也曾多次访问拉美。特别是2004年11月胡锦涛主席访问了阿根廷、巴西、智利和古巴四国；2005年1月曾庆红副主席又访问了墨西哥、秘鲁、委内瑞拉、特立尼达和多巴哥，以及牙买加。至今我国与委内瑞拉建立了"共同发展的战略伙伴关系"，与巴西、墨西哥和阿根廷建立了"战略伙伴关系"，与智利建立了"全面合作伙伴关系"。我国全国人大与许多拉美国家的议会都保持着较密切的交往，我国现在已经成为美洲国家组织和拉美议会的观察员，和里约集团、安第斯共同体、加勒比共同体、南方共同市场都有联系。中国与拉美国家在经贸领域中的合作也已全面展开。在1993—2003年的10年中，中拉贸易额增长了近6倍。2005年，中拉贸易额首次超过500亿美元。

中国社会科学院拉丁美洲研究所是国内唯一专门从事拉丁美洲研究的科研机构，成立于1961年。长期以来，该所科研人员完成了大量科研成果，为党和国家的决策作出了一定的贡献。从2006年开始，他们计划在这些研究成果的基础上，出版一套《拉美研究丛书》，以满足我国外交部门、企业界、高等院校、科研机构、媒体以及公众对拉美知识的需求。我深愿这套丛书的出版将会增进我国各界对拉美的了解，也将对促进我国和拉美及加勒比地区的友谊及合作作出应有的贡献。

成思危

2006年5月2日

前　言

1915 年 1 月 1 日随着《土地改革法令》正式生效，墨西哥进入了长达 76 年（1915—1991 年）的土地分配改革进程。1991 年 12 月萨利纳斯总统宣布墨西哥政府终止土地分配，1992 年 8 月墨西哥、美国、加拿大签订了北美自由贸易协定，这两个事件标志着墨西哥农业部门进入全面改革开放阶段。

在过去的 100 多年时间里，墨西哥由一个农业国家发展成为新兴工业化国家，由农村型社会发展成为城市型社会，1900—2010 年农业部门的就业比重由 68% 降至 13.9%，城市化率由 28.3% 升至 77.8%（见附表 3）。墨西哥的农业、农村和农民是发展进程的重要组成部分，无论是土地分配，还是农业改革开放，都对其产生了深刻而广泛的影响，为其他发展中国家（地区）积累了丰富的经验与教训。

1915—1991 年的土地分配改革使墨西哥形成了"一国两制"的土地占有格局，即村社集体土地所有制和私人土地所有制。20 世纪 40—80 年代，土地分配和政府干预是墨西哥农业发展的两大突出特点，墨西哥的农业先后经历了农业繁荣和"农业危机"。1982 年墨西哥农业部门开始改革开放，村社土地和政府干预是农业改革开放的两个重点领域，1992 年新宪法、北美自由贸易协定和"农村可持续发展法"是墨西哥农业部门改革开放的三大基石。

本书从墨西哥"一国两制"的土地占有格局出发，以是否促进了农业增长、是否增加了农民收入为标准，重点分析 20 世纪 90 年代以来的农业改革开放对墨西哥农业、农村和农民的影响。

农业改革开放的积极影响集中表现在农业增产、出口增加、农民增收三个方面。耕地面积有所扩大，单位面积产量有所提高，农产品价格和种植结构发生了预期的变化，大量的土地、劳动力由种植基本作物转向种植经济作物，增加了农民的农业收入。

农业改革开放的消极影响主要表现在农业投资不足，不公平竞争不利于增加农民的收入，玉米进口使墨西哥的玉米种植面积有所减少，农民收入差距扩大，等等。

从农业增长和农民增收的角度看，一方面，农业基本保持了稳定增长，农民的收入也普遍有所增加；另一方面，农业增长速度相对较慢，农民收入差距扩大。据此，我们可以总结以下几点经验教训。第一，要处理好农业开放与农业支持的关系。在经济全球化趋势不可逆转的国际大环境下，农业开放是大势所趋，但是农业开放的制度安排和规则留给发展中国家的政策调整空间较为有限，因此发展中国家要利用有限的时间和空间，积极、主动地调整国内农业支持政策，为农业开放创造一定的适应时间和条件。第二，农业支持优越于农业保护。"农业保护"是指政府通过直接干预和贸易保护为国内农业发展创造相对封闭的环境和条件，以达到增加国内农产品产量、增加农业生产者收入的目标。"农业支持"是指在国民经济运行过程中，政府通过制定和实施一系列农业支持政策，为农业发展创造良好的宏观环境，以达到增强农业综合实力，增加农民收入，使国民经济能够稳定、持续、协调、快速发展。墨西哥的农业支持实践表明，农业支持比农业保护较为有效。第三，家庭土地产权制度优于集体土地产权制度。土地、资本和劳动力是三大生产要素。土地是三大生产要素之首，其稀缺程度最高，资本次之。对于大多数发展中国家而言，农村地区最丰富的生产要素是劳动力。同时，土地是农村社会稳定和农村经济发展的基础。因此，农业支持政策必须"落地"，否则很难有效地发挥积极作用，而土地产权制度则是农业支持政策"落地"的基本条件之一。

中国的改革是从农村开始的，开始的时间早于墨西哥；同时，中国与墨西哥的国情也有很大的不同。尽管如此，本书希望客观地分析和评价墨西哥农业改革开放的成效，可以为深化我国农业的改革开放提供一些启示和借鉴。

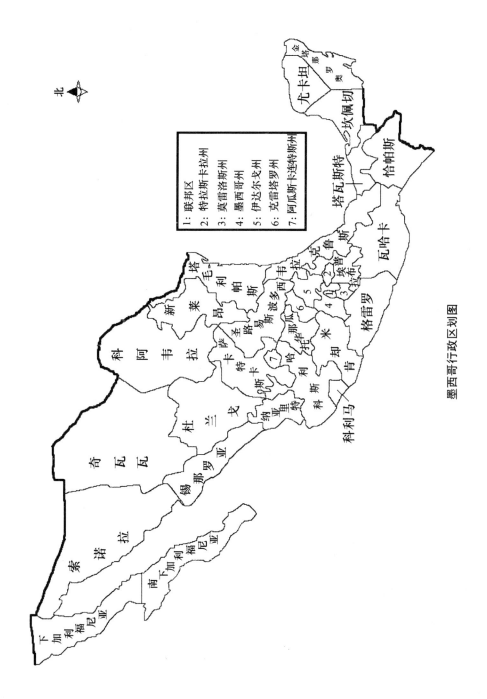

北

1：联邦区
2：特拉斯卡拉州
3：莫雷洛斯州
4：墨西哥州
5：伊达尔戈州
6：克雷塔罗州
7：阿瓜斯卡连特斯州

下加利福尼亚

南下加利福尼亚

索诺拉

奇瓦瓦

锡那罗亚

杜兰戈

科阿韦拉

新莱昂

塔毛利帕斯

圣路易斯波托西

萨卡特卡斯

纳亚里特

哈利斯科

瓜那华托

科利马

米却肯

克鲁斯

韦拉克鲁斯

普埃布拉

格雷罗

瓦哈卡

塔瓦斯科

恰帕斯

坎佩切

尤卡坦

金塔纳罗奥

墨西哥行政区划图

目　录

Contents

表 目 录

图 目 录

序　论

　　阿维拉·卡马乔（Avila Camacho）村，位于墨西哥奇瓦瓦州北部，靠近墨美边境。在耕种时节，走在村庄里又脏又乱的土路上，会看到一头头伤痕累累的耕牛，拴在断垣残壁的土坯院落里，村民的住房也是用晒干的土坯垒起来的。2004 年全村约有 160 户农民，基本上每户都有几十至几百棵苹果树，这是本村留守人口的主要经济支柱。由于缺少劳动力，将近一半的耕地处于荒芜状态，规模不大的苹果园也管理不善，产量有限，品质不高，收入不多。据村民介绍，1980 年前后村里有 300 多户居民，年轻人为了摆脱贫困，纷纷外出打工，特别是到美国寻找较高收入的就业机会，留在村里的只剩下老人和孩子。对于村里的绝大部分家庭来说，外出打工者汇回来或带回来的收入，加上苹果的收入，还不足以解决吃饭问题。村里的孩子们要走到 8000 米外的一个小学去上学。学校破败不堪，校舍也是用土坯建的，桌椅锈迹斑斑。孩子们最大的愿望就是成年后外出打工。阿维拉·卡马乔村算不上是墨西哥农村的典型，但反映了墨西哥农村的基本现实状况，即农业生产落后，收入水平较低，非农业劳动收入是主要收入来源，缺乏基础设施，贫困家庭较多，等等。1992 年墨西哥农村地区的贫困化率为 55%，2012 年降至 43.5%，仍高于城市（33.2%）和全国（37.1%）的水平。[①]

　　本书重点分析 20 世纪 80 年代中后期以来墨西哥农业部门改革开放对墨西哥农业、农村和农民的影响，简要回顾和总结其主要原因、主要政策措施，在宏观层面，从农业增长、农民增收两个角度，客观地分析、评价改革开放的积极影响和消极影响，并总结经验教训。

---

　　① Economic Commission for Latin America and the Caribbea（ECLAC），Social Panorama of Laein America 2014，Santiago，Chile，2014.

一　选题的来源和国内外研究状况

（一）选题的来源

20 世纪 40—80 年代，土地分配和政府干预是墨西哥农业发展的两大突出特点。在这两大特点的影响下，墨西哥的农业先后经历了农业繁荣和"农业危机"。

1. 墨西哥的农业繁荣

20 世纪 40 年代中期至 60 年代中期是农业繁荣阶段，土地分配、政府干预是农业繁荣的主要原因。墨西哥是较早实施土地分配的发展中国家，其土地分配规模之大居发展中国家前列。墨西哥也是较早启动农业现代化进程的发展中国家，是"绿色革命"的发源地。

土地分配顺应了农业生产发展的要求，大批农民得到了土地，激发了农民的生产积极性，耕地面积不断扩大。为了促进农业发展，墨西哥政府发起了"绿色革命"，兴修水利，推广良种，同时运用财政、金融、"统购统销"、农业补贴以及贸易保护等措施直接干预农业生产活动。

农业繁荣主要表现在以下几个方面：

第一，农业高速增长。1945—1965 年农业年均增长率为 6.9%[1]。按 1963 年比索不变价格计，1940—1970 年农业 GDP 增加了 2.5 倍，由 85 亿多比索增至 302 亿比索。[2]

第二，耕地面积扩大。20 世纪 40—60 年代中期耕地面积由 1300 万公顷左右增至 2200 万公顷左右，增加了近 70%，耕地面积的年均增长率为 3.7%，其中油料作物为 7.4%，玉米为 3.4%[3]。

第三，单位面积产量提高。1940—1965 年小麦的单位面积产量由 0.8 吨/公顷提高至 2.2 吨/公顷，玉米由 0.5 吨/公顷提高至 1.2 吨/公顷[4]。

---

① 徐世澄：《墨西哥的农业改革》，《国际问题研究》2007 年第 12 期。

② Johnson, Nancy L., "Tierray Libertad: Will Tenure Reform Improve Productivity in Mexico's Ejido Agriculture?", *Economic Development and Cultural Change*, January of 2001.

③ David Barkin, "The End to Food Self-Sufficiency in Mexico", *Latin American Perspectives*, Vol. 14, No. 3, Agriculture and Labor, Summer, 1987.

④ Hewitt de Alcántara, Cynthia, *La modernización de la agricultura mexicana 1940 – 1970*, México, Siglo XXI, 1978, p. 105.

第四，粮食产量大幅度增加。1940—1960 年，玉米产量由 164 万吨增至 542 万吨，增长了 2.3 倍；小麦由 46 万吨增至 119 万吨，增长了 1.6 倍。① 随着粮食产量的增加，不仅实现了粮食自给，而且还能够出口粮食。1961—1970 年累计出口小麦 195 万多吨；玉米于 20 世纪 60 年代初实现自给并开始出口，1964—1969 年累计出口玉米 542 万吨。②

第五，农业发展促进了工业化进程。1940—1970 年农业部门通过转移资金和出口创汇直接或间接地资助了工业部门的发展。1942—1961 年从农业部门转移到其他部门的资金累计约为 61 亿比索（按 1960 年比索不变价格计），绝大部分用于发展工业，其中利用"剪刀差"转移的资金为 36 亿比索，通过金融机构转移的资金为 25 亿比索③，即通过金融机构将农村储蓄用于城市和工业部门。

在出口创汇方面，农产品出口是主要外汇收入来源。按 1960 年比索不变价格计，1940 年的农产品出口收入不足 1 亿比索，1950 年约为 15 亿比索，1960 年增至 37 亿比索。④ 在墨西哥发现大规模油田和成为石油出口国以前，农产品出口是主要外汇收入来源，农产品出口收入占商品出口总收入的 50%—60%。

农业发展有力地支持了进口替代工业化，1946—1956 年制造业的年均增长率达到 8.2%。在工农业高速增长的基础上，国民经济快速增长，1950—1965 年的 GDP 年均增长率为 6.5%，政府财政状况良好，物价和汇率稳定，创造了经济发展的"墨西哥奇迹"。⑤

2. 村社土地集体所有制和政府干预导致了"农业危机"

20 世纪 60 年代中期以后，墨西哥陷入了"农业危机"。在长期的土地分配进程中形成的村社土地集体所有制以及政府干预是导致"农业危机"的主要原因。村社土地集体所有制使农民没有土地安全感，农民的生产积极性被压抑，农民的农业投资很少。长期的政府干预不仅使农业投

---

① 詹武、王贵宸：《墨西哥农业的发展战略（上）》，《农业经济问题》1983 年第 6 期。

② 根据联合国粮农组织（FAO）的统计数据计算。

③ Sergi Reyes Osorio, Salomón Eckstein, "El desarrollo polarizado de la agricultura mexicana", en Wionczek, ¿ Crecimiento o desarrollo?, México, 1971, pp. 41 – 42.

④ Steven E. Sanderson, The Transformation of Mexican Agriculture, Princeton Univ. Press, 1986, p. 38.

⑤ 苏振兴主编：《拉丁美洲的经济发展》，经济管理出版社 2000 年版，第 394 页。

入成为政府的沉重负担，而且扭曲了资源配置，阻碍着农业增长。

"农业危机"的主要表现有以下几个：

第一，农业不能满足快速增长的消费需求。根据墨西哥银行和墨西哥农业部1966年进行的联合研究，农业生产的年增长率只有保持在4.5%以上时，才能满足快速增长的国内消费需求；如果考虑到出口因素，农业生产的年增长率应不低于6%[1]。1967—1980年农业生产年均增长率为2.6%，不仅低于人口的自然增长率（3.5%）[2]，而且远远不能满足快速增长的消费需求。随着经济和社会的发展，人口以较快的速度增长，城市化水平和人均国民收入水平也大幅度提高。1965—1982年墨西哥的人口由3694万人增至7078万人，增长了近1倍；城市化率由51%升至68%，城市人口由1880多万人增至4810多万人，增长了1.6倍；人均国民收入由480美元增至2830美元，增长了近5倍。[3] 随着人口的增长以及城市化和人均收入水平的提高，农产品消费量大幅度增加。1965—1980年粮食消费量由696万吨增至1163万吨，增长了67%，其中：玉米增长了54%，大米增长了78%；蔬菜增长了115%；糖增长了150%。[4]

第二，出现了粮食自给危机。20世纪70年代玉米产量的年均增长率仅为0.4%，豆类为-0.9%，小麦为2.9%。[5] 在这种情况下，墨西哥的粮食生产不能满足国内的消费需求，需大量进口玉米、小麦等粮食，1971—1980年累计进口粮食约2718万吨，1981—1990年则达到5779万吨。[6]

第三，农产品贸易由盈余转为逆差。随着玉米、小麦等农产品进口大幅度增加，1980年以后农业部门出现了长期的贸易逆差。1981—1990年墨西哥实现了405亿美元的贸易顺差，但农产品贸易却出现了71亿美元的逆差，农业部门成为贸易逆差大户。[7]

---

[1]　Donald K. Freebairn，"The Dichotomy of Prosperity and Poverty in Mexican Agriculture"，*Land Economics*，February，1969.

[2]　Santiago Levy，"Poverty Alleviation in Mexico"，World Bank，WPS 679，May，1991.

[3]　世界银行统计数据。

[4]　根据 FAO 统计数据计算。

[5]　Manuel R. Villa-Issa，"Performance of Mexican Agriculture：the Effects of Economic and Agricultural Policies"，*American Journal of Agricultural Economics*，72（3），1990.

[6]　根据 FAO 农业贸易统计数据计算。

[7]　根据 FAO 农业贸易统计数据计算。

　　第四，绝大部分农民家庭处于贫困状态。1975年农村地区的贫困农民家庭约有235万户，占农村家庭总数的68%，其中自耕农和村社社员150万户，无地农民85万户。1992年贫困农民家庭增至287万户，约占农村地区家庭总数的66%。①

　　第五，人地矛盾突出。1915—1991年墨西哥政府共分配了1亿多公顷土地，使320多万户农民获得了土地。但是，在此期间，墨西哥的农村人口增加很快，而卡德纳斯总统以后的历届政府不重视土地分配，土地征收量和新增土地分配量逐年减少，使农村地区的许多新增人口不能及时获得土地，1960年时已有无地农民340万人左右，1980年则超过400万人。与此同时，土地集中问题重新出现，形成了一批新的大地产主。城市非农业部门的就业机会较为有限，不能充分吸收无地农民，因此绝大部分无地农民不得不滞留在农村地区。为了获得土地，无地农民展开了夺地运动，围绕土地问题的暴力冲突层出不穷，农民武装重新在农村地区活跃。

　　第六，农业投入和农业补贴成为政府的沉重负担。20世纪30年代中期至60年代初，农业投入占联邦政府财政支出的10%左右，主要用于水利等基础设施建设。60年代以后，农业补贴成为联邦政府的支出大项，如墨西哥第二大国有企业，即国民生活必需品公司，用于农业补贴的支出约占GDP的0.5%—1.0%。70年代中期以后，农业投入和农业补贴约占联邦政府支出的1/5，成为财政支出大户。

　　3. 村社土地集体所有制和政府干预是农业部门改革开放的重点领域

　　1982年爆发的债务危机使墨西哥放弃了政府干预和高度保护的进口替代工业化战略，转向市场导向的外向型经济发展战略。农业部门的改革开放是墨西哥发展战略转型的重要组成部分，村社土地集体所有制和政府干预是农业改革开放的两个重点领域，1992年的《新土地法》、北美自由贸易协定和"农村可持续发展法"是墨西哥农业部门改革开放的3大基石。

　　1992年的《新土地法》终止了长达70多年的土地分配，将村社土地转变为私有土地和公有土地两部分，允许村社社员出租、出售、抵押土地，使土地成为可以流动的生产要素。北美自由贸易协定由墨西哥、

---

①　Instituto Nacional de Estadística, Geografía e Informática (INEGI), *Encuesta Nacional de Ingresos y Gastos de los Hogares* (*ENIGH*), tercer trimestre, 1992 - 2002.

美国、加拿大 3 国于 1992 年签订，1994 年 1 月 1 日正式实施，经过 15 年的过渡期于 2008 年进入全面实施阶段。该协定是第一个由发展中国家和发达国家签订的自由贸易协定，也是第一个涵盖农产品自由贸易的协定。自 1991 年开始，墨西哥政府开始调整农业支持政策，2001 年颁布了"农村可持续发展法"，为建立农业支持政策体系提供了法律依据。

针对墨西哥农业部门的改革开放，世界银行于 1990 年在一份研究报告中建议墨西哥政府改革村社土地制度，以促进农业发展，提出了以村社土地私有化为重点的 9 条政策建议；12 年后，世界银行的另一份研究报告指出，墨西哥农业改革开放的效果相当差。1994 年 1 月 1 日，就在北美自由贸易协定正式生效的当天，位于墨西哥南部的恰帕斯州有上千名"萨帕塔民族解放军"武装人员在恰帕斯州发动暴动，矛头直指土地私有化改革和北美自由贸易协定；2002 年底，墨西哥的农民在墨西哥城组织了大规模的游行示威，反对北美自由贸易协定与国内改革；2003 年，正值北美自由贸易协定生效 10 周年前夕，国内外的学者对墨西哥的改革开放进行了反思和重新评估，主流观点认为弊多利少；2007 年 1 月，墨西哥 7 万多人在墨西哥城举行游行，抗议农业部门的改革开放使玉米饼价格飞涨，导致"玉米危机"。

4. 启示与借鉴

中国也是一个农业大国。中国的农业有两大突出特点：第一，以小规模家庭经营为基础，农业人口众多，农村劳动力过剩，耕地和水资源短缺；第二，农业开放程度已经较高，农产品进口关税已居世界最低水平之列。目前，中国的农业改革开放也正在日益深化，农产品自由贸易、土地流转、新型农业支持政策等是重点领域。

中国的改革是从农村开始的，开始的时间早于墨西哥；同时，中国与墨西哥的国情也有很大的不同。尽管如此，客观地分析和评价墨西哥农业改革开放的成效，可以为深化我国农业的改革开放提供一些启示和借鉴。

（二）国内外研究状况

关于墨西哥农业的改革开放问题，国内的研究起步较晚，成果相对较少。

关于墨西哥农业的发展战略以及 20 世纪七八十年代的农业危机等问题，中国社会科学院拉丁美洲研究所的陈芝芸、杨茂春等学者发表了一些研究成果。杨茂春在《墨西哥农业现代化道路初探》① 一文中指出，农作物品种改良是墨西哥农业现代化的核心，在政府的积极干预和大力支持下，农业劳动生产力大幅度提高。陈芝芸在《墨西哥农业的兴衰与前景分析》② 一文中指出，"农业危机"于 20 世纪 60 年代后期开始出现；在《八十年代墨西哥的农业危机》③ 一文中指出，由于政府减少了对农业部门的支持力度，"农业危机"进一步加剧。

关于 20 世纪 80 年代以来的农业改革，徐世澄在《墨西哥的农业改革》④ 一文中指出，在经济开放和贸易自由化的冲击下，墨西哥农业危机加剧，乃至导致"玉米危机"。杨茂春在《墨西哥农村改革浅析》⑤ 一文中指出，墨西哥推行的新自由主义改革侧重于市场作用，自给自足的传统农业难以凭借自身的力量参与市场竞争，过早地放开农牧产品市场，必然对农业造成冲击。

关于北美自由贸易协定对墨西哥农业的影响，张勇在《墨西哥在贸易自由化进程中的农业政策改革》⑥ 一文中指出，北美自由贸易协定给墨西哥的玉米生产带来了灾难性的打击，但却促进了出口型农业（特别是水果和蔬菜）的发展。何树全在《NAFTA 与墨西哥农业发展：第一个十年的证据》⑦ 一文中指出，北美自由贸易协定实施 10 年以来，墨西哥的农业生产率没有多大的改善和提高，农业生产结构也没有发生根本性的变化。随着 2008 年北美自由贸易协定框架下农产品贸易完全自由化，墨西哥农业部门的前景不容乐观。钟熙维在《进口替代和新自由主义模式下的墨西哥农业和食品业》⑧ 一文中指出，传统农业难以凭借自身的力量参与市场竞争，过早地放开农牧产品市场必然对传统农业造成冲击。

---

① 杨茂春：《墨西哥农业现代化道路初探》，《拉丁美洲研究》1985 年第 4 期。
② 陈芝芸：《墨西哥农业的兴衰与前景分析》，《农业经济问题》1980 年第 6 期。
③ 陈芝芸：《八十年代墨西哥的农业危机》，《拉丁美洲研究》1990 年第 4 期。
④ 徐世澄：《墨西哥的农业改革》，《红旗文稿》2007 年第 12 期。
⑤ 杨茂春：《墨西哥农村改革浅析》，《拉丁美洲研究》1998 年第 1 期。
⑥ 张勇：《墨西哥在贸易自由化进程中的农业政策改革》，《拉丁美洲研究》2004 年第 1 期。
⑦ 何树全：《NAFTA 与墨西哥农业发展：第一个十年的证据》，《中国农村经济》2006 年第 9 期。
⑧ 钟熙维：《进口替代和新自由主义模式下的墨西哥农业和食品业》，《拉丁美洲研究》2008 年第 2 期。

国外学者已对墨西哥农业的改革开放问题进行了大量研究，争论激烈，褒贬不一。

1. 关于北美自由贸易协定的争论

北美自由贸易协定一直是争论的焦点。学术界的主流观点认为，北美自由贸易协定会严重损害农业在墨西哥国民经济中的基础地位，粮食自给是保证国家独立自主和国民经济健康稳定发展的一项基本战略；墨西哥如果过分依赖粮食进口，则会受制于美国，降低独立性；只有少数农民能够从农产品出口中受益，绝大多数粮食生产者将会进一步破产，引发严重的社会问题。早在北美自由贸易协定开始谈判之际，墨西哥学术界普遍认为，"总体上看，墨西哥从与美国、加拿大的贸易协定中几乎没有收益，反而失去很多。贸易协定会损害我们最重要的食品、基本谷物、乳制品、肉类产品的国内生产，因此，要反对贸易谈判，以避免对民族产业的严重损害，遏制不断加深的和不能接受的食品、经济、技术甚至政治依附"[①]。基于这种认识，在北美自由贸易协定正式生效后，墨西哥的许多学术机构和农民组织极力主张推迟实施北美自由贸易协定的第七章（农业条款）。

2002 年，世界银行也得出了相似的结论，"可以认为，农业部门一直是最剧烈结构性改革（如贸易自由化、价格非管制化、土地私有化等）的对象，然而改革的效果令人失望：增长停滞、在国际市场上缺乏竞争力、农村地区的贫困人口增加。这引发了重大政治问题，因为在 2008 年北美自由贸易协定的剩余进口关税或贸易壁垒将完全消除，贸易条款将全部实施。届时，墨西哥的农业部门将会完全置身于与美国、加拿大的竞争之中"[②]。

2002 年底，墨西哥的农民在墨西哥城组织了大规模的游行示威，反对北美自由贸易协定及与北美自由贸易协定相关联的国内改革措施。2003 年 4 月，墨西哥政府与农民组织签订了《全国农民协议》，该协议提出了 282 项政策主张，第 47 项指出："联邦行政主管部门必须对北美自由贸易

---

① Centro de Investigaciones Económicas, Sociales y Tecnológicas de la Agroindustria y la Agricultura Mundial (CIESTAAM), *La agricultura mexicana frente al Tratado Trilateral de Libre Comercio*, México D. F.: Juan Pablos, 1992, p. 10.

② World Bank, "Estrategia de Asistencia para el País del Grupo del Banco Mundial para los Estados Unidos Mexicanos", Unidad para Colombia, México, Venezuela, Report No. 23849 – ME, April 23, 2002, pp. 12 – 13.

协定第七章的执行情况及其影响进行综合评估。农民和农业生产者组织、农业产业链行会组织要参入评估；同时，要邀请联邦议会、地方政府、大学和研究中心一起参入评估。该评估应在 2003 年 12 月 31 日前完成。"①由于墨西哥政府与农民组织之间的分歧较大，该评估一直没有进行。

墨西哥政府认为，农业是国民经济的一个部门，但其对 GDP 的贡献率已经很低，20 世纪 90 年代初农业占 GDP 的比重为 8% 左右；北美自由贸易协定是推进农业部门改革开放、促进农业发展的战略举措，在全球化趋势不可逆转、墨美经济一体化程度不断加深的背景下，通过与美国、加拿大的农产品自由贸易，将劳动力、资本、土地等生产要素从不具有竞争优势的农业生产领域转移到具有竞争优势的生产领域，可以提高农业生产力。从短期来看，部分不具有竞争优势的农民会受到冲击，但通过补偿和转移支付机制，可以使其损失降至最低。从长期来看，墨西哥农业部门从北美自由贸易协定获得的收益大于损失，主要表现在以下几个方面。

（1）农产品出口增加，农产品贸易收支状况将会得到改善

在北美自由贸易协定框架内，美国必须削减或取消农产品进口关税和非关税壁垒，这将会使墨西哥的蔬菜、水果等拥有比较优势的农产品出口大幅度增加。由于蔬菜、水果等农产品的出口价格较高，而玉米、小麦等农产品的进口价格较低，因此出口收入的增长幅度将大于进口支出的增长幅度，从而改善农产品贸易收支状况。

（2）农业部门的生产效率将会提高

具有竞争优势的蔬菜、水果等农产品的生产会增加，不具有竞争优势的基本作物（主要是粮食作物）的生产会减少，从而能够从整体上提高农业部门的生产效率。

（3）要素收益将会增加

大量劳动力、土地和资本将会从无竞争优势的农业生产领域转移出来，转向具有竞争优势的生产领域，从而增加要素收入。

（4）改善国民的经济福利

谷物和油料作物的国际市场价格较低，甚至低于国内的生产成本，因此北美自由贸易协定将降低国内基本作物的价格，从而提高国民的经济福

---

① SAGARPA, *Acuerdo Nacional para el Campo: por el Desarrollo de la Sociedad Rural y la Soberanía y Seguridad Alimentaria*, Palacio Nacional, abril 28 de 2003, p. 17.

利水平。

2. 关于改革开放的效果

关于墨西哥农业改革开放的效果，国外学者的评价可以分为两派，即悲观派和乐观派。悲观派认为，改革开放的效果比较差。如世界银行根据1992—1997 年的数据，从经济增长的角度，对墨西哥农业改革开放的效果进行了评价，认为农业改革开放的效果很不理想，主要表现有三个：一是农业部门占 GDP 的比重由 1986 年的 6.7% 降至 1996 年的 5.6%；二是农业增长速度低于工业、服务业；三是农业增长与 GDP 增长具有明显的不同步性，这意味着农业部门与其他部门的关联程度降低，农业被边缘化。[①]

乐观派认为改革开放基本取得了预期的效果。如安德烈斯·罗森斯魏格[②]认为，改革开放取得了积极的成效，受益者多于受害者，农业部门的国际化程度大幅度提高，产出以较高的速度增长，出口高速增长；农业支持政策和农民的收入补贴政策得到了农民的广泛认可和接受，农民的收入增加，农村地区的贫困率下降等等。

二 基本概念和分析框架

（一）基本概念

1. 历史阶段和重点内容

自 19 世纪中期以来，墨西哥农业部门的改革经历了三个阶段。

（1）1856—1910 年：改革的主要内容是土地私有化和贸易自由化。迪亚斯独裁政府[③]将教会土地、政府部门的公共土地以及印第安人村社的公用土地出售给私人，农业部门对外资开放，实行出口导向的自由贸易政策。

---

① World Bank, "Economic Adjustment and Institutional Reform: Mexico's Ejido Sector Responds", Volume Ⅱ, Background Papers, Document of The World Bank, Report No. 18897, July 1, 1999.

② Andrés Rosenzweig, "El debate sobre el sector agropecuario mexicano en el Tratado de Libre Comercio de América del Norte", Unidad Agrícola, SEDE Subregional de la CEPAL en México, *Estudios y Perspectivas*, Serie 30, México, D. F., marzo del 2005.

③ 波菲利奥·迪亚斯（1830—1915 年）于 1876 年 11 月当选为墨西哥总统，1911 年 5 月被农民起义推翻下台，逃往国外，1915 年死于法国巴黎。截至 2014 年，迪亚斯是墨西哥历史上任期最长的总统，长达 35 年。

（2）1915—1991 年：改革的主要内容为土地分配，实行农业保护政策，政府高度干预农业生产。在前一个历史阶段，土地私有化使土地高度集中。1910 年爆发了由资产阶级领导的"墨西哥革命"，革命的一个重大成果就是向农民分配土地。1915—1991 年，墨西哥政府向农民累计分配土地 1 亿多公顷。

（3）1992 年—今：改革的主要内容为土地私有化、农产品贸易自由化、粮食流通市场化和构建农业支持政策体系。

本文集中研究和分析第三个阶段的改革，对前两个阶段仅进行背景性的简要回顾。

1992 年的新土地法、1994 年生效的北美自由贸易协定和 2001 年颁布的"农村可持续发展法"是农业改革开放的三大基石，它们对农业增长和农民增收的影响是本书的重点研究内容。

2. 关于农业的几个基本概念

联合国粮农组织（FAO）将农业种植业、林业、畜牧业、渔业统称为农业。墨西哥采用联合国粮农组织的农业概念。

本书主要研究墨西哥的农业种植业。农业种植业的产值占墨西哥农业总产值的 50% 以上，有 300 多万户农民从事农业种植业。

墨西哥有 300 多种农作物，分为 11 大类，即：①谷物：如玉米、小麦、水稻、燕麦、高粱等；②油料作物：如大豆、芝麻、花生、红花等；③饲料作物：如苜蓿、青稞玉米、青稞高粱等；④水果：如甜橙、香蕉、柠檬、芒果、鳄梨等；⑤蔬菜：如西红柿、青椒、黄瓜、芦笋等；⑥工业原料作物：主要有甘蔗、咖啡、可可、棉花等；⑦干豆类作物：以菜豆为主；⑧块茎类作物：主要是甘薯、木薯等薯类作物；⑨香料和药用作物；⑩装饰用作物：主要是鲜花等；⑪其他作物。

长期以来，谷物和油料作物一直是墨西哥政府的支持重点，被称为基本作物。其他作物因具有经济价值高、技术要求高、商品率高等特点而被统称为经济作物。

3. 关于农民的概念

本书将居住在农村地区、拥有土地且主要从事农业生产的社会群体定义为农民。1992 年以前，墨西哥的农民被分为三部分：一是自耕农，拥有土地所有权；二是村社社员，这是农民的主体；三是混合制农民，主要是集体农庄的成员。由于混合制农民数量较为有限，可以将村社社员和混合制农民合称为村社社员。1992 年以后，特别是 2006 年以来，农民分为四部分，即村社社员、公社社员、土地拥有者、私有土地所有者。

目前，墨西哥有 300 多万户农民从事农业种植业，其中大部分以种植基本作物为主，1/3 左右主要种植经济作物。农民的生产活动较为复杂，为了简化分析，本书不考虑其复杂性，按照主要生产目的，将农民分为自给型农民和商品型农民两部分。自给型农民是指主要为满足自己的消费而在自己的土地上从事农业生产活动的农民，其所生产的绝大部分甚至全部农产品用于自己消费。拥有 2 公顷以下土地、主要种植玉米的农民是典型的自给型农民。墨西哥有 200 万户左右的农民种植玉米，其中拥有土地不足 2 公顷的有 100 多万户，占玉米种植农的一半以上，占农民总户数的1/3，这部分农民种植玉米的主要目的是为了满足自己的消费，由于产量较低，相当一部分农民甚至不能自给。①

商品型农民是指以满足市场需求为主要目的而从事农业生产活动的农民，其所生产的绝大部分农产品用于销售。这部分农民，有的以种植玉米、菜豆、高粱等基本作物为主，有的以种植经济作物为主，还有的混合种植。目前，商品型农民有 200 多万户，约占农民总户数的 2/3，是农民的主体。但在农业改革开放以前，自给型农民是主体。

（二）分析框架

以马克思主义基本理论为指导，根据所收集的文献和数据，从农业增长、农民增收两个角度，分析墨西哥农业部门改革开放对农业、农村和农民问题的积极影响和消极影响。

1. 主要农业发展理论概述

亚当·斯密认为，农业是经济、社会发展的基础，因为只有当农村的农产品存在剩余时才能供应城市；只有当剩余农产品不断增加时，才有可能增设都市。剩余农产品的增加来源于农业的发展。关于如何发展农业，亚当·斯密指出：土地经营权必须适当分散，大地产制和土地经营权过度集中阻碍农业发展；农业必须有利可图，否则农民没有积极性；土地使用权必须长期不变，否则农民不会对土地进行投资；必须对农民实行轻徭薄赋的政策，让农民休养生息；必须允许谷物自由周转，否则，农民因剩余农产品无法出售而被迫进行自给性生产；等等。

① SIAP, *Situación Actual y Perspectivas del maíz en México 1996 - 2012*, p. 48.

马克思在《资本论》中指出，"一切剩余价值的生产，从而一切资本的发展，按自然基础来说，实际上都是建立在农业劳动生产率的基础上的"①。这句话有两重含义：第一，农业是国民经济的基础；第二，提高农业劳动生产率是实现农业发展的根本途径。

第二次世界大战以后，一批刚刚独立的、贫穷落后的发展中国家急于发展经济。针对这些国家的迫切需求，兴起了西方经济学的一大分支，即发展经济学。鉴于大部分发展中国家是农业国这一现实，农业发展问题自然就成为发展经济学的重点研究内容，在众多的学术流派和人物中，影响较大的有以下几个。

（1）阿瑟·刘易斯的二元经济论。刘易斯（1915—1991年，英国发展经济学家）将发展中国家的经济划分为两个经济部门，即现代工业部门和传统农业部门。传统农业部门的劳动生产力很低，其边际劳动生产率接近于零甚至是负数，存在大量剩余劳动力。现代工业部门从业人数较少，劳动生产力和边际劳动生产率均较高，工资水平也高于传统农业部门。如果将传统农业部门的剩余劳动力转移到现代工业部门，则可以实现提高国民经济效率、增加国民收入的目的。因此，发展中国家应集中全力发展现代工业部门，直至将传统农业部门中的剩余劳动力完全转移。

（2）劳尔·普雷维什的进口替代工业化理论。普雷维什（1901—1986年，阿根廷发展经济学家）认为，在国际贸易中存在着严重的"剪刀差"问题，发展中国家靠出口包括农产品在内的初级产品来换取工业化国家的工业品，但同工业品相比，初级产品的贸易条件不断恶化，发展中国家居不利地位。为了扭转这种局面，发展中国家应采取进口替代工业化战略，以工业化为中心，鼓励本国工业的发展，通过工业发展带动农业发展。

（3）迈克·托达罗的人口模型。托达罗（生于1942年，美国发展经济学家）依据发展中国家普遍存在农村人口流入城市和城市失业同步增长的现实，对刘易斯的二元经济论提出了批评。他认为，由于技术进步使资本有机构成提高，工业产出的增长必然大于对劳动力的需求的增长，工业部门创造的就业机会总是不能满足劳动力完全转移的需要，因此依靠工业扩张不能解决发展中国家的失业问题；应该在创造城市就业机会的同

① ［德］马克思：《资本论》第三卷，人民出版社1975年版，第885页。

时，大力发展农村经济，在农村和农业部门创造就业机会，尽量减少城乡就业机会不均等的现象，以提高农民的收入水平，缩小城乡收入差距。

（4）西奥多·W. 舒尔茨的改造传统农业理论。舒尔茨（1902—1998年，美国发展经济学家，1979 年诺贝尔经济学奖得主）将农业划分为三类，即传统农业、过渡农业和现代农业。传统农业有三个基本特征：技术状况长期保持不变；农民没有改变传统生产要素的动力；农民的储蓄为零，不具备投资能力。在舒尔茨看来，导致三个基本特征的根源是传统农业的资本收益率低，对储蓄与投资缺乏足够的经济刺激。所以，要改造传统农业就必须向其注入新的、有利可图的生产要素，如化肥、良种、灌溉设施、农业机械，等等。

关于如何向传统农业注入有利可图的新生产要素，舒尔茨提出了三个方面的政策主张。

第一，建立一套适于改造传统农业的制度。改造传统农业的方式只能采取市场方式，不能采用命令方式。后者是政府用行政命令的方式改造传统农业，政府不仅重组农业生产，而且要指挥农业活动，这样必然会束缚农民的生产积极性。要运用以经济刺激为基础的市场方式，通过农产品与生产要素的价格变动来刺激农民；不要建立大规模的农场，要通过所有权与经营权合一的、能适应市场变化的家庭农场来改造传统农业；要改变农业中低效率的不居住所有制形式（即土地所有者不居住在自己的土地上，也不亲自从事农业生产活动），而实行居住所有制形式（即土地所有者居住在自己的土地上并亲自从事农业生产活动）；政府要通过多种方式提供援助。

第二，从供给与需求两方面为引进新生产要素创造条件。在引进新生产要素时，政府或非营利性机构要研究出适合本国国情的生产要素（如化肥、农药、良种、农业机械等），然后向农民推广。要使农民愿意接受新生产要素，就必须使这些要素真正有利可图，同时使农民学会使用这些新生产要素。

第三，对农民进行人力资本投资。舒尔茨首次提出"对农民进行投资"，开发农民的人力资源。他认为，资本不仅包括作为生产资料的物，而且还包括作为劳动力的农民，杂交种子、机械等物质资本是相当重要的，而农民的能力是最为重要的。要通过教育、培训以及提高健康水平等措施，使农民成为具有现代科学知识、能够运用新生产要素的人。

20 世纪 60 年代，起源于墨西哥的"绿色革命"创造了"墨西哥经济增长奇迹"，印证了舒尔茨的正确性，发展中国家普遍地接受了改造传统农业理论。

（5）早见雄次郎和弗农·拉坦的技术诱导理论。早见雄次郎（1932—2012 年，日本经济学家）和拉坦（1924—2008 年，美国发展经济学家）认为，现代农业的发展依赖于农业生产率的持续增长，农业生产率的持续增长取决于现代农业技术的不断进步，现代农业技术的进步取决于不同生产要素的供给，不同生产要素的供给取决于要素的需求价格弹性。在一个人多地少的国家，土地相对稀缺，土地价格相对于劳动价格变得越来越高，于是农业技术进步将沿着土地替代的方向发展，即生物化、化学化。在一个人少地多的国家，劳动力相对于土地较为稀缺，劳动力的相对价格不断上涨，农业技术进步将沿着劳动力替代的方向发展，即农业机械化。

上述几位代表人物中，刘易斯和普雷维什属"重工轻农"流派的代表，已被实践证明存在诸多缺陷。20 世纪 60 年代以后，托达罗、舒尔茨、早见雄次郎和拉坦等代表人物的观点被广泛接受，实践证明其政策主张是较为有效的。

综合以上主要理论观点和政策主张，有以下几点：

第一，农业是经济发展的基础，农业发展是工业发展的基本前提和动力。亚当·斯密和马克思早已明确提出这一基本认识，而第二次世界大战后兴起的发展经济学在经历了"重工轻农"的挫折后才又重新回到这个基点。刘易斯也于 20 世纪 70 年代改变了过去重工轻农的思想，承认农业生产率的提高是实现工业化的先决条件。

第二，工业应为农业服务。农业发展促进工业发展，同时工业要反哺农业，向农业提供有利可图的、适应生产要求的新生产要素。

第三，建立家庭农业经营体制。大多数发展中国家人多地少，家庭小农场可以用较多的劳动在较少的土地上进行集约经营，可以扩大就业，增加产出。

第四，实行土地改革。发展中国家农业落后和农民贫困的根本原因在于土地制度不合理，因此主张把土地制度改革当作发展农业的首要条件。

第五，依靠技术进步发展农业。农业技术有两类：一是以节约劳动为主的机械技术，二是以节约土地为主的生物技术。后者比前者更符合多数发展中国家人多地少的基本国情。20 世纪 60—70 年代，许多发展中国家都开展了"绿色革命"，并取得一定成效。

第六，实行支持农业的价格政策。农产品价格低、工业品价格高是造成发展中国家农业落后的重要原因之一，要改革这种不合理的价格体系。

第七，增加农业投资，加强农业基础设施建设。农业的产出在很大程度上取决于对农业的投入，大型农田水利建设、农业科研应由国家承担。

2. 研究思路

满足日益增长的农产品消费需求、增加农民的收入是农业发展的两大根本目标。因此，本书将以此两大根本目标为基本标准，评价墨西哥农业改革开放的成效，即改革开放是否促进了农业增长，是否增加了绝大部分农民的收入。

要满足日益增长的农产品消费需求，就要不断增加农业产量。反映农业产量的一个简单公式为：

$$农业产量 = 耕地面积 \times 单位面积产量 \qquad (1)$$

公式（1）表明，增加耕地面积、提高单位面积产量是增加农业产量的基本手段。对于大多数发展中国家来说，耕地的稀缺程度较高，资源约束性较强，在一定时间和空间内不可能无限制地扩大耕地面积，因此增加农业产量主要是依靠提高单位面积产量。

按照收入的来源，农民的收入可简化为农业收入和非农业收入两个部分。随着经济和社会的发展，非农业收入占农民收入的比重不断提高，反映了非农就业对农民收入增长变得日益重要。但是，在农村劳动力向非农业部门转移变得日益困难的情况下，农业收入仍是增加农民收入的一个重要来源。

反映农业收入的一个简单公式为：

$$农业收入 = 农产品产量 \times 农产品价格 \qquad (2)$$

将公式（1）和（2）合并，可得：

$$农业收入 = 耕地面积 \times 单位面积产量 \times 农产品价格 \qquad (3)$$

公式（3）表明，农业收入取决于3个基本因素，即耕地面积、单位面积产量和农产品价格。在耕地面积相对不变的条件下，提高单位面积产量和农产品价格是增加农业收入的主要途径。

提高单位面积产量可以有多种途径，但主要途径有两个：一是在不改变种植结构的情况下，通过提高技术水平来提高单位面积产量；二是调整种植结构，由种植低产作物转为种植高产作物。在农业实践中，这两个途径都能有效地提高单位面积产量。

在市场经济条件下，影响农产品价格变化的因素有很多，但主要因素有3个。一是价格决定机制的市场化程度。在众多的农作物中，经济作物的市场化和商品化程度一直较高，其价格基本上由供求关系决定。基本作物的价格受政府干预的程度相对较高，无论是发达国家还是发展中国家，农业保护和农业支持的重点都是基本作物，价格保障或价格补贴是主要干预手段。二是收入需求弹性，弹性越高，价格的上升趋势越明显。经济作物的收入需求弹性较高，即随着收入水平的提高，经济作物的需求增长速度高于收入水平的增长速度，价格上升幅度较高。同经济作物相比，基本作物的收入需求弹性较低，随着收入水平的提高，基本作物（特别是粮食）的消费支出占家庭消费的比重会下降，价格上升幅度较低。三是市场垄断程度。在西方经济学的教科书中，普遍地认为农产品市场是真正的自由竞争市场。在供给方面，众多的农业生产者生产着同质化程度较高的农产品。在市场方面，农业生产者是市场价格的接受者而不是决定者。但实际情况表明，农产品市场也存在一定程度的垄断，垄断程度越高，农产品价格和农业生产者受垄断影响的程度越高。

在市场经济条件下，农民根据其生产要素（土地、劳动力、资本等）参与农业收入的初次分配，生产要素的数量直接决定着农民的要素收入。除按市场机制参与初次收入分配外，农民还能通过政府的农业支持政策参与国民收入的二次分配，农业支持政策的公平性和效率直接影响着农民的转移支付收入。

第 一 章

墨西哥农业概况

墨西哥是一个大国，其国土面积约为 195.9 万平方千米，居世界第
14 位。2010 年，墨西哥约有 1.12 亿人口[①]，居世界第 11 位；国内生产总
值（GDP）约为 10397 亿美元，居世界第 14 位；人均 GDP 约为 9582 美
元，属中高收入水平国家[②]。在拉丁美洲和加勒比地区，墨西哥的国土面
积、人口数量和 GDP 均居第二位，仅次于巴西[③]。

墨西哥是一个城市化程度、服务业产值比重均较高的国家。根据墨西
哥国家经济和地理统计局[④]的统计数据，2010 年全国约有 77% 的人口居
住在城市地区，23% 居住在农村地区[⑤]。在按农业、工业、服务业划分的
GDP 构成中，农业占 3.7%，工业占 33.8%，服务业占 62.5%[⑥]。

墨西哥国家经济和地理统计局公布的统计年鉴以及定期进行的人口普
查、农业普查、经济普查等，为我们了解墨西哥的农业、农村和农民概况
提供了较为系统、全面的资料。国家经济和地理统计局成立于 1985 年，
是由经济统计总局[⑦]和地理统计总局[⑧]合并组成的，前者成立于 1882 年，

---

① Instituto Nacional de Estadística y Geografía, *Anuario estadístico de los Estados Unidos Mexicanos 2010*, Cuadro 2.2.

② http://data.worldbank.org/country/mexico. 2011.

③ 巴西的国土面积约为 854.7 万平方千米，居世界第五位。根据世界银行官方网站 2011 年公布的数据，2010 年巴西有 1.95 亿人口，居世界第五位；GDP 约为 20879 亿美元，居世界第 7 位；人均 GDP 约为 10707 美元，居世界第 55 位。

④ Instituto Nacional de Estadística y Geografía, 简称 INEGI。

⑤ Instituto Nacional de Estadística y Geografía, *Anuario estadístico de los Estados Unidos Mexicanos 2010*, Cuadro 2.4. 根据表中的数据计算。

⑥ Instituto Nacional de Estadística y Geografía, *Anuario estadístico de los Estados Unidos Mexicanos 2010*, Cuadro 11.3. 根据表中的数据计算，工业中包括矿业。

⑦ Dirección General de Estadística.

⑧ Dirección General de Geografía.

后者成立于 1968 年。经济统计总局从 1882 年开始出版统计年鉴，1938—2010 年的 73 年间共出版了 48 份统计年鉴。墨西哥是较早开展人口普查的国家，自 1895 年以来已进行了 13 次人口普查，基本上每 10 年进行一次，历次人口普查的年份分别为 1895 年、1900 年、1910 年、1921 年、1930 年、1940 年、1950 年、1960 年、1970 年、1980 年、1990 年、2000 年和 2010 年。墨西哥也是较早开展农业普查的国家，自 1930 年以来已进行了 8 次农业普查，历次普查的年份分别为 1930 年、1940 年、1950 年、1960 年、1970 年、1981 年、1991 年和 2007 年。自 1989 年以来，墨西哥已开展了 5 次经济普查，历次普查的年份分别为 1989 年、1994 年、1999年、2004 年和 2009 年。

第一节　农业规模

在描述墨西哥农业规模之前，首先需要明确"农业"的概念。关于农业的概念，有广义和狭义之分。广义农业概念包括种植业、牲畜业、渔业、林业以及家禽养殖业和农产品加工业。狭义农业概念仅指种植业。在我们的日常生活中，人们习惯上用"农、林、牧、副、渔"来统称农村地区的主要经济活动，其实这一称谓是将广义农业概念和狭义农业概念加以融合，其中的"农"是指种植业，"副"是指农村地区的家禽养殖业、农产品加工业、家庭手工业等。

墨西哥国家经济和地理统计局的农业统计仅包括种植业、畜牧业、林业和渔业，而将农产品加工业列入加工制造业加以统计。墨西哥学者在研究本国的农业问题时，往往将食品、饮料和烟草业作为农业的重要组成部分，在国家经济和地理统计局的农业统计数据之上，增加食品、饮料和烟草业的统计数据。为了将官方的统计数据和学者的研究数据加以区分，墨西哥学者将国家经济和地理统计局使用的农业概念定义为"初级农业部门"，仅指种植业、畜牧业、林业和渔业；将学者使用的农业概念定义为"扩大的农业部门"，包括初级农业部门和食品、饮料、烟草等农产品加工业。

本节的主要目的是介绍墨西哥的农业概况，所使用的数据主要来自墨西哥国家经济和地理统计局，因此本节所使用的农业概念是国家经济和地理统计局的农业概念，即种植业、畜牧业、林业和渔业。当需要使用"扩大的农业部门"这一学术概念时，将会予以说明；如无特别说明，则

"农业"一词仅指"初级农业部门"。

一　墨西哥是一个农业大国

如表 1.1 所示,根据联合国粮农组织的统计数据,2005—2009 年墨西哥的年均农业 GDP 约为 344 亿美元,在联合国粮农组织统计的 137 个国家中居第 15 位。在发展中国家,墨西哥是第五大农业国,位列中国、印度、巴西和印度尼西亚之后。在拉美地区,墨西哥的农业规模居第二位,仅次于巴西(759 亿美元)。

2005—2009 年中国、印度、巴西、印度尼西亚的农业 GDP 均有较大幅度的增长,年均增长率介于 14.9%—19.9% 之间,而墨西哥的这一增长率仅为 4.7%。

表 1.1　　2005—2009 年部分发展中国家年均农业 GDP 及年均增长率

国家	年均 GDP（亿美元）	年均增长率（%）
中国	4990	14.9
印度	1590	14.5
巴西	759	15.2
印度尼西亚	445	19.9
墨西哥	344	4.7

资料来源:根据联合国粮农组织统计数据计算。

二　墨西哥的农业以种植业和畜牧业为主

根据《墨西哥 2010 年统计年鉴》以及《2010 年种植业和畜牧业统计年鉴》[①],按墨西哥比索的可变价格计,2009 年墨西哥的农业总产值约为 5725 亿比索,其中:种植业为 2947 亿比索,占 51.5%;畜牧业为 2371 亿比索,占 41.4%;渔业为 333 亿比索,占 5.8%;林业为 74 亿比索,占 1.3%。也就是说,种植业和畜牧业是墨西哥农业的主体,二者的产值合计占农业总产值的 92.9%。

表 1.2 列举了 2005—2009 年墨西哥种植业、畜牧业、农产品加工业的主要指标。按 2003 年墨西哥比索的不变价格计,墨西哥种植业和畜牧

---

① Servicio de Información Agroalimentaria y Pesquera（SIAP）, *Anuarios Agropecuarios 2010.*

业的 GDP 由 2005 年的 2852 亿比索增至 2009 年的 3200 亿比索，增幅为 12.2%。2005 年种植业和畜牧业的 GDP 为负增长，增长率为 -2.6%；2006 年的增长率较高，为 6.3%；2007—2008 年年均增长率为 1.8%。2005—2008 年种植业和畜牧业 GDP 占全国 GDP 的比重基本为 3.5%，2009 年这一比重略有上升（3.8%）。

表 1.2　**2005—2009 年墨西哥的种植业、畜牧业、农产品加工业的**
主要指标　（按 2003 年比索不变价格计）

		2005 年	2006 年	2007 年	2008 年	2009 年
墨西哥的 GDP	GDP（亿比索）	81137	85139	87983	89295	83457
	GDP 增长率（%）	3.2	4.9	3.3	1.5	-6.5
种植业和畜牧业	GDP（亿比索）	2852	3033	3106	3143	3200
	GDP 增长率（%）	-2.6	6.3	2.4	1.2	1.8
	产值比重（%）	3.5	3.6	3.5	3.5	3.8
农产品加工业	GDP（亿比索）	6922	7214	7394	7504	7562
	GDP 增长率（%）	0.9	4.2	2.5	1.5	0.8
	产值比重（%）	8.5	8.5	8.4	8.4	9.1
在种植业和畜牧业就业的劳动力						
	人数（万人）	616.4	599.5	584.3	580.3	580.1
	增长率（%）	-3.2	-2.7	-2.5	-0.7	-1.5
	就业比重（%）	15.0	14.2	13.6	13.3	13.3
	人均产值（比索）	46278.6	50593.0	53153.3	54165.3	55171.0
	人均产值增长率（%）	0.6	9.3	5.1	1.9	1.9

资料来源：Servicio de Información Agroalimentaria y Pesquera（SIAP-SAGARPA），*Indicadores Básicos del Sector Agroalimentario y Pesquero*，9 de abril de 2010.

三　在种植业和畜牧业就业的劳动力逐年减少

2005—2009 年在种植业和畜牧业就业的劳动力人数由 616.4 万人减至 580.1 万人，减少了 36.3 万人，减幅为 5.9%。在此期间，就业比重也有所下降，在种植业和畜牧业就业的劳动力占全国就业总人数的比重由 15.0% 降至 13.3%。随着就业人数的减少和产值的增加，人均产值有较大幅度的增长，由 2005 年的 46278.6 比索增至 2009 年的 55171 比索，增加了约 8892 比索，增幅为 19.2%。

四 绝大部分土地适于发展种植业和畜牧业

墨西哥的土地面积约为 1.978 亿公顷，其中 16%（约 3164.8 万公顷）适于发展种植业，61%（约 1.2 亿公顷）适于发展畜牧业，23%（约 4549 万公顷）为林地和热带雨林[①]。

墨西哥的行政区划为 31 个州和 1 个联邦区。按照地理区域，全国划分为 8 个地区。

西北部地区有 5 个州，即下加利福尼亚州、南下加利福尼亚州、锡那罗亚州、索诺拉州、纳亚里特州。

北部地区有 5 个州，即杜兰戈州、科阿韦拉州、奇瓦瓦州、圣路易斯波多西州、萨卡特卡斯州。

东北部地区有 2 个州，即新莱昂州、塔毛利帕斯州。

中西部地区有 5 个州，即阿瓜斯卡连特斯州、科利马州、瓜那华托州、哈利斯科州、米却肯州。

中东部地区有 1 个区和 6 个州，即：联邦区、伊达尔戈州、墨西哥州、莫雷洛斯州、普埃布拉州、特拉斯卡拉州、克雷塔罗州。

南部地区有 3 个州，即瓦哈卡州、恰帕斯州、格雷罗州。

东部地区有 2 个州，即塔瓦斯科州、韦拉克鲁斯州。

东南部地区有 3 个州，即坎佩切州、尤卡坦州、金塔那罗奥州。

图 1.1 较为直观地说明了墨西哥 8 个地理区域的分布及各个地理区域的主要农作物和主要畜产品。

从图 1.1 中看出，每个地理区域都种植种类不同的农作物，除东南部地区外，其他 7 个区域均有规模不等的畜牧业。在西北部地区，主要农作物有西红柿、小麦、玉米、青椒、棉花、烟草等，主要畜产品有猪肉、鸡肉、鸡蛋等。在北部地区，主要农作物有菜豆、玉米、高粱、土豆、青椒、辣椒、西红柿、甘蔗等，主要畜产品有猪肉、牛肉、牛奶等。在东北部地区，主要农产品有土豆、玉米、高粱、甜橙、甘蔗等，主要畜产品为猪肉。在中西部地区，主要农作物有玉米、柠檬、甘蔗、小麦、高粱、西红柿等，主要畜产品有猪肉、牛肉、鸡肉、牛奶、鸡蛋等。在中东部地

---

① Secretaria de Agricultura, Ganadería, Desarrollo Rural, Pesca y Alimentación (SAGARPA), *Descripción de los Sectores Agroalimentario y Pesquero y Características del Medio Rural*, Agosto 2002.

区，主要农产品有玉米、咖啡、小麦、高粱、甘蔗、土豆等，主要畜产品有猪肉、牛肉、牛奶、鸡蛋等。在东部地区，主要农作物有香蕉、甘蔗、可可、咖啡、甜橙、玉米等，主要畜产品有猪肉和牛肉。在东南部地区，主要农作物有玉米、水稻、青椒、甘蔗、甜橙等。在南部地区，主要农作物有玉米、咖啡、甘蔗、芒果等，主要畜产品为猪肉。

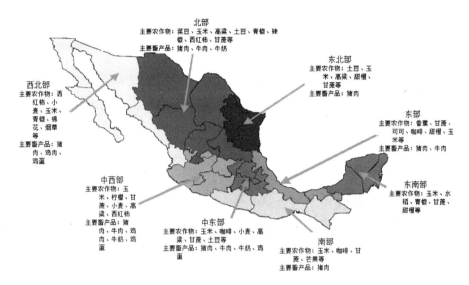

图 1.1　墨西哥的 8 个地理区域及其主要农作物和主要畜产品

第二节　种植业概况

墨西哥的种植业有以下几个明显特点。

一　农作物种类繁多

根据墨西哥农业部门的统计，2010 年墨西哥种植的农作物近 560 种，其中种植面积超过 50 公顷的有 437 种，如谷物（15 种）、水果（88 种）、蔬菜（104 种）、工业原料作物（34 种）、饲料作物（48 种）、油料作物（8 种）、豆类作物（7 种）、根茎类作物（5 种）、香料作物（26 种）、药用作物（22 种）、花卉作物（31 种）及其他作物（49 种）①。

————————————

① Servicio de Información Agroalimentaria y Pesquera（SIAP），*Anuarios Agropecuarios 2010.*

　　自 20 世纪 80 年代以来，墨西哥种植的农作物品种不断增多。1980 年种植的农作物有 287 种，1990 年增至 331 种[1]，2000 年增至 415 种，2010 年增至近 560 种[2]。引进和培育新品种是农作物品种不断增加的主要原因。例如，2000 年种植的青椒有 10 种，2010 年增加至 26 种；同期，干辣椒的品种由 2 种增至 11 种，西红柿由 11 种增至 20 种，菜豆由 5 种增至 23 种，苹果由 3 种增至 8 种，芒果由 9 种增至 12 种，甜瓜由 3 种增至 5 种，甜橙由 3 种增至 5 种，等等。

二　6 大类作物是主要农作物

　　谷物、水果、蔬菜、工业原料作物、饲料作物、油料作物等 6 大类作物是主要农作物。如表 1.3 和本书的附表 1 所示，2006—2010 年墨西哥全国农作物年均种植总面积约为 2176.9 万公顷，其中这 6 类农作物的种植面积约为 1864 万公顷，约占全国农作物种植总面积的 85.6%。同期，按比索的现价可变价格计，全国农作物年均总产值约为 2854.9 亿比索，6 大类主要农作物的年均产值合计约为 2700 亿比索，约占全国农作物年均总产值的 94.6%。

表 1.3	2006—2010 年墨西哥农作物种植结构	单位:%
	种植结构	产值结构
谷物	59.0	39.7
油料作物	1.6	1.1
蔬菜	2.2	16.8
水果	5.8	19.7
原料作物	8.5	10.0
饲料作物	8.6	7.3
其他	14.4	5.4
全国总计	100.0	100.0

　　资料来源：Servicio de Información Agroalimentaria y Pesquera（SIAP），*Anuarios Agropecuarios 2010.* 综合有关数据计算。

---

[1]　Servicio de Información Agroalimentaria y Pesquera（SIAP），*Anuarios Agropecuarios 2000.*
[2]　Servicio de Información Agroalimentaria y Pesquera（SIAP），*Anuarios Agropecuarios 2010.*

谷物，俗称粮食，是种植面积较大的农作物。2006—2010 年墨西哥59% 的耕地用于种植粮食作物，粮食作物的产值占全国农作物总产值的39.7%。2005—2009 年墨西哥是世界第十二大粮食生产国，玉米、高粱、菜豆、小麦、大麦、燕麦和水稻等是其主要粮食作物，其中玉米、高粱的产量均居世界第四位①。玉米是墨西哥最重要的粮食作物（参见专栏 1），种植面积最大，2006—2010 年年均种植面积约为 794 万公顷，占同期全国农作物年均种植总面积的 36.5%，这意味着全国 1/3 以上的耕地用于种植玉米；在此期间，玉米的年均产量约为 2442 万吨。高粱、菜豆、小麦等也是种植面积较大、产量较多的粮食作物，其 2006—2010 年年均种植面积和年均产量分别为 193.7 万公顷和 659.3 万吨、162.7 万公顷和111.2 万吨、84.5 万公顷和 421.4 万吨。

墨西哥的油料作物较少，2006—2010 年墨西哥仅有 1.6% 的耕地用于种植油料作物，油料作物的产值仅占全国农作物总产值的 1.1%。墨西哥的主要油料作物有籽棉、大豆、红花、芝麻。2006—2010 年这 4 种主要油料作物的年均种植面积合计约为 34 万公顷，产量约为 65 万吨。

专栏 1

没有玉米，就没有墨西哥

2003 年 3 月，在墨西哥的首都——墨西哥城，举办了一次以"没有玉米，就没有我们国家"为题的展览会。展览会的主题词中写道："玉米是墨西哥的文化之根源、国家之象征，是我们无穷无尽的灵感之源。我们培育了玉米，玉米养育了我们，我们永远在相互哺育中生活。我们就是玉米人。"

墨西哥是玉米的故乡，3000—4000 年前古印第安人已经开始种植玉米。长期以来，墨西哥人培育和种植了很多品种的玉米。例如，墨西哥人最先培育并推广了彩色玉米（深蓝色、墨绿色、紫红色等），还有红、黄、蓝、白、绿各色间杂的五彩玉米。

---

① 根据联合国粮农组织的统计数据，2005—2009 年全球年均粮食产量约为 215478 万吨，其中墨西哥约为 3249 万吨，居世界第十二位。在此期间，全球年均玉米产量约为 77106 万吨，其中美国约为 30422 万吨，中国约为 15476 万吨，巴西约为 4801 万吨，墨西哥约为 2184 万吨；全球年均高粱产量约为 6018 万吨，其中美国约为 1027 万吨，尼日利亚约为 854 万吨，印度约为 744 万吨，墨西哥约为 599 万吨。

千百年来，玉米饼一直是墨西哥人最重要的主食，其品种、样式和吃法就像中国的面食一样丰富多彩。最著名的玉米饼有两种，即 Taco（读音为"达糕"，一种卷饼）和 Tortilla（读音为"道尔蒂亚"，一种薄饼）。卷饼要卷着吃，薄饼要包着吃，多种馅料混在一起，香、辣、酸、甜各味俱全。

墨西哥人对玉米有着悠久的、深厚的感情。生活在墨西哥的古代玛雅人，以太阳的位置和玉米的种植将一年划分为 9 个节气，其中的第二个节气是"成熟"，大约在 8 月初，人们收获玉米，举行一些特定的宗教仪式和欢庆活动。墨西哥有许多关于玉米的神话和传说，如在玛雅人的神话中，人的身体就是造物主用玉米做成的。今天的墨西哥，由于玉米在人民生活中的重要地位，全国要规划出大面积的土地用于种植玉米。

以玉米为中心的社会生活激发出许多以玉米为题材的文艺创作。古印第安诗人书写了大量的玉米诗歌，现代艺术家们创作了大量的有关玉米的作品。最典型的代表作之一当属墨西哥国立自治大学医学系大楼上的巨幅壁画——《生命、死亡与四要素》，作者为墨西哥著名壁画家弗朗西斯科·埃朋斯，画中的"四要素"指水、火、土、风，玉米位于巨作的中心位置。

墨西哥约有 2.2% 的耕地用于种植蔬菜，蔬菜的产值却占全国农作物总产值的 16.8%。墨西哥是世界第十大蔬菜生产国，蔬菜品种较多，主要有青椒、西红柿、土豆、干辣椒、洋葱、西葫芦、西蓝花、黄瓜、胡萝卜、莴苣、仙人掌、大蒜、菜花、芦笋等 14 种。2006—2010 年这 14 种蔬菜的年均种植面积合计约为 48 万公顷，年均产量合计约为 1026 万吨。其中，种植面积最大、产量最多的是西红柿，年均种植面积约为 10.4 万公顷，年均产量约为 287.3 万吨，其后是青椒（9.1 万公顷和 170.1 万吨）、土豆（6.1 万公顷和 167.5 万吨），等等。

墨西哥约有 5.8% 的耕地用于种植水果，水果的产值占全国农作物总产值的 19.7%。墨西哥是世界第八大水果生产国，水果的品种也较多，主要有甜橙、芒果、柠檬、鳄梨、胡桃、香蕉、苹果、西瓜、桃、菠萝、葡萄、甜瓜、番石榴、木瓜、柚子、草莓等 16 种，其中鳄梨、柠檬等的产量居世界第一位。2006—2010 年这 16 种水果的年均种植面积合计约为 127 万公顷，年均产量合计约为 1666 万吨。其中，种植面积最大、产量最多的是甜橙，年均种植面积约为 34.5 万公顷，年均产量约为 429.7 万吨，其他种植面积较大、产量较多的还有芒果（18.2 万公顷和 171.7 万吨）、柠檬（15.3 万公顷和 222.9 万吨）、鳄梨（12.2 万公顷和 116.2 万吨）、香蕉（7.9 万公顷和 215.1 万吨）、西瓜（5.6 万公顷和 118.8 万吨），等等。

墨西哥约有 8.5% 的耕地用于种植工业原料作物，工业原料作物的产值占全国农作物总产值的 10%。工业原料作物主要有咖啡、甘蔗、龙舌兰、椰干和烟草等 5 种，其中以咖啡和甘蔗为主。2006—2010 年这 5 种原料作物的年均种植面积合计约为 184 万公顷。咖啡的年均种植面积为 79.7 万公顷，年均产量为 141.5 万吨；甘蔗的年均种植面积为 73.8 万公顷，年均产量约为 5109 万吨。

墨西哥约有 8.6% 的耕地用于种植饲料作物，饲料作物的产值占全国农作物总产值的 7.3%。饲料作物主要有青贮燕麦、青贮玉米、青贮苜蓿和青贮高粱等 4 种。2006—2010 年这 4 种饲料作物的年均种植面积合计约为 188 万公顷，年均产量合计约为 4404 万吨。其中，青贮燕麦的年均种植面积和年均产量分别为 73.1 万公顷和 670.4 万吨，青贮玉米为 49.9 万公顷和 1143.4 万吨，青贮苜蓿为 39.1 万公顷和 2081.2 万吨，青贮高粱为 25.6 万公顷和 509.1 万吨。

三　农作物的分布呈区域性态势

由于受耕地、水资源等自然条件的限制，农作物在墨西哥境内的分布是不均衡的。表 1.4 按照农作物的产值由多到少选择了墨西哥的 10 个州，这 10 个州可谓是墨西哥的"农业大省"。2006—2010 年这 10 个州的农作物年均产值合计约为 1845.4 亿比索，占同期全国农作物总产值的 64.6%；年均农作物种植面积合计约为 1173.5 万公顷，占全国的 53.9%。在此期间，锡那罗亚州是西北部地区的第一"农业大省"，其农作物年均产值约为 277 亿比索，年均种植面积为 129.9 万公顷；米却肯州是中西部地区的第一"农业大省"，其农作物年均产值为 268 亿比索，年均种植面积约为 106 万公顷；哈利斯科州是中西地区的第二"农业大省"，其农作物年均产值为 209 亿比索，年均种植面积约为 155 万公顷；等等。

墨西哥的农作物品种较多。利用墨西哥农业部的统计数据①，选择少部分粮食作物、工业原料作物、水果和蔬菜，简要介绍农作物的分布概况。

表1.4　　　　　　　　　墨西哥的10个"农业大省（州）"

	2006—2010 年年均产值（亿比索）	2006—2010 年年均种植面积（万公顷）
锡那罗亚州	277.0	129.9
米却肯州	268.0	106.0
哈利斯科州	209.0	155.0
韦拉克鲁斯州	207.4	142.8
索诺拉州	179.6	56.9
恰帕斯州	153.9	142.8
奇瓦瓦州	151.1	104.4
墨西哥州	143.0	89.0
瓜那华托州	138.1	104.8
塔毛利帕斯州	118.3	141.9
合计	1845.4	1173.5
占全国的比重（%）	64.6	53.9

资料来源：Servicio de Información Agroalimentaria y Pesquera（SIAP），*Anuarios Agropecuarios 2010.* 综合有关数据计算。

墨西哥是世界第十二大粮食生产国，玉米、小麦、高粱、菜豆等粮食作物的种植面积较大、产量较多，其中玉米、高粱产量均居世界第四位。墨西哥是世界第四大玉米生产国，位居美国、中国、巴西之后。玉米在墨西哥全境均有种植，分布较为广泛，但大部分产量集中在南部的恰帕斯州和瓦哈卡州、中西部的哈利斯科州、中东部的墨西哥州和普埃布拉州、东部的韦拉克鲁斯州、北部的萨卡特卡斯州等 7 个州。2006—2010 年这 7 个州的年均玉米产量合计约占全国年均玉米总产量的 62.2%，按其各自所占的比重由高到低分别为恰帕斯州 11.9%、墨西哥州 11.5%、韦拉克鲁斯州 9.3%、普埃布拉州 9.0%、瓦哈卡州 8.0%、萨卡特卡斯州 6.4%

---

① Servicio de Información Agroalimentaria y Pesquera（SIAP），*Anuarios Agropecuarios 2010.*

和哈利斯科州5.9%。

小麦主要分布在西北部的索诺拉州、下加利福尼亚州、锡那罗亚州和中西部的瓜那华托州、米却肯州、哈利斯科州等6个州。2006—2010年这6个州的年均小麦产量合计占全国年均小麦总产量的84.6%，按照各州所占的比重由高到低分别为索诺拉州35.5%、瓜那华托州16.9%、下加利福尼亚州10.7%、锡那罗亚州10.5%、米却肯州7.0%和哈利斯科州4.2%。这意味着，西北部地区和中西部地区是墨西哥的小麦主产区，西北部3个州的小麦产量约占全国小麦总产量的56.4%，中西部地区的3个州约占28.2%。

墨西哥是世界第四大高粱生产国，位居美国、尼日利亚和印度之后。高粱主要分布在西北部地区的锡那罗亚州、东北部地区的塔毛利帕斯州和中西部地区的瓜那华托州、米却肯州、哈利斯科州等5个州。2006—2010年这5个州的年均高粱产量合计占全国年均高粱总产量的84.4%，按照各州所占的比重由高到低分别为塔毛利帕斯州37.3%、瓜那华托州23.5%、米却肯州10.3%、哈利斯科州7.6%和锡那罗亚州5.7%。这意味着，东北部地区的塔毛利帕斯州以及中西部地区的瓜那华托州、米却肯州、哈利斯科州是墨西哥的高粱主产区，其高粱产量约占全国高粱总产量的80%。

菜豆主要分布在北部地区的萨卡特卡斯州、杜兰戈州、奇瓦瓦州西北部地区的锡那罗亚州，以及西北部地区的纳亚里特州、中西部地区的瓜那华托州、南部地区的恰帕斯州等7个州。2006—2010年这7个州的年均菜豆产量合计占全国年均菜豆总产量的75.6%，按照各州所占的比重由高到低分别为萨卡特卡斯州28.3%、锡那罗亚州14.1%、杜兰戈州10.2%、奇瓦瓦州7.3%、纳亚里特州6.3%、恰帕斯州5.2%和瓜那华托州4.2%。这意味着，北部地区的萨卡特卡斯州、杜兰戈州、奇瓦瓦州和西北部地区的锡那罗亚州是墨西哥的菜豆主产区，其菜豆产量约占全国菜豆总产量的60%。

工业原料作物中，咖啡和甘蔗的种植面积较大、产量较多。咖啡主要分布在南部地区的恰帕斯州、瓦哈卡州以及中东部地区的普埃布拉州、东部地区的韦拉克鲁斯州等4个州。2006—2010年这4个州的年均咖啡产量合计占全国年均咖啡总产量的90.4%，按照各州所占的比重由高到低分别为恰帕斯州29.7%、韦拉克鲁斯州25.5%、瓦哈卡州18.8%和普埃布拉州 16.4% 。这意味着，南部地区的恰帕斯州、瓦哈卡州和东部地区的韦拉克鲁斯州是墨西哥的咖啡主产区，其咖啡产量约占全国咖啡总产量的 74% 。

甘蔗主要分布在东部地区的韦拉克鲁斯州、中西部地区的哈利斯科州和米却肯州、南部地区的瓦哈卡州、北部地区的圣路易斯波多西州、东北部地区的塔毛利帕斯州和西北部地区的锡那罗亚州、纳亚里特州等 8 个州。2006—2010 年这 8 个州的年均甘蔗产量合计占全国年均甘蔗总产量的 81.7% ，按照各州所占的比重由高到低分别为韦拉克鲁斯州 35.4% 、哈利斯科州 11.8% 、瓦哈卡州 8.2% 、圣路易斯波多西州 7.3% 、塔毛利帕斯州 6.0% 、锡那罗亚州 4.9% 、纳亚里特州 4.1% 和米却肯州 4% 。这意味着，东部地区的韦拉克鲁斯州、中西部地区的哈利斯科州和米却肯州是墨西哥的甘蔗主产区，其甘蔗产量约占全国甘蔗总产量的 50% 。

蔬菜种植方面，西红柿和青椒的种植面积较大、产量较多。仅以西红柿为例。西红柿主要分布在西北部地区的锡那罗亚州、下加利福尼亚州、纳亚里特州和索诺拉州以及北部地区的圣路易斯波多西州、中西部地区的米却肯州和哈利斯科州等 7 个州。2006—2010 年这 7 个州的年均西红柿产量合计占全国年均西红柿总产量的 81.0% ，按照各州所占的比重由高到低分别为锡那罗亚州 42.0% 、下加利福尼亚州 14.5% 、圣路易斯波多西州 7.9% 、米却肯州 5.9% 、哈利斯科州 3.6% 、纳亚里特州 3.6% 、索诺拉州 3.3% 。这意味着，西北部地区的锡那罗亚州和下加利福尼亚州是墨西哥的西红柿主产区，其西红柿产量约占全国西红柿总产量的 56% 。

水果种植方面，甜橙、柠檬、芒果、鳄梨、香蕉等的种植面积较大，产量较多。在此，以鳄梨、柠檬和香蕉为例。墨西哥是世界第一大鳄梨生产国。根据联合国粮农组织的统计数据，2000—2009 年墨西哥年均鳄梨产量约为 102.9 万吨，全球鳄梨年均产量约为 332.8 万吨，墨西哥的年均产量占全球年均产量的 30.9%[①]。在墨西哥，鳄梨主要分布在中西部地区的米却肯州和中东部地区的莫雷洛斯州、普埃布拉州、墨西哥州以及西北部地区的纳亚里特州等 5 个州。2006—2010 年这 5 个州的年均鳄梨产量

———————

① 根据联合国粮农组织的统计数据计算。http：//faostat. fao. org.

合计占全国年均鳄梨总产量的93.5%，按照各州所占的比重由高到低分别为米却肯州84.4%、莫雷洛斯州2.4%、普埃布拉州2.4%、纳亚里特州2.4%、墨西哥州1.9%。这意味着，中西部地区的米却肯州是墨西哥的鳄梨主产区，其鳄梨产量约占全国鳄梨总产量的84%。

墨西哥是世界第一大柠檬生产国。根据联合国粮农组织的统计数据，2000—2009年墨西哥年均柠檬产量约为185万吨，全球柠檬年均产量约为1264万吨，墨西哥的年均产量占全球年均产量的14.6%[①]。在墨西哥，柠檬主要分布在中西部地区的科利马州和米却肯州、南部地区的瓦哈卡州等3个州。2006—2010年这3个州的年均柠檬产量合计占全国年均柠檬总产量的85.5%，按照各州所占的比重由高到低分别为科利马州42.6%、米却肯州28.5%、瓦哈卡州14.4%。这意味着，中西部地区的科利马州和米却肯州是墨西哥的柠檬主产区，其柠檬产量约占全国柠檬总产量的71%。

香蕉主要分布在南部地区的恰帕斯州、东部地区的塔瓦斯科州和韦拉克鲁斯州、中西部地区的米却肯州和科利马州等5个州。2006—2010年这5个州的年均香蕉产量合计占全国年均香蕉总产量的84.8%，按照各州所占的比重由高到低分别为恰帕斯州37.6%、塔瓦斯科州18.1%、韦拉克鲁斯州15.6%、米却肯州8.3%、科利马州5.2%。这意味着，南部地区的恰帕斯州、东部地区的塔瓦斯科州和韦拉克鲁斯州是墨西哥的香蕉主产区，其香蕉产量约占全国香蕉总产量的71%。

第三节 畜牧业概况

一 墨西哥是一个畜牧业大国

墨西哥约有51%的土地适于发展畜牧业。如表1.5所示，2009年墨西哥的牛存栏量约为3200万头，居世界第九位；生猪存栏量1520万头，居世界第八位；鸡存栏量5.1亿只，居世界第七位；鸭子存栏量820万只，居世界第十二位；火鸡存栏量450万只，居世界第四位；绵羊存栏量780万只，山羊存栏量890万只，等等。

---

① 根据联合国粮农组织（FAO）的统计数据计算。http：//faostat.fao.org.

表 1.5　　　　　　　　　　**2009 年墨西哥畜牧业概况**

牲畜存栏量		家禽存栏量	
牛（万头）	3200	鸡（万只）	51000
猪（万只）	1520	鸭（万只）	820
绵羊（万只）	780	火鸡（万只）	450
山羊（万只）	890		
主要畜牧产品产量和产值			
胴体肉	产量（万吨）	产值（亿比索）	
鸡肉	263.6	602.9	
牛肉	170.5	550.0	
猪肉	116.2	335.8	
羊肉	9.7	41.3	
火鸡肉	2.1	8.3	
小计	562.1	1538.3	
牛奶和鸡蛋			
牛奶	1054.9	500.0	
鸡蛋	236.0	307.4	
小计		807.4	
其他	6.3	24.8	
总计		2370.5	

资料来源：1. 牲畜存栏量和家禽存栏量，http：//faostat. fao. org.

2. 主要畜牧产品和产值，Servicio de Información Agroalimentaria y Pesquera（SIAP），*Anuarios Agropecuarios 2010.*

二　养鸡业、养牛业、养猪业是畜牧业的主体

在主要畜牧产品的产量方面（见表 1.5），2009 年墨西哥的鸡肉产量约为 263.6 万吨，牛肉产量约为 170.5 万吨，猪肉约为 116.2 万吨，羊肉约为 9.7 万吨，火鸡肉约 2.1 万吨，肉类总产量约为 562.1 万吨；牛奶产量约为 1054.9 万吨，鸡蛋约为 236 万吨。

在主要畜牧产品的产值方面，2009 年鸡肉的产值约为 602.9 亿比索，牛肉约为 550.0 亿比索，猪肉约为 335.8 亿比索，牛奶约为 500.0 亿比索，鸡蛋约为 307.4 亿比索，其他（羊肉、火鸡肉等）约为 74.4 亿比索。

无论是从产量方面看，还是从产值方面看，鸡、牛、猪是畜牧业的主体。在肉类产品的产量方面，鸡肉、牛肉和猪肉的产量合计约为 550.3 万

吨，占肉类总产量的97.9%，其中鸡肉占46.9%，牛肉占30.3%，猪肉占20.7%。在畜牧业的产值构成方面，鸡肉、牛肉、猪肉、牛奶和鸡蛋的产值合计约为2296.1亿比索，占畜牧业总产值的96.9%，其中鸡肉占25.4%，牛肉占23.2%，牛奶占21.1%，猪肉占14.2%，鸡蛋占13.0%。

养牛业的分布较广，但主要分布在北部（西北部、北部、东北部）、中部（中西部、中东部）、东部和南部地区。养牛业的主要产品是牛肉和牛奶。根据墨西哥农业部的统计数据[①]，在牛肉的产量方面，2009年12个州的产量合计约占全国牛肉总产量的69.5%。这12个州的地区分布、产量比重（下文括号内数字为占全国总产量的比重，下同）分别为：西北部地区的锡那罗亚州（4.7%）、下加利福尼亚州（4.5%）、索诺拉州（4.4%），北部地区的奇瓦瓦州（5.4%）、杜兰戈州（3.7%）、科阿韦拉州（3.6%），东北部地区的塔毛利帕斯州（3.4%），中西部地区的哈利斯科州（10.6%）、米却肯州（4.5%），东部地区的韦拉克鲁斯州（14.7%）、塔瓦斯科州（3.7%），南部地区的恰帕斯州（6.3%）。牛肉产量最多的是韦拉克鲁斯州，其后依次是哈利斯科州、恰帕斯、奇瓦瓦州、锡那罗亚州，等等。

在牛奶的产量方面，2009年有11个州的产量合计约占全国牛奶总产量的84.4%。这11个州的地区分布、产量比重分别为：北部地区的科阿韦拉州（12.2%）、杜兰戈州（9.1%）、奇瓦瓦州（8.8%），中西部地区的哈利斯科州（18.0%）、瓜那华托州（7.2%）、阿瓜斯卡连特斯州（3.5%）、米却肯州（3.2%），中东部地区的墨西哥州（4.4%）、伊达尔戈州（4.2%）、普埃布拉州（3.8%），东部地区的韦拉克鲁斯州（6.7%）。牛奶产量最多的是哈利斯科州，其后依次是科阿韦拉州、杜兰戈州、奇瓦瓦州，等等。

养猪业主要分布在八个州，猪肉是养猪业的主要产品。2009年八个州的猪肉产量合计约占全国猪肉总产量的74.2%。这8个州的地区分布、产量比重分别为：西北部地区的索诺拉州（19.1%），东北部地区的塔毛利帕斯州（2.8%），中西部地区的哈利斯科州（18.2%）、瓜那华托州（9.4%）、米却肯州（3.6%），中东部地区的普埃布拉州（9.4%），东南部地区的尤卡坦州（8.5%），东部地区的韦拉克鲁斯州（5.9%）。猪肉

---

① Servicio de Información Agroalimentaria y Pesquera（SIAP），*Anuarios Agropecuarios 2010.*

产量最多的是索诺拉州，其后依次是哈利斯科州、普埃布拉州、瓜那华托州，等等。

养鸡业的主要产品是鸡肉和鸡蛋。在鸡肉的产量方面，2009 年 12 个州的鸡肉产量合计约占全国鸡肉总产量的 82.6%。这 12 个州的地区分布、产量比重分别为：东部地区的韦拉克鲁斯州（11.0%），中西部地区的哈利斯科州（10.9%）、阿瓜斯卡连特州（7.8%）、瓜那华托州（6.4%），中东部地区的克雷塔罗州（7.8%）、普埃布拉州（6.0%）、墨西哥州（3.7%），西北部地区的锡那罗亚州（5.4%），北部地区的杜兰戈州（9.4%），东北部地区的新莱昂州（4.9%），东南部地区的尤卡坦州（4.5%），南部地区的恰帕斯州（3.9%）。鸡肉产量最多的是韦拉克鲁斯州，其后依次是哈利斯科州、杜兰戈州等。

在鸡蛋的产量方面，2009 年八个州的鸡蛋产量合计约占全国鸡蛋总产量的 93.2%。这八个州的地区分布、产量比重分别为：中西部地区的哈利斯科州（49.7%）、瓜那华托州（3.2%），中东部地区的普埃布拉州（20.5%），东北部地区的新莱昂州（4.9%），西北部地区的索诺拉州（4.7%）、锡那罗亚州（1.7%），北部地区的杜兰戈州（3.4%）、科阿韦拉州（2.2%），东南部地区的尤卡坦州（2.9%）。鸡蛋产量最多的是哈利斯科州，其产量接近全国总产量的一半，其后依次是普埃布拉州、新莱昂州，等等。

三 主要"畜牧业大省（州）"

如表 1.6 所示，根据 2009 年各州畜牧业的产值，位居前 7 位的州是哈利斯科州、韦拉克鲁斯州、普埃布拉州、杜兰戈州、瓜那华托州、科阿韦拉州和恰帕斯州，其畜牧业产值分别为 431.7 亿比索、208.0 亿比索、167.2 亿比索、134.5 亿比索、118.0 亿比索、111.8 亿比索和 93.4 亿比索，合计 1264.6 亿比索，约占全国畜牧业总产值的 53.3%。这 7 个州的牛肉产量合计 73.9 万吨，约占全国牛肉总产量的 43.3%，其中：韦拉克鲁斯州的牛肉产量为 25.1 万吨，居第一位；哈利斯科州 18.1 万吨，居第二位；恰帕斯州 10.8 万吨，居第三位。牛奶产量合计 627.4 万吨，约占全国总产量的 59.5%，其中：哈利斯科州 190 万吨，居第一位；科阿韦拉州 128.3 万吨，居第二位；杜兰戈州 96.0 万吨，居第三位。猪肉产量合计 53.7 万吨，约占全国总产量的 46.2%，其中：哈利斯科州 21.2 万吨，居第一位；普埃布拉州和瓜那华托州均为 11.0 万吨，并列居第二位。鸡肉产量合计 136.5 万吨，约占全国总产量的 51.8%，其中：韦拉克鲁斯州 29.0 万吨，居第一位；哈利斯科州 28.8 万吨，居第二位；杜兰戈州 24.7 万吨，居第三位。鸡蛋产量合计 188.6 万吨，约占全国总产量的 79.9%，其中：哈利斯科州 117.3 万吨，居第一位；普埃布拉州 48.4 万吨，居第二位；杜兰戈州 8.0 万吨，居第三位。

表 1.6　　　　　　　　2009 年墨西哥的 5 个"畜牧业大省（州）"

单位：万吨；产值：亿比索；比重%

	牛肉	牛奶	猪肉	鸡肉	鸡蛋	畜牧业产值
哈利斯科州	18.1	190.0	21.2	28.8	117.3	431.7
韦拉克鲁斯州	25.1	70.8	6.8	29.0	1.6	208.0
普埃布拉州	3.8	29.5	11.0	15.7	48.4	167.2
杜兰戈州	6.3	96.0	0.4	24.7	8.0	134.5
瓜那华托	3.7	76.2	11.0	16.8	7.7	118.0
科阿韦拉州	6.1	128.3	1.0	8.7	5.2	111.8
恰帕斯州	10.8	36.6	2.3	12.8	0.4	93.4
合计	73.9	627.4	53.7	136.5	188.6	1264.6
占全国的比重	43.3	59.5	46.2	51.8	79.9	53.3

资料来源：Servicio de Información Agroalimentaria y Pesquera（SIAP），*Anuarios Agropecuarios 2010.*

综合起来看，哈利斯科州是墨西哥的"第一畜牧业大省（州）"，其畜牧业产值以及鸡蛋、猪肉、牛奶的产量均居全国第一位。尽管该州的养牛业、养猪业和养鸡业的规模都较大，但其畜牧业以养鸡业和养牛业为主。如表 1.7 所示，2009 年其养鸡业的产值约为 223.9 亿比索，占该州畜牧产值的 51.9%；养牛业产值 136.4 亿比索，占该州畜牧业产值的 31.6%；养猪业的产值 67.0 亿比索，占 15.5%；其他产值 4.4 比索，仅占 1.0% 左右。

拉格斯·德·莫莱诺市（Lagos de Moreno）是哈利斯科州的畜牧业大市。2009 年该市的鸡蛋产量为 103.3 万吨，约占全州鸡蛋产量的 88.1%，约占全国鸡蛋总产量的 54.8%；牛奶产量为 114.6 万吨，约占全州牛奶产量的 60.3%；猪肉产量为 11.9 万吨，约占全州猪肉产量的 56.1%；等等。

表 1.7　　　　　　　　**2009 年哈利斯科州畜牧业产值结构**

	养牛业			养猪业	养鸡业			
	牛肉	牛奶	小计	猪肉	鸡肉	鸡蛋	小计	其他
产值（亿比索）	55.7	80.7	136.4	67.0	68.0	155.9	223.9	4.4
比重（%）	12.9	18.7	31.6	15.5	15.7	36.1	51.9	1.0

资料来源：Servicio de Información Agroalimentaria y Pesquera（SIAP），*Anuarios Agropecuarios 2010.* 根据哈利斯州的统计数据计算。

第四节　渔业和林业概况

一　渔业资源丰富

海域辽阔，海洋和水产养殖条件优越。墨西哥海岸线长约 1.15 万千米，其中 68% 位于太平洋和加利福尼亚湾，32% 在墨西哥湾和加勒比海区域。大陆架面积为 50 万平方千米，沿海滩涂 1.6 万平方千米，沿海湖泊 1.2 万平方千米。与此同时，墨西哥还拥有 2.5 万平方千米左右的淡水湖，发展淡水养殖业的条件也较为优越。

渔业资源丰富，鱼种较多。目前已鉴别的鱼种有 300 多个，其中具有经济利用价值的占 60% 以上，部分品种在国际市场上具有较强的竞争优势，如鲍鱼、金枪鱼、蚝、鲨鱼、沙丁鱼、大龙虾、虾、章鱼等。根据 2010 年公布的墨西哥《2008 年渔业和水产养殖业统计年鉴》，2007 年墨西哥的渔业总产量约 161.8 万吨，居世界第 15 位；从业人员 28.4 万人，居世界第 16 位；渔业总产值约 168.8 亿比索（按 2003 年比索不变价格计），占农业总产值的 5.8%。[①]

二　海洋捕捞是渔业主体

根据《2008 年渔业和水产养殖业统计年鉴》，2008 年墨西哥渔业总产量（鲜活产品，下同）为 174.5 万吨，其中：海洋捕捞的产量约为 147.3 万吨，占总产量的 84.3%；沿海滩涂养殖的产量约为 10 万吨，占

---

① Comisión Nacional de Acuacultura y Pesca, *Anuario Estadístico de Acuacultura y Pesca 2008*, Mazatlán, Sinaloa, México, 2010.

总产量的 5.7% ;淡水鱼的产量约为 17.2 万吨,占总产量的 10.0% 。[1]

墨西哥渔业的主要品种有沙丁鱼、虾、金枪鱼、乌贼、鲈鱼、牡蛎等。如表 1.8 所示,从产量方面看,2008 年这 6 种主要产品的产量依次为沙丁鱼 81.5 万吨、虾 19.6 万吨、金枪鱼 19.5 万吨、乌贼 8.4 万吨、鲈鱼 7.5 万吨和牡蛎 4.5 万吨,合计 141.0 万吨,占总产量的 80.1% 。沙丁鱼的产量最多,其产量占总产量的 46.7% ;其次是鲜虾,其产量占总产量的 11.3% ;最后是金枪鱼,其产量占总产量的 11.2% 。从产值方面看,鲜虾的产值最高,为 82.6 亿比索,占渔业总产值的 48.9% ;其次是金枪鱼,为 21.6 亿比索,占总产值的 12.8% ;最后是鲈鱼,为 9.8 亿比索,占 5.8% 。这 6 种主要渔业产品的产值合计约为 121.7 亿比索,占渔业总产值的 72.0% 。尽管沙丁鱼的产量最大,但其产值却较低,仅为 4.8 亿比索,占总产值的 2.8% 。

在这 6 种主要渔业产品中,除鲜虾外,其他 5 种基本上完全依靠捕捞,其捕捞量约占渔业总产量的 60% 。鲜虾主要依靠养殖,2008 年在其 19.6 万吨的产量中,远洋捕捞的产量约为 4.4 万吨,近海捕捞的产量约为 2.2 万吨,养殖的产量约为 13 万吨[2]。

表 1.8 　　　　　　　2008 年墨西哥渔业的主要产品和产值机构

	产量（万吨）	产量比重（%）	产值（亿比索）	产值比重（%）
沙丁鱼	81.5	46.7	4.8	2.8
虾	19.6	11.3	82.6	48.9
金枪鱼	19.5	11.2	21.6	12.8
乌贼	8.4	4.8	1.3	0.7
鲈鱼	7.5	4.3	9.8	5.8
牡蛎	4.5	2.6	1.6	1.0
小计	141.0	80.1	121.7	72.0
其他	33.5	19.1	47.1	28.0

资料来源:Comisión Nacional de Acuacultura y Pesca, *Anuario Estadístico de Acuacultura y Pesca 2008*, Mazatlán, Sinaloa, México, 2010. 根据第 20 页和第 25 页有关数据计算。

---

[1] Comisión Nacional de Acuacultura y Pesca, *Anuario Estadístico de Acuacultura y Pesca 2008*, Mazatlán, Sinaloa, México, 2010, p. 52. 根据 Cuadro 1.4.3 中的有关数字计算。

[2] Comisión Nacional de Acuacultura y Pesca, *Anuario Estadístico de Acuacultura y Pesca 2008*, Mazatlán, Sinaloa, México, 2010, p. 30.

三 太平洋海域是主要渔业产区

2008 年海洋渔业的产量约为 157.3 万吨（其中海洋捕捞的产量为 147.3 万吨，沿海滩涂养殖的产量为 10.0 万吨），其中太平洋沿海地区的产量约为 131.2 万吨，占 83.4%；墨西哥湾和加勒比海域的产量约为 22.5 万吨，占 16.6%。

如表 1.9 所示，太平洋沿岸的索诺拉州、锡那罗亚州、南下加利福尼亚州、下加利福尼亚州等 4 个州以及墨西哥湾和加勒比海沿岸的韦拉克鲁斯州、塔瓦斯科州等 2 个州，是墨西哥的主要"渔业大省（州）"，这 6 个州的渔业产量合计约为 147.3 万吨，占全国渔业总产量的 93.6%；产值合计 120.9 亿比索，占全国渔业总产值的 71.6%。太平洋沿岸的 4 个州，其渔业产量合计 134.5 万吨，占总产量的 85.5%；产值合计 104.7 亿比索，占总产值的 62%。墨西哥湾和加勒比海沿岸的 2 个州，其渔业产量合计 12.8 万吨，占总产量的 8.1%；产值合计 16.2 亿比索，占总产值的 9.6%。

表 1.9　　　　　　　　2008 年墨西哥主要"渔业大省（州）"

	产量（万吨）	产量比重（%）	产值（亿比索）	产值比重（%）
太平洋海域				
索诺拉	74.4	47.3	48.5	28.7
锡那罗亚	29.7	18.9	38.3	22.7
南下加利福尼亚	18.6	11.8	9.9	5.9
下加利福尼亚	11.8	7.5	8.0	4.7
小计	134.5	85.5	104.7	62.0
墨西哥湾和加勒比海域				
韦拉克鲁斯	8.2	5.2	10.5	6.2
塔瓦斯科	4.6	2.9	5.7	3.4
小计	12.8	8.1	16.2	9.6
合计	147.3	93.6	120.9	71.6

资料来源：Comisión Nacional de Acuacultura y Pesca, *Anuario Estadístico de Acuacultura y Pesca 2008*, Mazatlán, Sinaloa, México, 2010. 根据第 26 页有关数据计算。

2008 年墨西哥登记注册的捕鱼船有 95245 艘，其中近海渔船 91847 艘，远洋捕捞船 3398 艘。有 45729 艘渔船（其中 43784 艘近海渔船、1945 艘远洋捕捞船）在太平洋海域从事捕捞作业，有 45549 艘（其中 44096 艘近海渔船、1453 艘远洋捕捞船）在墨西哥湾和加勒比海域从事捕捞作业。韦拉克鲁斯州的渔船数量最多，为 16728 艘；其次是锡那罗亚州，为 12660 艘；最后为塔瓦斯科州，为 9649 艘。远洋捕捞船拥有量最多的是锡纳罗亚州，为 832 艘，占全国的 24.5%；其次是尤卡坦州，为 664 艘，占 19.5%；最后是索诺拉州，为 585 艘，占 17.2%。在远洋捕捞船中，捕虾船有 2122 艘，占远洋捕捞船总量的 62.4%，主要集中在锡那罗亚州（752 艘）、索诺拉州（511 艘）、塔毛利帕斯州（258 艘）和坎佩切州（248 艘）。金枪渔捕捞船（137 艘）占远洋捕捞船的 4%，其中 42.3% 集中在下加利福尼亚州（58 艘），27.7% 集中在锡那罗亚州（38 艘）。沙丁渔船（104 艘）占远洋捕捞船的 3%，其中 53.0% 左右集中在索诺拉州（55 艘），30.0% 左右集中在下加利福尼亚洲（31 艘）。[①]

墨西哥渔港总长度为 35769 米，其中捕虾港长度占第一位，为 13035 米。尤卡坦（7842 米）、坎佩切（6724 米）、索诺拉（4158 米）、锡纳罗亚（4082 米）和下加利福尼亚（2097 米）等 5 个州集中了墨西哥近 70% 的渔港。[②]

2008 年墨西哥拥有 375 座水产品加工厂，每小时加工能力为 666 吨。锡纳罗亚州有 107 座加工厂，每小时加工能力为 138 吨。索诺拉州有 58 座加工厂，每小时加工能力为 162 吨。尤卡坦州有 57 座加工厂，每小时加工能力为 26 吨。索诺拉州有 58 座加工厂，每小时加工能力为 162 吨。南下加利福尼亚州有 30 座加工厂，每小时加工能力为 116 吨。

四　林业概况

墨西哥 60% 左右的国土是山地，40% 左右是丘陵和平原。同时，国土的 23.4% 为温带气候，12.2% 为热带雨林气候，16.1% 为热带干旱气

---

① Comisión Nacional de Acuacultura y Pesca, *Anuario Estadístico de Acuacultura y Pesca 2008*, Mazatlán, Sinaloa, México, 2010, p. 131.

② Ibid., p. 137.

候，28.4% 为干旱气候，19.9% 为半干旱气候[①]。也就是说，墨西哥 64.4% 的国土为干旱、半干旱气候，35.6% 为温带气候和热带雨林气候。由于地形和气候条件多样，墨西哥的植物种类非常丰富。例如，在墨西哥的热带雨林中，每公顷有 60 多种乔木树种，100 多种非木本植物。

温带林和热带雨林是墨西哥林业的主体。温带林约有 3043 万公顷，约占国土总面积的 15.5%，90% 以上的树种是松树；热带雨林约有 2644 万公顷，约占国土总面积的 13.5%。墨西哥的森林蓄积量约为 28 亿立方米，其中温带林 18 亿立方米，热带雨林 10 亿立方米，年均木材生产量约为 750 万立方米。森林蓄积量较多的州依次为杜兰戈州、恰帕斯州、瓦哈卡州、奇瓦瓦州、哈利斯科州、米却肯州等。木材加工业主要集中在米却肯州、杜兰戈州、奇瓦瓦州和哈利斯科州。

---

① Instituto Nacional de Estadística y Geografía, *Anuario estadístico de los Estados Unidos Mexicanos 2010*, Cuadro 1.13.

第 二 章

墨西哥农村和农民概况

关于"农村"的定义,不同的国家,甚至同一个国家在不同的时期,所规定的农村统计口径有所不同。例如:美国1950年以前规定,凡是人口在2500人以下的、没有组织成自治单位的居住地就算农村;1950年以后规定,不论其是否组织成自治单位,凡人口在2500人以下或人口在每平方英里1500人以下的地区及城市郊区都算作农村。欧洲各国一般将2000人以下的居民区定义为农村。

在墨西哥的历史上,关于农村的定义也经历过几次变化。1910年以前,墨西哥政府将4000人以下的居民聚居区定义为农村,1921—1930年人口不足2000人的聚居点为农村。1930年至今,将2500人以下的聚居点定义为农村。

第一节 农村规模

参照墨西哥国家经济和地理统计的分类标准,将2500人以下聚居点定义为农村地区,2500—14999人的聚居点定义为半城市化地区,15000—99999人的聚居点定义为城镇地区,100000人及以上的聚居点定义为中心城市。

如图2.1所示,2010年前后,墨西哥全国91%左右的国土面积为农村地区,23%左右的人口居住在农村地区,19%的劳动力在农村就业,农村地区的GDP占全国GDP的5%左右。换句话说,墨西哥全国23%的人口和20%的劳动力在91%的国土上居住或工作,却只享有全国5%的GDP。在仅占国土积3%的中心城市中,居住着全国53%的人口,吸纳了全国54%的劳动力,聚集着全国72%的GDP。此外,2%左右的国土为城镇地区,居住着13%的人口,吸纳了14%的劳动力,创造了全国15%

的 GDP；4% 左右的国土为半城市化地区，居住着 11% 的人口，吸纳了 13% 的劳动力，创造了全国 8% 的 GDP。

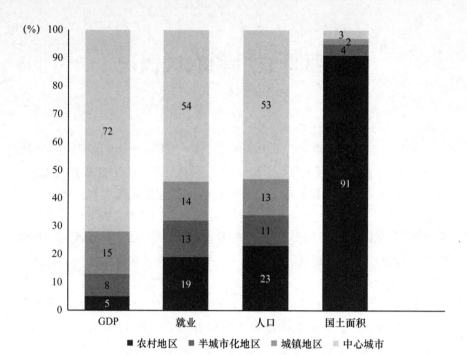

图 2.1　墨西哥的农村、半城市化地区、城镇地区和中心城市

资料来源：INEGI，（1）*Encuesta Nacional de Ocupación y Empleo 2010*；

（2）*Censo de Población y Vivienda 2010*；

（3）*Anuario estadístico de los Estados Unidos Mexicanos 2010*. 根据有关数据计算。

一　城市化进程与农村人口规模

（一）城市化进程

1900—2010 年墨西哥的总人口由 1360 万人增至 10478 万人，在 110 年左右的时间里，增加了 9100 多万人，增加了 6.7 倍多（约 670%）。如图 2.2 所示，1940 年以前墨西哥的人口增长速度较慢，1900—1940 年平均每 10 年仅增加 152.5 万人左右，其中 1910—1920 年间由于国内战争和社会动荡，1920 年的人口比 1910 年还减少了 90 万人。自 20 世纪 30 年代中期开始，墨西哥实施"进口替代工业化"。40 年代以后，工业化进程加速，工业化规模不断扩大，工业化程度日益提高，于 50 年代初基本完成了初级"进口替代工业",开始由轻工业化向重化工业化迈进。在这一进程中,经济快速发展,社会较为稳定,收入水平和生活水平有所提高,生育率也有所提高,人口呈现出加速增长态势。1940—1950 年总人口增加了 610 万人,1950—1960 年增加了 910 万人,1960—1970 年增加了 1330万人,1970—1980 年增加了 1860 万人,1940—1980 年平均每 10 年人口增加 1177.5 万人,1980—2010 年平均每 10 年增加 1517 万人。

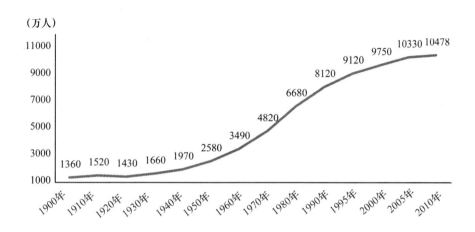

图 2.2　1900—2010 年墨西哥总人口增长趋势

资料来源:INEGI, (1) *Censos de Población y Vivienda* (*1985 to 2000*), (2) *Conteos de Población y Vivienda* (*1995 and 2005*), (3) *Encuesta Nacional de Ocupación y Empleo 2010*, (4) *Censo de Población y Vivienda 2010*.

如图 2.3 所示,1900—2010 年墨西哥的城市人口由 385 万人增至8058 万人,在 110 年左右的时间里,增加了 7600 多万人,增加了近 20倍。1900—1940 年墨西哥的城市人口增长速度较慢,平均每 10 年仅增加77 万人左右,其中 1910—1920 年间仅增长了 10 万人。1940 年以后,在工业化和城市化进程中,城市人口加速增长,呈现出"爆炸式"增长态势。1940—1950 年城市人口增加了 408 万人,1950—1960 年增加了 670万人,1960—1970 年增加了 1060 万人,1970—1980 年增加了 1600 万人。1940—1980 年平均每 10 年城市人口增加 934 万人,1980—2010 年平均每10 年增加 1482 万人。与此同时,城市人口比重(城市人口占全国总人口的比重）也迅速提高。1940 年的城市人口比重仅为 35.1%，1950 年提高至 42.6%，1960 年为 50.7%，也就是说，1940—1960 年的 20 年间，城市人口比重超过了农村人口比重。1980 年城市人口比重为 66.3%，2010 年为 76.9%。[①]

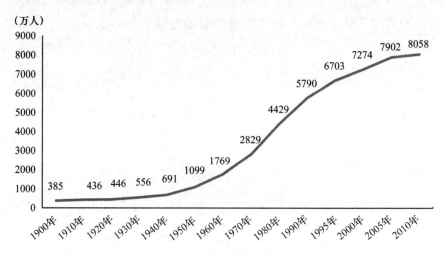

图 2.3　1900—2010 年墨西哥的城市人口

资料来源：根据图 2.2 和附表 3 中的数据计算。

（二）农村人口规模

根据墨西哥国家经济和地理统计局的统计数据，2010 年农村地区的人口约为 2429 万人，占全国人口总数的 23.2%[②]（如图 2.4 所示）。

1940 年以前，65% 以上的人口居住在农村地区。在图 2.4 中，1900 年的农村人口比重为 71.7%，这一个数据使用的农村定义是 4000 人以下的聚居点。如果改用现行的农村定义（即 2500 人以下的聚居点），则这一比重则为 81.0%[③]。这意味着，按今天的标准来看，20 世纪初墨西哥 80% 以上的人口居住在农村地区。1900—1940 年农村人口占全国总人口的比重缓慢下降，由 71.7% 降至 64.9%，仅下降了 6.8%。在此期间，农

---

① 根据图 2.2 和图 2.4 中的数据计算。
② INEGI，Censo de Población y Vivienda 2010.
③ INEGI，*Población rural y rural ampliada en México 2000*，México，2005，p. 16.

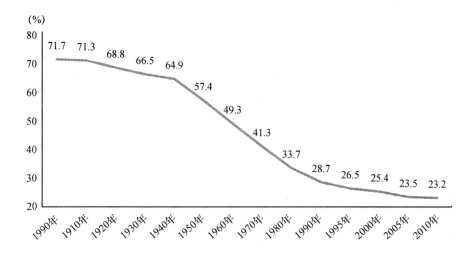

图 2.4　1900—2010 年墨西哥农村人口占总人口的比重

资料来源：INEGI，（1）*Censos de Población y Vivienda*（*1985 to 2000*），（2）*Conteos de Población y Vivienda*（*1995 and 2005*），（3）*Encuesta Nacional de Ocupación y Empleo 2010*，（4）*Censo de Población y Vivienda 2010.*

村人口增加了 303 万，由 1900 年的 975 万人增加至 1940 年的 1278 万，平均每 10 年增加 76 万人左右。

1940—1980 年农村人口比重急剧下降，由 64.9% 降至 38.7%，下降了 26.2%。在此期间，农村人口由 1279 万人增至 2251 万人，平均每 10 年增加 243 万人，增加的人数仅为同期城市人口增加量（934 万人）的 26%。1980—2010 年农村人口由 2251 万人增至 2595 万人，平均每 10 年增加 151 万人，增加的人数仅为同期城市人口增加量（1482 万人）的 10% 左右。

2010 年墨西哥的农村人口主要集中在韦拉克鲁斯州（280 万人）、恰帕斯州（224 万人）、瓦哈卡州（188 万人）、墨西哥州（183 万人）、瓜那华托州（154 万人）、普埃布拉州（152 万人）、格雷罗州（132 万人）、米却肯州（127 万人）、伊达尔戈州（119 万人）等 9 个州，其农村人口合计约 1560 万人，约占全国农村人口总数的 64.2%。[1]

---

[1]　INEGI，*Censo de Población y Vivienda 2010.*

从各个地区的农村人口来看，南部地区约有586万农村人口，农村人口比重为48.9%。东部地区有392万农村人口，其比重为39.7%。北部地区有248万农村人口，其比重为24.6%。中西部地区有433万农村人口，其比重为22.8%。中东部地区有591万农村人口，其比重为20.8%。西北部地区有179万农村人口，其比重为17.4%。东南部地区有65万农村人口，其比重为16.6%。东北部地区有65万农村人口，其比重为8.2%。

从2010年各州的农村人口比重来看，瓦哈卡州和恰帕斯州的这一比重在50%以上，分别为52.3%和51.3%；伊达尔戈州、塔瓦斯科州、格雷罗州、萨卡特卡斯州、韦拉克鲁斯州、圣路易斯波多西州、米却肯州、杜兰戈州、纳亚里特州、瓜那华托州等10个州的这一比重介于30%—50%之间，其中伊达尔戈州为46.0%，瓜那华托州为30.2%；等等。克雷塔罗州、普埃布拉州、锡那罗亚州、坎佩切州、特拉斯卡拉州等5个州介于20%—30%之间，阿瓜斯卡连特斯州、莫雷洛斯州、尤卡坦州、奇瓦瓦州、南下加利福尼亚州、索诺拉州、哈利斯科州、墨西哥州、科利马州、塔毛利帕斯州、金塔那罗奥州等11个州介于10%—20%之间。科阿韦拉州、下加利福尼亚州、新莱昂州等3个州和联邦区在10%以下，其中联邦区仅为0.5%。

如表2.1所示，1950—2010年金塔那罗奥州和墨西哥州的农村人口比重下降幅度较大，分别为62.2%和60.5%，南下加利福尼亚州下降了52.9%。克雷塔罗州、锡那罗亚州、索诺拉州、特拉斯卡拉州、奇瓦瓦州、莫雷洛斯州、杜兰戈州等7个州下降了40%—50%，普埃布拉州、新莱昂州、哈利斯科州、格雷罗州、米却肯州、塔瓦斯科州、纳亚里特州、塔毛利帕斯州、萨卡特卡斯州、圣路易斯波多西州、伊达尔戈州、科阿韦拉州、尤卡坦州、瓜那华托州、下加利福尼亚州、科利马州、韦拉克鲁斯州、瓦哈卡州、阿瓜斯卡连特斯州、恰帕斯州等20个州下降了20%—40%，坎佩切州下降了17.2%，联邦区下降了5.3%。

二　就业比重和 GDP 比重

根据墨西哥国家经济和地理统计局2010年的"全国职业和就业调查"① （如表2.2所示），2010年全国约有4381万就业劳动力，其中：中

---

① INEGI, *Encuesta Nacional de Ocupación y Empleo 2010.*

心城市的就业人口约有 2329 万人，占就业总人数的 54%；城镇地区的就业人口约有 632 万人，占就业总人数的 14%；半城市化地区的就业人口约有 578 万人，占就业总人数的 13%；农村地区的就业人口约有 843 万人，占就业总人数的 19%。

表 2.1　　1950 年和 2010 年墨西哥各州和联邦区的农村人口比重　　单位:%

州（区）	1950 年	2010 年	变化值	州（区）	1950 年	2010 年	变化值
瓦哈卡	79.3	52.3	-27.0	特拉斯卡拉	61.1	20.2	-40.9
恰帕斯	77.0	51.3	-25.7	阿瓜斯卡连特斯	45.2	18.9	-26.3
伊达尔戈	78.8	46.0	-32.8	菲雷洛斯	56.4	16.2	-40.2
塔瓦斯科	77.9	42.6	-35.3	尤卡坦	44.7	16.0	-28.7
格雷罗	78.3	41.7	-36.6	奇瓦瓦	55.9	15.2	-40.7
萨卡特卡斯	74.9	40.6	-34.3	南下加利福尼亚	67.2	14.3	-52.9
韦拉克鲁斯	66.7	38.9	-27.8	索诺拉	54.7	13.8	-40.9
圣路易斯波多西	69.6	36.1	-33.5	哈利斯科	52.1	13.5	-38.6
米却肯	68.0	31.4	-36.6	墨西哥	73.6	13.1	-60.5
杜兰戈	71.3	31.2	-40.1	科利马	40.2	12.3	-27.9
纳亚里特	65.9	31.1	-34.8	塔毛利帕斯	47.1	12.3	-34.8
瓜那华托	58.4	30.2	-28.2	金塔那罗奥	74.1	11.9	-62.2
克雷塔罗	75.9	29.8	-46.1	科阿韦拉	42.6	9.9	-32.7
普埃布拉	66.9	28.1	-38.8	下加利福尼亚	35.7	7.7	-28.0
锡那罗亚	72.0	27.2	-44.8	新莱昂	44.1	5.3	-38.8
坎佩切	42.6	25.4	-17.2	联邦区	5.8	0.5	-5.3

资料来源：INEGI, *Anuario estadístico de los Estados Unidos Mexicanos 2010*，Cuadro 2.2. 城市和农村人口的比重根据表中的数据计算。

表 2.2　　　2010 年墨西哥农村和非农村地区的就业人数及就业比重

	就业人数（万人）	比重（%）
中心城市	2329	54
城镇地区	632	14
半城市化地区	578	13
农村地区	843	19
合计	4381	100

资料来源：INEGI, *Encuesta Nacional de Ocupación y Empleo 2010.*

根据墨西哥国家经济和地理统计局以及"全国自治市信息系统"① 的数据，农村地区的 GDP 占全国 GDP 的比重仅为 5% 左右。如图 2.1 所示，将半城市化地区的 GDP 也计算在农村地区的 GDP 之内，其合计的 GDP 比重也仅为 13% 左右，远低于"经济合作与发展组织"（OECD）成员国 24% 的平均水平②。

第二节　城市居民聚居区

按照行政区划，墨西哥共有 31 个州和 1 个联邦区，州以下设自治市，全国共有 2456 个自治市。瓦哈卡州的自治市最多，为 570 个；下加利福尼亚州和南下加利福尼亚州最少，各有 5 个③。

一　城市居民聚居区概况

城市居民聚居区是指城市人口集中居住的地理区域。城市居民聚居区是一个地理概念，主要有三种类型的聚居区：一是"似城非城"的城市，按照墨西哥官方的城市定义，人口超过 2500 人的聚居区就界定为城市，其实，其中有相当一部分"城市"的人口不足万人，距离真正意义上的城市还有较大的差距；二是真正意义上的城市，如各州的首府、自治市的首府等；三是行政区域与地理区域不一致的聚居区，如墨西哥城。

---

① Instituto Nacional para el Federalismo y el Desarrollo Municipal de la Secretaría de Gobernación, *Sistema Nacional de Información Municipal* (SNIM), versión 7.0, 2011.

② OECD, *Rural Policy Reviews：Mexico*, Paris, 2007.

③ INEGI, *Censo de Población y Vivienda 2010.*

进入 21 世纪以来，墨西哥国家经济和地理统计局的第一次"人口和住房普查"[①] 是在 2005 年。根据普查结果，表 2.3 按照人口规模将墨西哥的城市划分为 4 类，即村镇、中小城市、中心城市和特大型聚居区（即特大型城市）。此处的划分方法与前述相同，只是为了便于理解而改变了说法，例如"村镇"对应的是"半城市化地区"。2005 年，墨西哥有 2640 个村镇，427 个中小城市，112 个中心城市，11 个特大型聚居区，共计 3910 个城市居民聚居区，仅占城乡居民聚居区总数的 1.7%；人口总数约为 7898 万人，约占全国人口总数的 76.48%，也就是墨西哥的城市化率为 76.48%。

如图 2.5 所示，根据聚居区的数量，城乡居民聚居区的结构呈明显的金字塔形。居于塔尖的是 11 个特大型聚居区，第二阶梯是 112 个中心城市，第三阶梯是 427 个中小城市，第四阶梯是 2640 个村镇，塔基是近 18.5 万个农村。

表 2.3　　　　　　　　　2005 年墨西哥的城乡聚居区构成

地区	人口规模（人）	聚居区		人口	
		数量（个）	比重（%）	数量（万人）	比重（%）
农村	1—49	122086	64.96	133.00	1.29
	50—99	15429	8.21	111.00	1.07
	100—249	20234	10.77	329.00	3.19
	250—499	13180	7.01	461.00	4.46
	500—999	8608	4.58	604.00	5.85
	1000—1999	4397	2.34	608.00	5.89
	2000—2499	814	0.43	181.00	1.75
	小计	184748	98.30	2427	23.52
村镇	2500—4999	1627	0.87	566	5.48
	5000—9999	752	0.40	524	5.07
	10000—14999	261	0.14	323	3.13
	小计	2640	1.40	1413	13.68

[①]　INEGI, *Conteo de Población y Vivienda 2005.*

续表

地区	人口规模（人）	聚居区		人口	
		数量（个）	比重（%）	数量（万人）	比重（%）
中小城市	15000—19999	107	0.06	184	1.78
	20000—49999	247	0.13	744	7.20
	50000—99999	73	0.04	508	4.92
	小计	427	0.23	1436	13.91
中心城市	100000—499999	89	0.05	2137	20.69
	500000—999999	23	0.01	1440	13.94
	小计	112	0.06	3577	34.64
特大型聚居区	100 万以上	11	0.01	1472	14.25
	合计	187938	100.00	10327	100.00

资料来源：INEGI，*Conteo de Población y Vivienda 2005.*

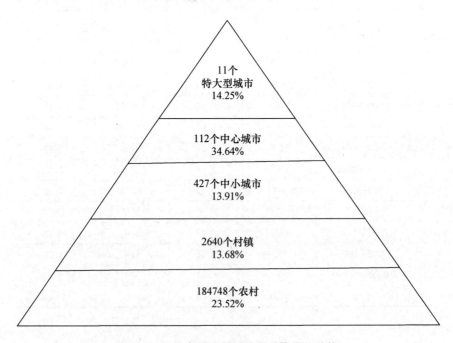

图 2.5　2005 年墨西哥城乡居民聚居区结构

资料来源：根据表 2.3 中的数据制作。

2005 年 11 个特大型聚居区拥有 1472 万人口，占全国人口总数的 13.68%。2010 年按照人口规模由大到小的顺序，这 11 个特大型聚居区是：联邦区的伊兹塔帕拉帕区（181.6 万人）、墨西哥州的埃卡特佩克（165.6 万人）、下加利福尼亚州的蒂华纳（156 万人）、普埃布拉州的普埃布拉（154 万人）、哈利斯科州的瓜达拉哈拉（149.5 万人）、瓜那华托州的莱昂（143.6 万人）、奇瓦瓦州的华雷斯城（133 万人）、哈利斯科州的萨波潘（124 万人）、联邦区的古斯塔夫·A. 玛德罗区（118.6 万人）、新莱昂州的蒙特雷（113.6 万人）、墨西哥州的内萨瓦尔科约特尔（111万人）。①

人口规模在 100000—999999 人之间的聚居区有 112 个，拥有 1436 万人口，占全国人口总数的 13.64%。这些聚居区均位于中心城市，墨西哥州有 18 个，联邦区有 13 个，韦拉克鲁斯州有 8 个，新莱昂、索诺拉、塔毛利帕斯等 3 个州各有 6 个，科阿韦拉州有 5 个，恰帕斯、奇瓦瓦、瓜那华托、格雷罗、哈利斯科、米却肯、墨雷洛斯、金塔那罗奥、圣路易斯波多西、锡那罗亚等 10 个州各有 3 个，下加利福尼亚、坎佩切、科利马、杜兰戈、克雷塔罗、萨卡特卡斯等 6 个州各有 2 个，阿瓜斯卡连特、下加利福尼亚、伊达尔戈、纳亚里特、瓦哈卡、普埃布拉、塔瓦斯科、尤卡坦等 8 个州各有 1 个。

427 个中小城市共有人口约 1436 万人，占全国人口总数的 13.91%。按照人口规模，可以将这些中小城市分为三个等级，即：中等城市（50000—99999 人），73 个，约有 508 万人口；小城市（20000—49999人），247 个，约有 744 万人；城镇（15000—19999 人），107 个，约有 184 万人。拥有中小城市较多的州为：墨西哥州（46 个）、韦拉克鲁斯州（43 个）、哈利斯科州（40 个）、普埃布拉州（29 个）、瓜那华托州（27个）、米却肯州（21 个）、恰帕斯州（19 个）、瓦哈卡州（15 个）、科阿韦拉州和伊达尔戈州（各 14 个）、格雷罗州和莫雷洛斯州（各 13 个）、新莱昂州和尤卡坦州（各 12 个）、塔瓦斯科州和特拉斯卡拉州（各 11

① INEGI, *México en cifras-Información nacional*, *por entidad federativa y municipios*, http：//www. inegi. org. mx/sistemas/mexicocifras/default. aspx. 伊兹塔帕拉帕（Iztapalapa）、埃卡特佩克（Ecatepec de Morelos）、蒂华纳（Tijuana）、普埃布拉（Puebla）、瓜达拉哈拉（Guadalajara）、莱昂（León）、华雷斯城（Ciudad Juárez）、萨波潘（Zapopan）、古斯塔夫·A. 玛德罗区（Gustavo A. Madero）、蒙特雷（Monterrey）、内萨瓦尔科约特尔（Nezahualcóyotl）。

个），等等。

2640 个村镇共有人口约 1413 万人，占全国人口总数的 13.68%。按照人口规模，可以将这些村镇分为三个等级，即：一级村镇（10000—14999 人），261 个，约有 323 万人口；二级村镇（5000—9999 人），752 个，约有 524 万人；三级村镇（2500—4999 人），1627 个，约有 566 万人。拥有村镇较多的前 10 个州为：墨西哥州（371 个）、普埃布拉州（235 个）、韦拉克鲁斯州（233 个）、米却肯州（153 个）、瓦哈卡州（145 个）、哈利斯科州（134 个）、恰帕斯州（127 个）、格雷罗州（111 个）、伊达尔戈州（97 个）和特拉斯卡拉州（90 个），共计 1696 个村镇，约占全国村镇总数的 64.2%。

二 主要都市区

墨西哥的都市区兴起于 20 世纪 60 年代。如表 2.4 所示，1960 年墨西哥有 12 个都市区，人口合计约 900 万人，占人口总数的 25.8%。2010 年都市区数量增至 59 个，人口合计约 6380 万人，占人口总数的 56.8%。

表 2.4 1960—2010 年墨西哥的都市区

	都市区数量（个）	人口合计（百万人）	占总人口的比重（%）
1960 年	12	9.0	25.8
1980 年	26	26.1	39.0
1990 年	37	31.5	38.8
2000 年	55	51.5	52.8
2010 年	59	63.8	56.8

资格来源：Sedesol, CONAPO, INEGI（2010），*Delimitación de las zonas metropolitanas de México 2010.*

墨西哥的都市区规模差异较大，2010 年有 11 个都市区的人口在 100 万人以上，而最小的只有 10 万人左右。规模较大的都市区有 5 个，即墨西哥城都市区、瓜达拉哈拉都市区、蒙特雷都市区、普埃布拉都市区[①]都

---

① 普埃布拉州的州府所在地。

市区和托鲁卡①。根据墨西哥国家经济和地理统计局的数据，2010 年墨西哥城都市区的人口为 2120 万人，瓜达拉哈拉为 433 万人，蒙特雷为 408 万人，普埃布拉和托鲁卡分别为 270 万人和 260 万人。下面主要介绍前 3 个都市区的概况。这 5 大都市区的人口合计约为 3491 万人，占全国总人口的 1/3 以上。

（一）墨西哥城都市区

墨西哥城始建于公元 1325 年，当初的名称为"特诺奇蒂特兰"②，1521 年正式使用"墨西哥城"③ 这一名称，1824 年设立"联邦区"④。

墨西哥城是墨西哥合众国的首都，位于墨西哥中南部高原的山谷中，平均海拔 2240 米。它集中了全国约 1/2 的工业、商业、服务业和银行金融机构，是全国的政治、经济、金融、文化和交通中心。

虽然"墨西哥城"是一个城市的名称，但它有三个不同的行政区域含义，即：（1）狭义"墨西哥城"，是指由 16 个核心城区⑤组成的墨西哥城市区；（2）"墨西哥城都市区"，是指由 16 个城区和周边卫星城组成的大墨西哥城地区；（3）广义"墨西哥城"，是指整个联邦区。我们通常所说的"墨西哥城"是指其第二个含义，即墨西哥城都市区。

墨西哥城都市区的面积达 1485 平方千米，16 个核心区的人口约为 885 万人。加上周边卫星城的人口，墨西哥城都市区的总人口约为 2120 万人，是世界第三大都市区，西半球第一大都市区⑥。墨西哥城的 GDP 约为 4100 亿美元，人均 GDP 在世界主要城市中居第八位。16 个核心区的 GDP 约占全国 GDP 的 21%，墨西哥城都市区的 GDP 则占全国 GDP 的 34%。

如图 2.6 所示，1910 年墨西哥城核心区的人口约有 72 万人，2010 年增至 885 万人，增加了 813 万人，增长了 11 倍多。1940—1980 年是人口

---

① Toluca，墨西哥州的州府所在地。

② Tenochtitlan.

③ Ciudad de México.

④ Distrito Federal.

⑤ Delegación.

⑥ 2010 年，前两大都市为日本的东京（3667 万人）、印度的德里（2216 万人）。西半球的第二大都市为巴西的圣保罗（2026 万人）。

快速增加的时期，在 40 年左右的时间里，由 176 万人增至 883 万人。
1980—1990 年人口略有减少，由 883 万人减至 824 万人。1990—2010 年，
人口又有缓慢增加，由 824 万人增至 885 万人。

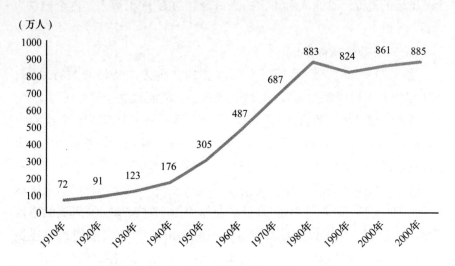

图 2.6 1910—2010 年墨西哥城人口增长曲线

资料来源：INEGI，*México en cifras-Información nacional*，*por entidad federativa y municipios*，
http：//www. inegi. org. mx/sistemas/mexicocifras/default. aspx.

1941 年以前，墨西哥城只有 4 个核心城区。随着大量人口涌入墨西
哥城的核心城区，城区面积迅速扩大，1970 年核心城区增加至 12 个，
1993 年增加至 16 个。1993 年以前，联邦区直接隶属联邦政府，墨西哥城
受联邦区管辖。1993 年重新划分和增设核心城区时，将联邦区和墨西哥
城的行政主体合并，墨西哥城的市长即是联邦区的行政首脑。

自 20 世纪 60 年代开始，涌入墨西哥城的居民因不能在核心城区找
到住所，被迫向西北、北部和东北方向私建住房，导致城区范围冲破了
墨西哥城的城区行政疆域，侵入毗邻的墨西哥州。随着城市规模的急剧
扩张，在核心城区周边形成了规模庞大的贫民窟，空气污染、水污染问
题突出，过度抽取地下水还导致地面下沉。与此同时，城市市区的跨行
政区域扩展也带来了行政管理冲突，特别是墨西哥城与周边各州之间的
行政冲突、资源冲突等。为了解决跨越行政区域的管理真空地带以及保
障墨西哥城的可持续发展，2008 年墨西哥联邦政府与墨西哥城、周边

的有关各州之间共同签订了协议，在不打破行政区域的基础上，将墨西哥城和周边的卫星城组成墨西哥城都市区，都市区以内的城市管理功能由墨西哥城统一负责，行政管理功能则在各自行政区域范围内自负其责。

（二）瓜达拉哈拉都市区

瓜达拉哈拉是哈利斯科州的州府所在地，是一个自治市，始建于1542年。瓜达拉哈拉都市区由瓜达拉哈拉市的核心城区和7个卫星城组成。核心城区的面积约为151平方千米，都市区的总面积约为2734平方千米。核心城区的人口约156万人，卫星城的人口合计约277万人。在7个卫星城中，萨波潘拥有124万人。瓜达拉哈拉都市区是墨西哥第二大城市，拉丁美洲地区的第十大城市。

瓜达拉哈拉是一个工业城，其第一个工业园兴建于1947年。目前，主要产业有信息、电子、制鞋、纺织、食品加工等。2007年在《外国直接投资（FDI）》杂志的北美洲城市增长潜力评价中，瓜达拉哈拉位居第二位，仅次于美国的芝加哥。同时，在北美洲的各大城市中，瓜达拉哈拉的营商环境位居第三位。[1]

20世纪30年代，瓜达拉哈拉的人口迅速增加，1940—1980年是城市人口急剧膨胀阶段，人口规模平均每10年扩大1倍，1964年核心城区的人口超过了100万人，1980年都市区的人口超过了300万人。涌入瓜达拉哈拉市区的人口基本上来自农村，开始时他们拥挤在核心城区，当积攒了足够的收入后就到城市边缘或郊区购买住房。经过数十年的发展，瓜达拉哈拉形成了"西富东贫"的居民格局，收入水平较高的家庭主要居住在城市的西南或西北部，低收入群体主要居住在东北或东南部，中等收入水平或"初来乍道"的工薪族主要居住在城市中心或中部地带。

（三）蒙特雷都市区

蒙特雷是新莱昂州的州府所在地，也是一个自治市，始建于1596年。蒙特雷都市区由1个核心城区和9个周边城区组成。核心城区的面积约为970平方千米，都市区的总面积约为5347平方千米。核心城区的人口约

---

① 按照地理区域，人们以巴拿马运河为界，以北的区域为北美洲，以南的区域为南美洲。墨西哥位于巴拿马运河以北，从地理区域来看，属北美洲国家。

113 万人，都市区的总人口约 408 万人。蒙特雷都市区是墨西哥第三大城市。2010 年的人均 GDP 约为 46634 美元①。

蒙特雷靠近墨美边境，是墨西哥北部的一个工商业城市，钢铁、石油、水泥、电子、汽车等是主要产业。蒙特雷的工业化进程始于 19 世纪中期，1903 年墨西哥的第一座钢铁厂在蒙特雷建成投产，目前全国约一半钢铁产量集中在这个城市，因此蒙特雷被称为"墨西哥的匹兹堡"，即墨西哥的钢铁之城。目前，墨西哥的主要企业和许多跨国公司在蒙特雷设有工厂，如墨西哥石油公司、墨西哥水泥集团、墨西哥玻璃制品集团、墨西哥电讯、梅塞德斯—奔驰、宝马、丰田、波音、索尼—爱立信、韩国大宇、东芝、惠尔普、三星电子、诺基亚、通用电子、通用汽车、联想，等等。

1910 年蒙特雷仅有 8 万人左右，2010 年增至 408 万人。与墨西哥城和瓜达拉哈拉的情况类似，蒙特雷的城市人口规模自 20 世纪 40 年代起开始加速增长，于 60 年代中期超过了 100 万人。70 年代以来，随着蒙特雷工业化进程的加快，城市人口急剧增加，特别是 1995—2005 年几乎呈直线增长态势②。

第三节　农村居民聚居区

农村居民聚居区是指农村人口集中居住的地理区域。农村居民聚居区是一个地理概念，以人口的实际居住地为标准进行统计。在墨西哥，人口可以自由流动，尤其是在农村地区，人口的流动性较强。因此，无论在城市还是在农村，在统计一个聚居区的人口时，居住时间超过 6 个月者，即算作该聚居区的人口。

一　农村居民聚居区概况

同城市居民聚居区相比，农村居民聚居区的一个突出特点是较为分散。如表 2.3 所示，2005 年墨西哥有近 18.5 万个农村居民聚居区，分布

---

① INEGI, *Censo de Población y Vivienda 2010.* 根据 2010 年的平均汇率计算。

② INEGI, México en cifras-Información nacional, por entidad federativa y municipios, http：//www. inegi. org. mx／sistemas／mexicocifras／default. aspx.

在 76% 的国土上，占全国居民聚居区总数的 98.3%；约有 2427 万人口，占全国人口总数的 23.52%。

按照人口规模，可以将农村居民聚居区分为 7 类。第 1 类为 1—49 人的聚居区，共有 12.2 万多个，约占全国居民聚居区总数的 65%；人口只有 133 万人左右，仅占全国人口总数的 1.3%。在这一类聚居区中，约有 1.3 万个只有 1 个人或 1 户家庭，如农村人口数量较多的韦拉克鲁斯州有近 4000 个农村居民聚居区只有 1 个人，严格来说，这种"1 人或 1 户"的聚居区只能算作居民点。大部分"1 人或 1 户"聚居区散布在广袤的农村地区，但也有例外，如瓦哈卡州的桑塔·玛格达莱纳①不仅只有 1 位农民，而且还是市政府所在地。桑塔·玛格达莱纳市是瓦哈卡州的一个自治市，占地面积 48.5 平方千米，2010 年有 93 位居民，其中 92 人被统计为城市人口，1 人被统计为农村人口，是墨西哥最小的自治市。瓦哈卡州的另一个城市，即圣地亚哥·特佩特拉帕②，是墨西哥第二小的自治市，2010 年有 121 位居民，其中 101 人被统计为城市居民，20 人被统计为农村居民③。

第 2 类为 50—99 人的聚居区，共有 1.5 万多个，约占全国居民聚居区总数的 8.2%；人口约有 111 万人，占全国人口总数的 1.07% 左右。在这一类聚居区中，有 8 个是自治市的市政府所在地，其中绝大部分是城市人口，只有很少部分是农村居民。其他聚居区基本上散布在农村地区。

第 3 类为 100—249 人的聚居区，共有 2 万多个，约占全国居民聚居区总数的 10.8%；人口约有 329 万人，占全国人口总数的 3.2% 左右。在这一类聚居区中，有 35 个是自治市的市政府所在地，其他基本上散布在农村地区。

第 4 类为 250—499 人的聚居区，共有 1.3 万多个，约占全国居民聚居区总数的 7%；人口约有 461 万人，占全国人口总数的 4.5% 左右。在这一类聚居区中，有 103 个是自治市的市政府所在地，其他基本上散布在农村地区。

第 5 类为 500—999 人的聚居区，共有 8608 个，约占全国居民聚居区

---

① Santa Magdalena Jicotlán.

② Santiago Tepetlapa.

③ INEGI, *Censo de Población y Vivienda 2010.*

总数的 4.6%；人口约有 604 万人，占全国人口总数的 5.9% 左右。在这一类聚居区中，有 217 个是自治市的市政府所在地，其他基本上散布在农村地区。

第 6 类为 1000—1999 人的聚居区，共有 4397 个，约占全国居民聚居区总数的 2.3%；人口约有 608 万人，占全国人口总数的 5.9% 左右。

第 7 类为 2000—2499 人的聚居区，共有 814 个，约占全国居民聚居区总数的 0.4%；人口约有 181 万人，占全国人口总数的 1.8% 左右。在这一类聚居区中，有 447 个是自治市的市政府所在地，其他基本上散布在农村地区。

如表 2.5 所示，2005—2010 年墨西哥的农村居民聚居区发生了一些变化，主要表现在三个方面。

第一，农村居民聚居区的总数量有所减少，但农村地区的人口有所增加。农村居民聚居区的数量减少了 1.1 万多个，农村地区的人口总数增加了 111 万人左右。

第二，小规模聚居区的数量及其人口均有所减少。1—99 人的聚居区减少了近 1.4 万个，人口减少了 18 万人左右。

第三，较大规模聚居区的数量及其人口有所增加。100—499 人的聚居区增加了 230 个，人口增加了 15 万人；500—999 人的聚居区增加了 515 个，人口增加了 37 万人；1000—2499 人的聚居区增加了 511 个，人口增加了 77 万人。

表 2.5　　　　　　　2005 年和 2010 年农村居民聚居区的变化

	2010 年	2005 年	变化值
农村居民聚居区总数（个）	173614	184748	− 11134
农村人口总数（万人）	2538	2427	111
1—99 人			
聚居区（个）	123570	137515	− 13945
人口（万人）	226	244	− 18
100—499 人			
聚居区（个）	33644	33414	230

续表

	2010 年	2005 年	变化值
人口（万人）	805	790	15
500—999 人			
聚居区（个）	9123	8608	515
人口（万人）	641	604	37
1000—2499 人			
聚居区（个）	5722	5211	511
人口（万人）	866	789	77

资料来源：INEGI，*Censo de Población y Vivienda 2010*，*Conteo de Población y Vivienda 2005*. 根据有关数据计算。

二　农村居民的组织形式

我们可以从行政和法律两个方面来分析墨西哥农村居民的组织形式。1992 年的《土地法》①（即是《1992 年新土地法》）是农村居民组织形式的主要行政依据和法律依据。根据该法及其他有关法律，墨西哥农村地区的基本行政单位为村社和公社②，2007 年全国有 29121 个村社和 2393 个公社③，合计为 31514 个农村行政单位。按照农村行政单位的经济功能，分为两种经济组织形式，即民事组织和商业组织，在 31514 个行政单位中，有 20657 个属民事组织，适用民法；有 10857 个属商业组织，适用商法。

1. 行政组织：村社和公社

根据 2007 年的"村社普查"数据，截至 2007 年底，墨西哥共有 31514 个村社和公社。在墨西哥的农村地区，村社和公社的主要区别有两个方面。一是形成的时间。"村社"是 1915 年以后根据《1915 年土地法》

---

① Cámara de Diputados del H. Congreso de la Unión，Secretaría General，Secretaría de Servicios，Parlamentarios，Dirección General de Servicios de Documentación，Información y Análisis，"Ley Agraria"，Nueva Ley Publicada en el Diario Oficial de la Federación el 26 de febrero de 1992. 该法于 1992 年 1 月 6 日颁布实施，于 2011 年 6 月重新修订。

② 村社的西班牙文为"Ejido"，农村社区的西班牙文为"Comunidad Agraria"，简称"Comunidad"。

③ INEGI，*Censo Ejidal 2007*.

聚居而成的农村居民聚居区；"公社"则是在1915年以前即已形成的农村居民聚居区，特别是土著居民（主要是印第安人）的聚居区。二是土地占有形式。村社社员家庭拥有的自耕地可以出售、转让、继承、出租等。村社的公共土地（如山地、林地、草场地、滩涂、水源地等）为村社社员共同拥有，共同使用，公共土地的收入纳入村社的共同基金。公社的全部土地均为公共土地，公社社员家庭拥有一块份地。公社社员只拥有份地的使用权，不得出售、转让、出租，但可以继承。除份地以外，公社的公共土地归全体社员共同所有，共同使用。

如表2.6所示，从农村人口数量来看，韦拉克鲁斯州的农村人口最多，约为280万人；其次是恰帕斯州，约有224万人；其后依次为瓦哈卡州（186万人）、墨西哥州（181万人）、普埃布拉州（158万人）、瓜那华托州（148万人）、格雷罗州（132万人）、米却肯州（127万人）、伊达尔戈州（112万人）、哈利斯科州（94万人）、圣路易斯波多西州（90万人）、塔瓦斯科州（90万人）。这12个州的农村人口合计约为1822万人，占全国农村人口总数的75%。

从村社和公社的数量来看，韦拉克鲁斯州的数量最多，为3684个；其次是恰帕斯州，为2823个；其后依次是米却肯州（1910个）、瓦哈卡州（1632个）、瓜那华托州（1543个）、哈利斯科州（1429个）、圣路易斯波多西州（1421个）、塔毛利帕斯州（1391个）、锡那罗亚州（1309个）、格雷罗奥州（1259个）、墨西哥州（1233个）、普埃布拉州（1194个）、伊达尔戈州（1189个）、杜兰戈州（1124个）。这14个州的村社和公社数量合计为23141个，约占总数的73.4%。

从全国的平均水平来看，每个村社和公社约有770人。墨西哥州、普埃布拉州、克雷塔罗州、塔瓦斯科州、瓦哈卡州、阿瓜斯卡连特斯州、格雷罗州等7个州的这一平均水平较高，为1000—1500人；莫雷洛斯州、瓜那华托州、特拉斯卡拉州、伊达尔戈州、下加利福尼亚州、联邦区、恰帕斯州、纳亚里特州、南下加利福尼亚州、萨卡特卡斯州、韦拉克鲁斯州、米却肯州、哈利斯科州、圣路易斯波多西州、锡那罗亚州、金塔那罗奥州、奇瓦瓦州、坎佩切州等17个州（区）为500—1000人；杜兰戈州、尤卡坦州、科利马州、新莱昂州、索诺拉州、科阿韦拉州、塔毛利帕斯州等7个州在500人以下。

表 2.6 　　　　　　　　　**2007 年墨西哥农村地区的村社和公社**

州（区）	农村人口（万人）	村社和公社数量（个）	平均人数（人/村社和公社）
墨西哥	181	1233	1466
普埃布拉	158	1194	1325
克雷塔罗	48	378	1272
塔瓦斯科	90	779	1150
瓦哈卡	186	1632	1137
阿瓜斯卡连特斯	20	187	1075
格雷罗	132	1259	1050
莫雷洛斯	23	234	962
瓜那华托	148	1543	961
特拉斯卡拉	23	246	947
伊达尔戈	112	1189	940
下加利福尼亚	20	240	833
联邦区	3	37	811
恰帕斯	224	2823	795
纳亚里特	32	404	790
南下加利福尼亚	8	99	788
萨卡特卡斯	59	767	763
韦拉克鲁斯	280	3684	760
米却肯	127	1910	666
哈利斯科	94	1429	655
圣路易斯波多西	90	1421	633
锡那罗亚	76	1309	582
金塔那罗奥	16	282	582
奇瓦瓦	50	987	510
坎佩切	20	385	509
杜兰戈	49	1124	440
尤卡坦	31	722	429

州（区）	农村人口 （万人）	村社和公社 数量（个）	平均人数 （人/村社和公社）
科利马	7	165	424
新莱昂	24	607	390
索诺拉	34	979	347
科阿韦拉	25	875	285
塔毛利帕斯	39	1391	277
全国合计	2428	31514	770

资料来源：INEGI，*Censo Ejidal 2007*，*Censo de Población y Vivienda 2010*.

专栏2

墨西哥的村社

在墨西哥《1917年宪法》的最初条款中，村社（Ejido）仅仅是指土地，即国家"通过归还、分配和重建居民点等方式分配给农民的土地"。后来，随着经济和社会的发展，"村社"概念的内涵和外延逐步丰富和扩展，有关的法律、法规和制度不断完善，最终发展成为集经济、政治和社会职能于一身的农村基层组织形式，成为墨西哥农村的象征。

一、词源

在西班牙语中，"Ejido"一词是外来语，最早源于拉丁文"exitus"，与现代英语中的"Exit"属同一词源，意思是"出口"。几个世纪以前，当西班牙人开始使用这个单词时，其意思是指村庄出口处供村民们休息、娱乐或放牧、饲养牲畜的一块公用土地，这块公用土地为全体村民所公有，不得转让、出租或改作它用，任何人不得私占。当西班牙殖民者于16世纪初到达墨西哥并开始建立村庄时，西班牙人将他们的这一习惯也带到了墨西哥农村。例如：1523年，西班牙王室颁布的"西印度法"第8号中就曾规定：在建立村庄时，须在村口处保留适当的空地，供村民休息和进出牲畜之用；1560年，西班牙国王菲利蒲二世（Felipe II，1527—1598年）在一份给殖民地的旨令中明确指出：新建村庄的土地由三部分组成，即宅基地、私有地和公有地（Ejido），公有地不得耕种、不得建造房屋、不得转让，只供当地村民休息和饲养牲畜。这表明，"Ejido"一词的原意是指农村村庄的一小块公有土地。当然，关于"Ejido"一词的来源，还有其他一些看法，如有学者认为它是古罗马人、阿拉伯人曾使用过的土地制度，甚至有人认为它出自《圣经》，等等。

二、土地和自由：现代村社的源起

墨西哥于1810年宣布独立。1810—1856年，墨西哥主要有三种土地占有形式，即大地产制、小土地所有制和印第安人公社制。1856—1910年，墨西哥掀起了土地私有化和土地兼并浪潮。在这一浪潮中，绝大多数农民失去了土地，如1910年全国71.3%的人口居住在农村地区，而其中90%以上没有土地。失去土地和没有土地的农民，为了生存，被迫进行起义，爆发了1910年革命。在起义的农民队伍中，南方农民军的领导人萨帕塔于1911年11月28日宣布了《阿亚拉计划》，提出了"耕者有其田"和自由两大核心纲领，强调"凡非法强占的土地必须归还原主"，采取"征收大地产"等强制手段解决土地问题，特别提出在重新得到土地的地方实行"公有私用"的土地制度。这种"公有私用"的土地制度设想为现代村社的诞生奠定了基础。《1915年土地法》和《1917年宪法》吸收了萨帕塔的"公有私用"思想，1920年的《村社法》正式将重建的农村居民定居点或聚居区定名为"村社"（Ejido）。自此，在墨西哥，这一个沿用了几个世纪的词汇被赋予了新的含义，其内容也随着经济和社会的发展发生了一些重大变化。

三、村社的含义和主要变化

村社的基本含义是，村社是独立法人，村社自治是农民"自由"的保障和体现，村社是农村地区的基层组织形式。

自《1915年土地法》至今，近一个世纪以来，村社的内容发生了许多变化。以1992年的《新土地法》为主要标志，较为重要的变化有两个方面。第一，土地私有。1915—1991年，村社社员家庭拥有的自耕地仍为公有土地，社员只有使用权，没有所要权，不得出售、转让、出租等，仅允许继承。1992年以后，村社社员以家庭为单位，拥有自耕地的所有权，家庭成员之间可以自由继承，村社社员之间可以出售、转让、出租、合营等；经村社社员大会批准，可以向村社以外的个人或企业出售、转让、出租、合资合营等。第二，自耕地以外的公有土地，归村

> 社社员共同所有、共同使用，村社是产权所有人。1992 年以后，经村社社员大会批准，可以将公有土地以出租、承包等形式交由私人投资者经营，所得收入纳入村社公共基金。

墨西哥实行村社和公社自治制度。根据 1992 年的《新土地法》，20 人或 20 户以上的农村居民，可以组成一个村社或公社。村社可以转换成农村公社，农村公社也可以转换为村社。每个村社和公社设有村社社员或公社成员大会（简称"社员大会"）、管理委员会和监事会。社员大会由全体成员组成，实行多数通过制，其主要职责是制定本村社或公社的管理制度，就某些重要事项进行决策。管理委员会是日常管理机构，由 1 名主任、1 名秘书、1 名会计组成，由社员大会选举产生，任期 3 年，不得连任。绝大部分村社和公社设有监事会，负责审查社员大会的决策和制定的管理制度等是否符合有关法律的规定，管理委员会是否执行了社员大会的决定，等等。

1935 年墨西哥政府第一次进行村社（包括公社，下同）普查，1940 年进行了第二次普查。1940—1980 年，每 10 年进行一次普查。1991 年、2001 年和 2007 年进行了三次普查。本书根据 1935 年、1940 年、1950 年、1960 年、1970 年、1980 年、1991 年、2001 年和 2007 年的"村社普查"数据，制作了图 2.7。如图 2.7 所示，1920 年墨西哥仅有 624 个村社，1930 年增至 4189 个。1930—1940 年由于卡德纳斯政府进行了大力度的农业改革，村社数量急剧增加，1940 年增至 14680 个，同 1930 年相比增加了 1 万多个。1940—1990 年 50 多年间，村社数量又增加了 1.5 万多个，由 14680 个增至 29983 个。1990—2007 年，村社的数量增加有限，仅增加了 1500 多个。从图 2.7 还可以看出，村社数量的增加与农村人口数量的增长基本保持同步态势。1920—1940 年村社数量的增加主要受两大因素的影响：一是墨西哥政府向无地或少地的农民分配土地，分得土地的农民按照有关规定组合成新的村社，在此期间大部分村社是以这种方式成立的；二是农村人口的增长，新增的农村人口也需要分配土地，有的是在原村社内获得土地，有的则需要重新分配土地并重新结社。1940—1990 年农村人口的增长是村社数量增加的主要因素。在此期间，尽管大量农村人口流入城市，但留在农村地区的人口仍保持着一定的增长率，人口的增加一方面促使墨西哥政府不断向新增人口分配土地，另一方面新的村社也不断组建和设立。1992 年以来，墨西哥政府停止向农民分配土地，新的村社是在原有村社的基础上重新组合或分建的，因此村社数量增加得有限。

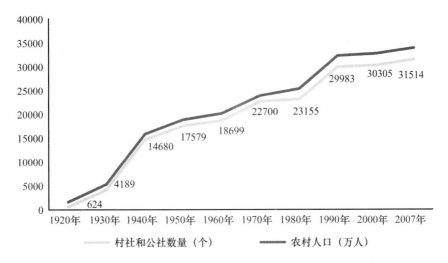

图 2.7　1920—2007 年墨西哥村社和公社、农村增长趋势

资料来源：1935 年、1940 年、1950 年、1960 年、1970 年、1980 年、1991 年、2001 年和 2007 年 INEGI "村社普查"数据。人口增长趋势曲线根据图 2.2 和图 2.4 中的有关数据制作，其中 2007 年的农村人口数量为 2005 年的数据。

2. 经济组织

村社和公社本身既是行政组织，也是民事组织。除村社这种组织形式外，墨西哥的农村地区还有其他几种经济组织形式，如农业企业、农业联营企业、合作社、农业合伙企业、农业企业集团、农村商业企业，等等。

根据 1992 年的《新土地法》及有关法律规定，村社和公社由 20 名（或 20 户）以上的社员组成，内设社员大会、管理委员会（设主任、秘书、会计各 1 名）和监事会，无最低和最高资本金要求，其赔偿责任为有限责任。但经社员大会批准，可以采用无限责任形式。

农业企业由两个或两个以上的农业生产者（如村社社员、公社社员、小农户、农村居民等）联合设立，村社社员和公社社员可以用土地入股，设立股东大会、管理委员会、监事会、总经理等。对于无限责任的企业，无资本金要求；对于有限责任制的企业，最低资本金为联邦区最低工资的 700 倍，最低补充资本金为联邦区最低工资的 350 倍。

公司制企业由两个或两个以上的自然人和私人企业组成，内设股东大会、监事会、董事会、总经理等，无资本金要求，可采用有限责任或无限责任形式。但在采用无限责任形式且村社社员或公社社员以土地入股时，私人企业所占的股份不得超过49%。

农业联营企业由两个或两个以上的自然人和法人组成，内设股东大会、管理委员会、监事会、总经理等，无资本金要求，可采用有限责任和无限责任形式。村社社员和公社社员可以以土地入股，与本人所在村社或公社以外的企业进行联营时，企业所占的股份不得超过联营企业的49%。

农业企业集团由两个或两个以上的农业企业组成，内设股东大会、管理委员会、监事会、总经理等。对于无限责任的企业集团，无资本金要求。对于有限责任制的企业集团，则根据其业务规模确定最低资本金，最低资本金为联邦区最低工资的700倍，最低补充资本金为联邦区最低工资的350倍。

合作社由两个或两个以上的村社或公社组成，内设股东大会、管理委员会、监事会、总经理等。对于无限责任的合作社，无资本金要求；对于有限责任制的合作社，则根据其业务规模确定最低资本金。

农业合伙企业由两个及两个以上的村社或公社、村社或公社联合社、农业公司等组成，内设股东大会、管理委员会、监事会、董事长、总经理等，无资本金要求，采用有限责任或无限责任形式。

如表2.7所示，2007年墨西哥的31514个村社和公社中，有20657个采用民事组织形式，有10857个采用商业组织形式。在商业组织中，合作社的数量较多，为6547个；其次是农业企业集团，为3211个；其他商业组织的数量分别为：农业企业1742个、合伙企业1182个、联营企业781个、公司制企业189个、其他846个，等等。

恰帕斯州采用商业组织形式的村社和公社数量较多，为1004个；其次是韦拉克鲁斯州，为907个；其他数量较多的州还有瓦哈卡州（608个）、墨西哥州（558个）、锡那罗亚州（536个）、哈利斯科州（534个）、杜兰戈州（518个）、米却肯州（493个）、塔毛利帕斯州（487个）、圣路易斯波多西州（418个）、科阿韦拉州（416个）、索诺拉州（402个），等等。这12个州的商业组织数量合计为6881个，约占商业组织总数的63%。

表 2.7　　　2007 年墨西哥农村商业组织的类型、数量和分布

商业组织		各州（区）的商业组织			
类型	数量（个）	州（区）	数量（个）	州（区）	数量（个）
民事组织		恰帕斯	1004	纳亚里特	283
村社和公社	20657	韦拉克鲁斯	907	塔瓦斯科	269
		瓦哈卡	608	伊达尔戈	265
商业组织		墨西哥	558	尤卡坦	251
合伙企业	1182	锡那罗亚	536	克雷塔罗	233
合作社	6547	哈利斯科	534	坎佩切	224
企业集团	3211	杜兰戈	518	萨卡特卡斯	216
农业企业	1742	米却肯	493	金塔那罗奥	163
联营企业	781	塔毛利帕斯	487	新莱昂	128
公司制企业	189	圣路易斯波多西	418	莫雷洛斯	111
其他	846	科阿韦拉	416	科利马	94
合计	10857	索诺拉	402	下加利福尼亚	79
		瓜那华托	376	阿瓜斯卡连特斯	65
		普埃布拉	373	特拉斯卡拉	61
		奇瓦瓦	371	南下加利福尼亚	57
总计	31514	格雷罗	334	联邦区	23

资料来源：INEGI, *Censo Ejidal 2007.*

第四节　村社土地

　　墨西哥的国土面积约为 196 万平方千米，根据 1 平方公里等于 100 公顷，则墨西哥的国土总面积约为 1.96 亿公顷，其中农村地区的土地总面积约为 1.78 亿公顷，约占国土面积的 91%。根据 2007 年的"村社普查"和"农业普查"数据，村社和公社的土地（简称"村社土地"）面积约为 1.06 亿公顷，约占农村土地总面积的 60%，约占全国国土面积的 54%；私人土地面积约为 6967 万公顷，约占农村土地总面积的 39%，约占全国国土面积的 36%；其他土地（主要是非正规居住地和国有公共土地）的面积约为 188 万公顷，分别约占农村土地总面积和全国国土面积的 1%。非正规居住地和国有公共土地的面积较为有限，分别约为 139 万公顷和 49 万公顷。

1915—1991 年的土地分配过程中，墨西哥政府保留了私人土地，特别是在 20 世纪 50 年代以后曾一度保护和鼓励私人土地的发展。因此，在墨西哥的农村地区，除村社土地外，还存在着大量的私人土地，其所有者被称为自耕农。非正规居住地主要是指城市周边或在墨美边境地区被非法侵占的公有土地，大量涌入城市或聚集在边境地区的农村人口在这些公有土地上建造房屋并永久居住下来，久而久之，墨西哥政府部门只得认可既成事实，仅在墨西哥城都市区就有 250 多个非正规居住地。国有公共土地主要是指水源保护地（如墨西哥城周边）、生态保护区（如西拉格达生物圈保护区①）等。

一 村社土地的配置概况

土地是村社最主要的资产。如表 2.8 所示，根据 2007 年的"村社普查"数据，31514 个村社和公社共拥有近 1.06 亿公顷土地（10594.8 万公顷），其中分配给社员家庭的约有 3363 万公顷，未分配土地约有 7067 万公顷，其他土地约有 165 万公顷。在未分配的土地中，约有 6930 万公顷是由社员共同使用的土地，约 137 万公顷为住宅建设用地，其中 15.6 万公顷为住宅建设预留地②。

表 2.8　　　　　　　　2007 年墨西哥村社土地的配置方式

配置方式		土地面积（万公顷）
总面积		10594.8
已分配土地		3362.9
未分配土地		7067.0
共同使用		6929.9
住宅建设用地		137.1
其中：住宅建设预留地		15.6
其他		165.0

资料来源：INEGI, *Censo Ejidal 2007.*

---

① 位于墨西哥东部的西拉格达（Sierra Gorda）生物圈保护区被认为是墨西哥最好的生态多样性保护区之一，占地面积为 567 公顷，海拔高度为 300—3100 米，降水充沛。这里的生物种类相当丰富，维管束植物有 1800 多种，哺乳动物 131 种（其中有珍贵的黑熊、墨西哥美洲虎、石鸡等）、鸟类 355 种、爬行动物 71 种、两栖类动物 23 种、蝴蝶 725 种。

② INEGI, *Censo Ejidal 2007.*

二　村社土地的使用概况

约有 6754 万公顷的村社土地适于发展农业种植业和畜牧业，占村社土地总面积的 63.7% 左右。如表 2.9 所示，在已分配的村社土地中，已耕种的农业用地约为 1898 万公顷，其中水浇地约有 377 万公顷；在未分配的村社土地中，已耕地约有 424 万公顷，可耕地 61 万公顷，草场地 2994 万公顷。其他村社土地则不适于发展农业和畜牧业，主要是沙漠、山地、滩涂等，其中沙漠地约 524 万公顷。

表 2.9　　　　　　　　2007 年墨西哥村社土地的主要使用方式

配置方式	使用方式	面积（万公顷）
已分配土地	已耕地	1898
	其中：水浇地	377
未分配土地	已耕地	424
	可耕地	61
	草场地	3994

资料来源：INEGI, *Censo Ejidal 2007.*

在 31514 个村社和公社中，有 28538 个向各自的社员共分配了 3362.9 万公顷土地，其中的 27049 个村社和公社社员在其分得的土地上发展农业种植业，耕种面积约为 1898 万公顷；有 10470 个村社和公社拥有水浇地，灌溉面积约为 377 万公顷。村社和公社社员的农业耕地主要集中在瓦哈卡州（190 万公顷）、恰帕斯州（154 万公顷）、索诺拉州（134 万公顷）、韦拉克鲁斯州（127 万公顷）、格雷罗州（114 万公顷）、米却肯州（112 万公顷）、萨卡特卡斯州（103 万公顷）、奇瓦瓦州（94 万公顷）、圣路易斯波多西州（90 万公顷）、哈利斯科州（86 万公顷）等 10 个州，其合计约为 1204 万公顷，占村社社员耕地面积的 63.4%。

如表 2.10 所示，村社和公社社员的水浇地主要集中在锡那罗亚州、米却肯州、索诺拉州、塔毛利帕斯州、奇瓦瓦州、瓜那华托州、下加利福尼亚州、哈利斯科州、瓦哈卡州、科阿韦拉州、杜兰戈州、墨西哥州、纳亚里特州、普埃布拉州等 14 个州，合计约 304 万公顷，占全国村社和公社社员水浇地总面积的 80.6%。从全国范围来看，村社和公社社员的水浇地占其耕地总面积的比重仅为 19.9%，但在南下加利福尼亚州，这一比重却为 100%，主要是因为该州较为干旱，必依靠灌溉设施才能发展农业。下加利福尼亚州和索诺拉州的这一比重也较高，分别为 77.3% 和 76.3%。

表 2.10　　　　2007 年墨西哥部分州的村社和公社社员水浇地的
分布及占比概况

	水浇地面积（万公顷）	占比（%）
全国	377	19.9
锡那罗亚	65	48.5
米却肯	36	32.1
索诺拉	29	76.3
塔毛利帕斯	22	30.1
奇瓦瓦	21	22.3
瓜那华托	20	31.3
下加利福尼亚	17	77.3
哈利斯科	17	19.8
瓦哈卡	17	8.9
科阿韦拉	14	37.8
杜兰戈	13	19.4
墨西哥	12	19.7
纳亚里特	11	21.6
普埃布拉	10	16.1

资料来源：INEGI, *Censo Ejidal 2007.*

有 22869 个村社和公社的社员利用未分配的、共同使用的公有土地发展畜牧业。在共同使用的 6929.9 万公顷土地中，约有 3994 万公顷的草场地适于发展畜牧业。这些草场地主要分布在奇瓦瓦州（477 万公顷）、南下加利福尼亚州（438 万公顷）、科阿韦拉州（430 万公顷）、杜兰戈州（417 万公顷）、索诺拉州（384 万公顷）、圣路易斯波多西州（237 万公顷）、萨卡特卡斯州（230 万公顷）、下加利福尼亚州（207 万公顷）、瓦哈卡州（174 万公顷）、锡那罗亚州（120 万公顷）、尤卡坦州（116 万公顷）、新莱昂州（112 万公顷）、格雷罗州（106 万公顷）等 13 个州，合计约 3448 万公顷，占村社和公社草场总面积的 86%。

第五节　农民概况

2010 年墨西哥约有 2429 万农村人口，但这些农村人口并不都是农民。要介绍墨西哥的农民概况，首先需要明确"农民"的定义。

长期以来，"农民"一直是一个看起来清楚、分析起来模糊的概念，不同学科、不同学者、不同国家、不同地域的人对"农民"往往有不同的定义。影响比较大、应用比较广的观点有两种：一是职业论，认为农民是职业名称，指那些主要从事农业生产的劳动者；二是身份论，认为农民是具有特殊户籍、居住在农村、长期以农业生产为主的社会群体。

在英语中，与中文的"农民"对应的单词有两个，即"Farmer"和"Peasant"。其实，这两个英语单词的含义有很大的区别，主要表现在两个方面。第一，前者强调"农民"的职业性，后者则强调身份性。无论是在学术研究中，还是在日常生活的语境中，人们使用后者时，它所表示的含义不仅仅是一种职业，而且也是一种社会等级、一种身份或准身份、一种生存状态、一种社区乃至社会的组织方式，等等。第二，前者主要应用于发达国家，后者主要应用于发展中国家。前者是指发达国家的农业生产者，有人译为"务农者"，包括农场主、农业（农场）工人等。后者是指发展中国家居住在农村、长期以农业为主且处于低收入甚至长期处于贫穷、落后状态的社会群体。

西班牙语是墨西哥的官方语言。在西班牙语中，与中文的"农民"对应的词是"Campesino"，这个西班牙语单词的词义与英语的"Peasant"基本上同义。这意味着，在墨西哥，"农民"（Campesino）一词具有很浓的身份性，当人们使用这个词语时，在很大程度上是指一个特定的社会群体。

在墨西哥的官方文件中，特别是墨西哥国家经济和地理统计局等政府机构的统计报告、法律法规、政策文件中，很少使用"农民"一词，而是较多地使用"村社社员"、"公社社员"、"土有拥有者"、"私有土地所有者"等。国家经济和地理统计局仅在村社和公社的定义中各使用过一次"农民"一词。以 2007 年的《村社普查》为例，其村社的定义是："村社是根据 1915 年 1 月 6 日《土地法》由农民群体事实上共同使用的土地、林地或水域的总称……"，"公社是自古以来由农民群体共同使用的土地、林地或水域的总称……"。

一　村社社员和公社社员

1992 年的《新土地法》（2011 年 6 月修订）第 9 条规定，"村社人口的聚居地或村社拥有法人资格，是其土地的所有者，无论其土地是被授予的还是以其他任何名义取得的"。第 12 条规定，"有权占用村社土地的男性和女性是村社社员"。第 13 条规定，"村社的定居者是指那些在村社人口聚居点定居 1 年以上且被村社社员大会接纳或被土地法院确认为村社居民的成年人。村社定居者有权享有本法赋予的权利"。村社社员必须是墨西哥人。根据第 15 条和第 48 条的规定，有 3 种类型的人有资格成为村社社员。一是出生地和家庭都在村社，无论其年龄大小，均为村社社员。二是村社社员指定的继承人。村社社员在登记其土地权证时，需指定土地继承人，如果指定的继承人只有一个，则这个继承人在继承土地权证时自动成为村社社员；如果指定的继承人有两个或两个以上，则按照登记表上的排列顺序依次选择最终的继承人，该继承人则会成为村社社员。三是已购买了村社社员的土地，在村社定居 1 年以上，被村社社员大会接纳或土地法院确认为村社居民的人。

《1992 年新土地法》规定了 4 种农村公社的设立方式。一是恢复传统公社，主要是指印第安人公社，通过向传统的农村公社归还以前被非法剥夺的土地而重新恢复传统公社。二是自愿结社，一定数量的（如 20 户以上）、拥有土地的农村居民，自愿组合成公社，政府再匹配一定数量的公用土地。三是协调结社，土地毗邻且长期存在土地纠纷的农村居民，很难组合成村社，在此情况下，由政府部门协调，组建公社。四是村社转公社，经村社社员大会表决同意，村社可以转换为公社。成为公社社员的条件、公社社员享有的权利与村社社员相同。

通过以上介绍，可以有这样一个基本认识，即墨西哥国家经济和地理统计局在其《村社普查》的"村社定义"和"公社定义"中所使用的"农民"一词，是特指村社社员和公社社员。村社社员和公社社员首先是一种身份，不仅只有出生在墨西哥的墨西哥籍人能够获得这个身份，而且还有较为严格的条件限制。与此同时，只有拥有"社员"资格的村社和公社社员，才能够享有法律赋予的权利，才能够拥有和使用村社或公社的土地。

二 土地拥有者和私有土地所有者

"土地拥有者"和"私有土地所有者"是在农村地区拥有土地的个人或家庭。

"土地拥有者"是 1992 年以后出现的一个新型农村群体，即拥有村社的份地或宅基地但不是村社或公社成员的社员。根据《1992 年新土地法》，村社的土地被分为三部分，即建设用地、公用地和份地。该法第 44 条规定，村社的土地被分为居住用地、公共用地和份地（Tierras parcela-das）。建设用地又可以分为社员家庭住宅建设用地（宅基地）和公共建设用地。住宅建设用地归社员家庭所有，可以继承，同一村社的社员之间可以自由出售、转让、租赁住宅建设用地；如果向村社以外的人员出售或转让，需经村社社员大会批准。公共建设用地主要用于建设学校、医院、工业园等公共设施。位于或靠近中心城市的村社，经村社社员大会批准并报土地登记机关备案，村社可以使用公共建设用地开发房地产，开发收益归全体村社社员所有，纳入村社基金集中使用和管理。公用土地主要是山坡地、林地、草场、滩涂、水域等，这些土地归村社所有，供本村社社员共同使用。份地是以家庭为单位分配给社员的农业生产用地，归社员家庭所有，颁发土地证书。也就是说，在村社和公社的土地中，社员拥有所有权、使用权和部分自由处置权的土地有两部分，即社员家庭住宅建设用地（宅基地）和份地。之所以说是"部分自由处置权"是因为社员不能自由买卖这两部分土地，在向村社和公社以外的人员出售这两部分土地时，必须经社员大会的批准和同意。尽管如此，1992 年以后，越来越多的社员向本村社或公社以外的人员出售了其名下的土地（份地、宅基地）。那些购买了社员份地或宅基地的人在一定时间内就成为一个特殊群体，其特殊性表现在两个方面：第一，虽然拥有村社的土地但还不是村社社员；第二，按照《1992 年新土地法》第 48 条的规定，这些拥有村社土地的人在村社居住 1 年以上者，经本人申请、社员大会批准和土地法院确认，可成为村社社员。

"私有土地所有者"分为两类，一类是大庄园主（Latifundio），另一类是小土地所有者（Pequeña propiedad agrícola）。《1992 年新土地法》第 115 条规定，个人拥有的土地面积超过了小土地所者的限额时，就被认为是大庄园主。第 116 条将私人拥有的土地分为三类，即农业种植业用地、畜牧业用地和林地。第 117 条规定，小土地所有者拥有的农业种植业用地，其土地面积的上限为：（1）种植农作物的水浇地或水分充足的土地，100 公顷；（2）种植棉花的土地，150 公顷；（3）种植香蕉、甘蔗、咖啡、剑麻、橡胶、棕榈、橄榄、金鸡纳、香草、可可、龙舌兰、仙人掌、果树等作物的土地，300 公顷。第 119 条规定，林地的上限为 800 公顷。第 120 条规定，用于发展畜牧业的草场地，其面积上限为满足饲养 500 头成年牲畜所需的土地。

三　拥有土地的农村家庭数量

根据 2007 年的"农业普查"、"村社普查"、"人口和住房普查"数据，墨西哥的农村地区共有 616 万 4268 户家庭，其中拥有土地的家庭为 565 万 3637 户，占农村地区家庭总数的 91.7%，这与 1910 年的情况完全相反，当时农村地区 90% 以上的家庭没有土地，这反映出墨西哥的土地分配改革和村社制度对解决农村的土地问题发挥了重要作用，产生了明显成效。

如表 2.11 所示，在拥有土地的家庭中，村社和公社社员共有约 421.083 万户，土地拥有者和私有土地所有者共有约 144.28 万户。1991 年以前，墨西哥国家经济和地理统计局根据土地拥有情况，将拥有土地的农村家庭分为 3 类，即村社和公社社员、私有土地所有者和集体农庄成员；1991—2001 年则分为两大类，即村社和公社社员、私有土地所有者，将集体农庄成员并入第一类进行统计。2001 年以来，其分类方法如表 2.11 所示，还是分为两大类，第一类仍是村社和公社社员，第二类则变为"土地拥有者"。笔者根据实际的土地拥有情况以及《1992 年新土地法》的有关条款，将 2001 年以来的第二类描述为"土地拥有者和私有土地所有者"。根据墨西哥劳动和社会福利部的统计，2000 年私有土地所有者的家庭数量约为 104.61 万户[①]。假设 2007 年私有土地所有者的数量与 2000 年相同，既没有增加也没有减少，那么 2007 年土地拥有者的数量至少在 40 万户。

瓦哈卡州拥有土地的家庭数量最多，为 79 万户左右；其次是墨西哥州，约 56.3 万户；其他家庭数量较多的州还有恰帕斯州（约 50 万

---

① Secretaría del Trabajo y Previsión Social（STPS），*Encuesta Nacional de Empleo*，2000.

户）、格雷罗州（约43.6万户）、韦拉克鲁斯州（约40万户）、普埃布拉州（约30.9万户）、米却肯州（约30.5万户）、伊达尔戈州（约21.8万户）、圣路易斯波多西州（约19万户）、哈利斯科州（约17.7万户）、杜兰戈州（约17.7万户）、锡那罗亚州（约16.6万户）、尤卡坦州（约15.5万户）、瓜那华托州（约14.8万户）、奇瓦瓦州（约12.8万户）、萨卡特卡斯州（约12.5万户）、塔瓦斯科州（约11.3万户）。这17个州拥有土地的家庭数量合计约为490万户，占总数的86.7%。

表2.11　　　　　　　　2007年墨西哥拥有土地的家庭数量　　　　　单位：户

	总数	村社和公社社员	土地拥有者和私有土地所有者
全国	5653637	4210830	1442807
瓦哈卡	790005	566401	223604
墨西哥	563411	323941	239470
恰帕斯	500701	351933	148768
格雷罗	435574	335112	100462
韦拉克鲁斯	399471	294675	104796
普埃布拉	308555	216675	91880
米却肯	305389	214832	90557
伊达尔戈	217683	173511	44172
圣路易斯波多西	189646	153092	36554
哈利斯科	177307	137503	39804
杜兰戈	176738	149890	26848
锡那罗亚	166257	152779	13478
尤卡坦	155140	128865	26275
瓜那华托	148147	108703	39444
奇瓦瓦	127952	107187	20765
萨卡特卡斯	124861	106661	18200
塔瓦斯科	113234	60606	52628
索诺拉	89324	78231	11093
纳亚里特	86635	68724	17911
塔毛利帕斯	85005	76791	8214
莫雷洛斯	78204	64157	14047

	总数	村社和公社社员	土地拥有者和私有土地所有者
科阿韦拉	61615	57714	3901
坎佩切	54134	46567	7567
特拉斯卡拉	52918	44216	8702
金塔那罗奥	52742	36107	16635
克雷塔罗	51069	35922	15147
新莱昂	42010	37289	4721
联邦区	32637	29007	3630
下加利福尼亚	22584	17111	5473
阿瓜斯卡连特斯	19895	16195	3700
科利马	15505	13349	2156
南下加利福尼亚	9289	7084	2205

资料来源：INEGI，*Censo Ejidal 2007*.

　　瓦哈卡州拥有土地的村社和公社社员家庭数量最多，约为 56.6 万户；其次是恰帕斯州，约为 35.2 万户；其他数量较多的州还有格雷罗州（33.5 万户）、墨西哥州（约 32.4 万户）、韦拉克鲁斯州（约 29.5 万户）、普埃布拉州（约 21.7 万户）、米却肯州（约 21.5 万户）、伊达尔戈州（约 17.4 万户）、圣路易斯波多西州（约 15.3 万户）、锡那罗亚州（约 15.3 万户）、杜兰戈州（约 15 万户）、哈利斯科州（约 13.8 万户）、尤卡坦州（约 12.9 万户）、瓜那华托州（约 10.9 万户）、奇瓦瓦州（约 10.7 万户）、萨卡特卡斯州（约 10.7 万户），等等。这 15 个州拥有土地的村社和公社社员家庭数量合计约为 352 万户，占拥有土地的村社和公社社员家庭总数的 83.6%。

　　墨西哥州的土地拥有者和私有土地所有者最多，约为 24 万户；其次是瓦哈卡州，约为 22.4 万户；其他数量较多的州还有恰帕斯州（约 14.9 万户）、韦拉克鲁斯州（约 10.5 万户）、格雷罗州（约 10 万户）、普埃布拉州（约 9.2 万户）、米却肯州（约 9.1 万户），等等。这 7 个州的土地拥有者和私有土地所有者合计约 100 万户，占土地拥有者和私有土地所有者总数的 69%。

第三章

墨西哥土地分配、村社制度与政府干预

自 20 世纪 60 年代中期起，墨西哥农业陷入长期的危机状态，农业增长速度明显低于人口的自然增长速度，出现了粮食自给危机，粮食的对外依赖程度不断加深，农产品贸易逆差不断扩大。村社土地集体所有制和政府干预是导致"农业危机"的根本原因。

第一节　土地分配

墨西哥是较早进行土地分配的发展中国家，其土地分配规模之大居发展中国家前列。1915—1991 年墨西哥共分配土地 1 亿多公顷，320 多万户农民获得土地。土地分配是 20 世纪 40--60 年代墨西哥农业繁荣的基本前提条件，激发了农民的生产积极性，耕地面积不断扩大，农业生产快速增长。但是，作为资本主义国家，墨西哥的土地分配是由资产阶级领导的，具有很大的不彻底性，其两个基本指导思想是：第一，通过土地分配和村社制度加强对农民的控制，使农民成为执政党的支持力量；第二，保护和鼓励资本主义生产方式的发展，使其成为农业现代化的主导力量。

长期的土地分配导致了"一国两制"的土地占有格局，即村社集体土地所有制和私人土地所有制，使农业生产和农村社会"二元"化，农民没有土地安全感，压制了农民的生产和投资积极性，阻碍了土地资源的有效配置，从而成为农业增长的阻力。

一　土地高度集中与"墨西哥革命"

1856—1910 年的土地私有化使墨西哥的土地高度集中，90% 以上的农民失去了土地。迪亚斯的长期独裁统治（1876—1911 年）激起了新兴资产阶级的强烈不满。农民的土地要求与资产阶级的民主诉求汇合到一起，于1910年爆发了"墨西哥革命"。土地分配则是"墨西哥革命"的主要成果之一。

1. 19世纪中后期的土地私有化抛弃了墨西哥的土地共有制传统

在西班牙殖民者到达墨西哥之前，印第安人的基本土地制度是共有制。以阿兹特克人的土地制度为例，国王是所有土地的最高主人，拥有土地分配权；国王将土地分为6类，即国王地、贵族地、神庙地、军用地、村庄地和部落地。国王地和贵族地有"半公半私"性质，一部分为世袭地，可以传给后代，私有性质明显；另一部分为公共地，不能世袭，当拥有人死亡或不再担任原来的职务时要被国王收回，重新分配。神庙地、军用地、村庄地也是公共土地，神庙地、军用地的收益用于供养军队、神职人员、行政官员等，由全体社会成员轮流耕种或租种；村庄地的收益用于发展公益事业和上缴贡赋，由村社成员轮流耕种。部落地是阿兹特克人土地制度的集中体现，反映了印第安人的土地使用传统和社会特征。部落地归全体部落成员共同所有，分成小块后交给各个家庭使用，可以世代相传。每个家庭必须连续耕种土地，如果连续两年不耕种，则要受到族长的警告，仍不改正者则将失去土地使用权。每个成员必须永远居住在所属的部落，不得离开，否则将失去土地。

1521年墨西哥沦为西班牙的殖民地。在殖民统治时期，西班牙人取消了国王地、贵族地、神庙地、军用地等公共土地，但保留了村庄地和部落地这一土地共有制度。殖民统治者将村庄地和部落地合并为村社地，强制性地建立了印第安人聚居地。印第安人的村社地一般由4部分组成，即：法定地，用于建设房屋、教堂、公共设施等，为公用土地；村社地，主要是水源地、山坡、荒地、轮耕地、草场以及道路用地等，为公用土地；保留地，为村社所有，出租给各个家庭耕种，出租收入用于发展公益事业；分配地，分配给各个家庭耕种，是印第安人赖以生存的土地，可以世代相传但不可以转让和买卖。

墨西哥虽然于1810年宣布独立，但直到1822年才彻底摆脱西班牙的殖民统治。独立后，围绕着政治、经济、社会的发展模式问题，形成了两大政治力量。以克里奥尔大地主为代表的保守派主张沿用殖民统治时期的统治模式，建立强有力的中央政府，保护和鼓励工业部门的发展，尊重现有的土地所有制结构（即以大地产制为主、小土地所有制和村社土地所有制为辅的土地占有格局①）。以新兴资产阶级为代表的自由派则主张联邦制，自由贸易，鼓励出口导向型生产活动，促进外向型经济的发展，改变土地占有格局，剥夺印第安人村社、教会以及政府部门的公有土地，用于鼓励中等规模私人农场的发展。

1856 年 6 月 25 日墨西哥政府颁布了《城乡公共资产出售法》（史称"莱尔多法"），规定所有能够为教堂、政府机构带来收入的资产必须出售给私人，收入上交财政部。此法的颁布标志着资产阶级自由派开始占据主导地位。1876 年大军阀迪亚斯上台执政，进行了长达 35 年的独裁统治。迪亚斯全面实施了"莱尔多法"，将以大地产制为主、小土地所有制和村社土地所有制为辅的土地占有格局改变为单一的私人土地占有格局。

在迪亚斯上台执政以前，墨西哥最大的土地占有者是教会，"教会可能控制了全国的一半土地"②。此外，政府部门手中也撑握着大量公共土地。迪亚斯没收教会的土地，将其出售给私人；将政府部门拥有的公共土地和印第安人村社的公共土地出售给私人；将印第安人村社的共有土地分配给社员个人。被出售的教会土地，绝大部分转到大地产主和外国资本家手中。由于印第安人没有土地私有的传统，个人分得的土地很快被大地产主兼并。彻底的土地私有制鼓励了土地的大规模兼并，消灭了印第安人村社土地共有制，绝大部分农民失去了土地。如表 3.1 所示，1910 年墨西哥的农村地区约有 359.5 万户家庭，其中无地家庭约 328 万户，占农村家庭总数的 91.3%；有地家庭约为 32 万户，仅占农村家庭总数的 8.7%。8431 个大地产主拥有 1 亿多公顷土地，约占私人土地总面积的 86.9%。需要指出的是，表 3.1 中传统的印第安人村社社员是指聚居在印第安人保留地上的印第安人，此时的村社与后来在土地分配过程中形成的村社具有很大的不同。

---

① 殖民统治时期在墨西哥形成了以大地产制为主、小土地所有制和村社土地所有制为辅的土地占有格局。在殖民统治末期，墨西哥共有大庄园 3749 座，占地 8000 万公顷；印第安人村社和个体小农 11000 个，占地只有 1700 万公顷。冯秀文等：《拉丁美洲农业的发展》，社会科学文献出版社 2002 年版，第 205 页。

② ［美］托马斯·E. 斯基德莫尔、彼得·H. 史密斯：《现代拉丁美洲》，江时学译，世界知识出版社 1996 年版，第 268 页。

表 3.1　　　　　　　　　**1910 年墨西哥农村地区土地占有情况**

	家庭数量（户）	比重（%）	占地数量（万公顷）	比重（%）
有地家庭	316442	8.7	13096.8	100.0
大地产主	8431	0.2	11380	86.9
牧场主	48633	1.3	970	7.4
中小自耕农	109378	3.0	139.9	1.1
传统的印第安人村社社员	150000	4.2	606.9	4.6
无地家庭	3278675	91.3		
行政人员	4561	0.1		
租佃农	312314	9.0		
分成农	1536685	42.6		
债役农	1425115	39.6		
总计	3595117	100.0		

资料来源：Secretaria de Reforma Agraria, *La transformación agraria*；*origen*，*evolución*，*y retos*，Testimonios（2nd edn），México，1998。

2. "墨西哥革命"启动了土地分配进程

1910 年墨西哥爆发了以强烈要求解决土地问题的农民为主力、以新兴资产阶级为领导的"墨西哥革命"。失去土地的农民与新兴资产阶级有许多共同利益。在政治方面，都要求结束迪亚斯的独裁统治，建立资产阶级民主政治体制。在土地方面，农民要求重新分配土地，实现"土地与自由"；新兴资产阶级认为，带有封建性质的大地产制阻碍着资本主义的发展，需改变不合理的土地占有格局，以实现土地流通自由和劳动力雇佣自由。

1911 年墨西哥南部的农民武装领导人埃米利亚诺·萨帕塔提出了《阿亚拉计划》，主要主张有：在迪亚斯独裁统治期间被霸占的土地、山林、水源等必须归还原主；全面征收大地产，建立合法的农场、村社和庄园；对于反对该计划的大地主，没收其全部土地；等等。

在农民武装的强大压力下，1915 年墨西哥政府颁布了《土地改革法令》。该法令指出，导致土地问题的原因有三个：一是自殖民统治时期保留下来的印第安人村社土地被剥夺；二是少数投机者借助"莱尔多法"大量侵占印第安人村社土地；三是土地高度集中，绝大多数农民和印第安人失去土地。该法规定，自1856年6月25日以来被非法侵占的农民土地一律归还原主；对于原来没有土地契约而又需要土地的农民，政府将在其邻近地区征收土地，尽量满足他们的土地要求。该法的颁布标志着墨西哥土地分配的开始。

"墨西哥革命"的重大成果是墨西哥制宪大会于1917年通过了新宪法，即《1917年宪法》。该法第27条明确提出了土地分配的基本纲领，主要内容有：

（1）（国家）领土范围内的土地和水资源都归国家所有，国家有权将其让渡给私人，构成私人财产。

（2）出于共同利益的要求，国家有权随时对私人地产进行限制，并有权调整自然资源的开发，以使这些资源要服从国家的调配，以利于资源的保护和公共财富的公平分配。为此目的，要采取以下措施：分割大地产，发展小地产；建立新的农村居民点，给予其必要的土地和水资源；鼓励农业，禁止自然资源的破坏；等等。

（3）只有出于公共需求并给予补偿才能征收私人地产，联邦和各州在各自权限范围内分别制定关于征收私人地产的法律，各级行政机构根据法律判断对私人地产的征收是否符合公共利益。

（4）共有土地不可分割，直到新的法律决定分割为止。

《1917年宪法》第27条确定了土地改革的几项基本原则，即：①土地国有化原则，土地与水源归国家所有，国家有权分配；②发展小土地所有制原则，土地改革的根本任务是分割大地产，发展小土地所有制；③"物归原主"原则，重申并确认了1915年《土地改革法令》的精神，非法侵占的土地必须归还原主；④"耕者有其田"原则，规定缺乏土地或占地不足的村社，在照顾到小地产的前提下，有权从周边的大庄园分配所需的土地；⑤尊重印第安人传统的原则，保护印第安人村社制度，承认印第安人的土地所有制传统，建立新的居民点，保证印第安人村社对土地的占有。

二　土地分配进程

墨西哥的土地分配进程长达76年（1915—1991年），如表3.2所示，共分配1.06亿多公顷土地，使320多万户农民获得了土地。土地分配进程大体上可分为三个阶段，即立法和准备阶段（1915—1934年）、卡德纳斯的农业改革阶段（1934—1940 年）和 1940—1991 年的巩固农村新秩序阶段。

表 3. 2　　　　　　　　　**1915—1991 年墨西哥土地分配情况**

	分配土地数量（公顷）	受益村社社员家庭（户）
1915—1919 年	382000	71203
1920—1924 年	1227000	139320
1925—1928 年	3234000	298607
1929—1934 年	5463000	455722
1934—1940 年	18786131	728847
1940—1946 年	7287697	157816
1946—1952 年	4633321	80161
1952—1958 年	6056773	68317
1958—1964 年	8870430	148238
1964—1970 年	24738199	278214
1970—1976 年	12773888	205999
1976—1982 年	6397595	243350
1982—1988 年	5626227	248486
1988—1991 年	551869	80692
合计	106028130	3204972

资料来源：（1）1915—1934 年的数据：Sosa-Rincón, María del R., "Reforma agraria inter-mitente pero continua: sesenta años de la experiencia Mexicana", *Nueva Sociedad*, No. 29, Marzo-Abril 1977.

（2）1934—1991 年的数据：. Willem Assies, "Land Tenure and Tenure Regimes in Mexico: An Overview", *Journal of Agrarian Change*, Vol. 8 No. 1, January 2008, pp. 33 – 63.

1. 立法和准备阶段

1915—1934 年墨西哥政府先后制定了一系列法律、法令，明确和完善土地分配的措施。除前面提到的《土地改革法令》（1915 年）和《1917 年宪法》外，其他比较重要的还有 1922 年颁布的《农业调整法》、1925 年颁布的《村社财产法》和 1934 年颁布的《墨西哥合众国农业法》。

《农业调整法》解决了四个重大问题。第一，哪些人可以分得土地。

《1917 年宪法》规定，只有那些具有独立政治地位的市镇、定居点、聚居点、村社等才有权申请土地。《农业调整法》又增加了两类：一类是聚居在已经废弃的庄园上并耕种周围土地的个人；另一类是那些在战争中失去大部分劳动力和财富的工业、商业、矿业市镇。第二，哪些人不能分得土地。没有独立政治地位的村社和聚居点、债役农不能分得土地。第三，应该分配多少土地。如果属于"归还被侵占土地"这种情况，凡是能够提供证据的，被剥夺了的土地都应归还原主。如果向政府申请土地，则按村社人口总数来计算：每个年满 18 岁的社员都可得到一块 3—5 公顷的灌溉田，或 4—6 公顷的雨养田；所分配的土地来自对私人地产的征收；凡多于 150 公顷灌溉田或 250 公顷雨水充足的雨养田或 500 公顷旱田的土地，其超过部分都要予以征收。[①] 第四，哪些土地免征收。工农联合企业的土地以及果园、咖啡、可可、香草或其他种植园的土地免予征收。

《村社财产法》明确规定了村社土地的集体所有制和不可侵犯性。该法规定，土地、山林、水源属村社所有，村社社员只拥有使用权和继承权，不得出售、出租或抵押；村社社员的土地如果连续两年不耕种，则由村社收回，重新分配。

《墨西哥合众国农业法》对以往的农业法令进行了汇编并作了重大修改，重大的变革主要有：第一，向债役农分配土地；第二，任何村社都有权获得土地；第三，取消了每个社员只能分得 4 公顷灌溉田（或 6—8 公顷其他类型土地）的限制，只规定村社可以分得必需的土地；第四，私人地产的最高限额做了更严格的规定，种植经济作物的土地原来没有限制，现在则规定为 300 公顷；第五，放松了原来对村社申请增加土地的规定，只要村社能证明它在充分利用了现有土地后仍有 20 户以上的家庭没有耕地，就可以提出增加土地的申请。[②]

1934 年以前，虽然进行了大量的立法工作，但是土地分配的进程却非常缓慢。如表 3.2 所示，1915—1934 年 20 年间共分配土地 1030 万公顷，有 96 万多户农民分得土地，仍有 70% 左右的农民没有土地。

---

① México：Secretaría de Gobernación，*Ley reglamentaria de los artículos 103 y 104 de la Constitución federal*，1922，México，D. F.

② México：Secretaría de Gobernación，*Código Agrario de los Estados Unidos Mexicanos de 1934*，publicado en el *Diario Oficial* de la Federación，el 12 de abril de 1934.

2. 卡德纳斯的农业改革阶段

《墨西哥合众国农业法》为卡德纳斯的土地分配准备了条件。1934—1940 年卡德纳斯总统进行了大规模的农业改革，改革主要集中在以下四个方面。

第一，大规模分配土地。将外国公司开办的种植园收归国有；重新界定私人地产的占地规模，占地上限为 100 公顷水浇地或 200 公顷雨养田或 150 公顷棉花田[①]；强行征收超过限额的土地；实行"耕者有其田"的普分制，所有的村社都有权申请土地，债役农也必须分得土地。如表 3.2 所示，1935—1940 年卡德纳斯政府共分配了 1878 多万公顷土地，使近 73 万户农民受益[②]。

第二，全面建立村社制度。村社制度作为一种土地占有制度，起源于古印第安人的传统，西班牙殖民统治者保留了这一制度的基本内容，1856 年的"莱尔多法"废除了村社土地占有制度。《1917 年宪法》规定村社作为一个集体拥有土地。卡德纳斯将建立村社制度确定为土地分配的目标。

通过土地分配，全面建立村社制度，使村社成为集经济、政治、社会功能于一体的新型农村组织制度，是卡德纳斯农业改革的一项重要内容。卡德纳斯赋予村社 3 项基本权力，即：土地拥有权，国家将土地所有权授予村社，村社将土地分配给社员耕种，牧场和林地由社员共同使用；自治权，村社的组织机构由社员大会、村社委员会、监督理事会组成，领导成员由民主选举产生；资源配置权，以村社为单位申请农业贷款、接受政府的农业投资，等等。卡德纳斯时期共成立了 10651 个村社。截至 1940 年，全国共有 13091 个村社，共有 144 万多户社员，占农村家庭总数的 42%，拥有 2530 多万公顷土地。[③]

---

① México：Secretaría de Gobernación ，*Código Agrario de los Estados Unidos Mexicanos de 1934*，publicado en el *Diario Oficial* de la Federación，el 12 de abril de 1934.

② 卡德纳斯本人认为，在他执政期间（1934—1940 年），约有 102 万户农民分得土地。Unviversidad Nacional Autónoma de México，*Cárdenes*，*Lázaro. Obras I. Apuntes 1913 – 1940*，I. México，1986，p. XIV.

③ Unviversidad Nacional Autónoma de México，*Cárdenes*，*Lázaro. Obras I. Apuntes 1913 – 1940*，I. México，1986，p. XIV.

第三，使农民成为一支重要的政党支持力量。卡德纳斯是作为"国民革命党"的总统候选人当选为墨西哥总统的。1938 年卡德纳斯将"国民革命党"改名为"墨西哥革命党"。同年，成立了"全国农民联合会"，村社社员是联合会的当然成员，会员人数当年即达到 70 万人左右。"全国农民联合会"一成立就加入了"墨西哥革命党"，并成为该党的重要组成部分。联合会的领导人由总统任命。

第四，启动农业现代化进程。卡德纳斯认为，除了向村社分配土地外，还要对农业生产进行现代化改造，使传统的粗放型农业向集约化、技术型农业转变。为此，卡德纳斯增设了发放农业贷款的专业金融机构；增加对村社的财政补贴；兴修水利，增加灌溉面积；设立农业机械中心，提高农业生产的机械化程度；发展农村教育，培养新型村社社员；推广商品型农业技术和新的作物品种；等等。

卡德纳斯的农业改革对墨西哥的农业发展具有深远的影响。第一，确立了墨西哥土地改革的基本架构，即土地分配给村社而不是分配给社员个人；村社社员不得买卖、出租、抵押土地；总统是土地分配和土地纠纷事务的最后裁决人。第二，土地分配成为墨西哥政府的长期使命。第三，使农民成为重要的政治支持力量。革命制度党①能够在墨西哥连续执政近 71 年（1929—2000 年），农民的支持是一个重要因素。

3. 1940—1991 年的巩固农村新秩序阶段

1940 年以后，墨西哥的土地分配进入了新的阶段，这一阶段有两个突出特点：第一，政府不再重视土地分配；第二，主要目标是巩固农村新秩序，发展农业生产力。

卡德纳斯以后的几届政府虽然仍在继续分配土地，但是无论在数量上还是在方式上都发生了重大变化。土地分配数量减少，1940—1991 年累计分配土地约 7700 万公顷，平均每年分配土地不足 150 万公顷。在土地分配方式方面，相当大的一部分土地是村社内部的存量调整，即：把村社的集体土地重新划分成小块后分配给社员；而新增的土地则基本上是边远

---

①　墨西哥革命制度党成立于 1929 年 3 月，作为执政党登上墨西哥的政治舞台。1929 年 3 月至 1938 年 3 月，党的名称为墨西哥国民革命党。1938 年 3 月，卡德纳斯解散了国民革命党，在它的基础上成立了新的官方党——墨西哥革命党。1946 年 1 月，卡马乔将墨西哥革命党易名为革命制度党。2000 年墨西哥大选中，革命制度党失败。革命制度党在墨西哥执政 71 年，成为世界上连续执政时间最长的资产阶级政党，被称为"民主的独裁党"。

地区的荒地，土质低劣，几乎不能耕种，如1964—1970年分配的土地虽然多达2500万公顷，但被认为是最差的土地。

巩固农村新秩序是指巩固"一国两制"的土地占有格局，即村社土地所有制和私人土地所有制，其目的是保护和鼓励资本主义农业生产方式的发展。封建大地产制被消除以后，促进资本主义的发展成为政府关注的主要目标。墨西哥政府认为，土地的适度集中不是农业发展的障碍，而是农业现代化的需要。因此，在卡德纳斯确立的"一国两制"土地占有格局基础上，历届政府尽量减少甚至停止土地征收，如1946年上台执政的曼努埃尔·阿拉曼总统修订了《1917年宪法》第27条，规定只要有利于生产，即使占地超过了法定的最高限额，也不得征收；私有地产主对已经分割或即将分割的地产，可以享有保护权，甚至可以与非法的侵占行为进行斗争。为了鼓励商品农业的发展，墨西哥政府还默许资金充足、技术先进、效益较高的大农场将小自耕农和村社社员的优质土地集中到自己手中，以扩大生产规模。

第二节　村社制度

首先要肯定的是，土地分配使资本主义生产关系取代了落后的封建制生产关系，具有历史进步意义。同时，土地分配使墨西哥走上了以家庭为基本单位的农业发展道路，按照舒尔茨的"改造传统农业"理论，这种"耕者有其田"且"耕者居其田"的农业发展道路是较为有效的改造传统农业的方式。

20世纪60年代以前，土地分配使大批农民得到了土地，激发了农民的生产积极性，耕地面积不断扩大。绝大部分作物的产量增加主要依靠种植面积的扩大，如：油料作物的种植面积年均增长率为7.4%，产量的年均增长率为2.4%；玉米的这两个增长率分别为3.4%和3.5%，大豆为4.9%和4.0%；等等①。

60年代中期以后，土地分配和村社制度却成为农业继续增长的阻力。

① David Barkin, "The End to Food Self-Sufficiency in Mexico", Latin American Perspectives, Vol. 14, No. 3, Agriculture and Labor. (Summer, 1987), pp. 271 – 297.

一 村社土地制度制约着农业增长

针对墨西哥的村社土地制度，世界银行在其 1990 年的一份研究报告①中指出，墨西哥的村社土地制度在以下三个方面制约着农业增长：一是土地市场的功能非常有限，许多老年农民不能有效地耕种土地，而许多年轻农民却没有耕地或耕地不足；二是政府部门为扩大城市建设而征用村社土地，这种做法向村社社员发出了误导性信号，误认为他们也可以随意占用村社的公用土地，建造住房，致使大量的非正规住房在城市周边和广大农村地区出现；三是由于立法和政府管理方面的缺陷，村社社员的投资积极性很低，农业投资长期主要依靠政府的投入和支持，村社社员的平均资本拥有量远低于自耕农。同时，村社社员缺乏生态保护和可持续发展的责任感，过度开发土地、森林、水等自然资源，陷入了长期的农业生态恶化和农民贫困的恶性循环；村社社员的生产增长潜力远低于自耕农。

二 村社土地制度是村社社员贫困的根本原因

墨西哥学者认为，村社土地制度是村社社员贫困、落后的根本原因，"土地分配降低了土地产权的安全性，村社社员只拥有耕种权的法律规定限制了土地租赁市场。对村社日常管理的中央集权式干预削弱了村社的自治能力，导致了责任缺失。由于村社社员家庭极易成为绝对贫困家庭，因此，村社成为落后和贫困的代名词"②。对农民而言，土地支配权非常重要。"在农村社会，土地不仅是维持生计的基本保障，而且也是积累财富并将财富进行代际传递的主要载体。因此，土地支配权的安排和设计方式决定着农民家庭的生存能力和生产（用于市场交易的剩余产品的）能力，决定着他们的社会和经济地位，决定着他们的生产和投资积极性，在大多数情况下还决定着他们获得金融资源的能力以及平稳地安排收入和消费的

---

① John Richard Heath, "Enhancing the Contribution of Land Reform to Mexican Agricultural Development", *Agrculture and Rural Development Department and Latin America and the Caribbean Regional Office*, *Country Department II*, The World Bank, February 1990, WPS 285.

② Velez, F. 1995, "Los Desafios que Enfrenta el Campo en Mexico", en L. Rubio and A. Fern6ndez (eds.), *Mexico a la hora del cambio*, Cal y Arena, México D. F., p. 135.

能力。"① 长期执政的墨西哥革命制度党在设计土地分配和村社制度时，从政治需要出发，其基本指导思想是加强对农民的控制能力而不是提高农民的发展能力，通过土地分配将绝大多数农民集中在数万个村社，运用土地、财政、金融等措施巩固绝大多数农民对执政党的政治依附。政府以村社为单位向农民提供财政、金融、土地等生产和生活要素，村社社员的收入和生活完全依靠这些要素。支持执政党的村社，能够得到所需的要素；如果反对执政党，作为惩罚，则不能获得政府提供的生产和生活要素。从政治经济学的角度看，村社制度具有明显的农民边缘化和贫困化顷向，因为只有使绝大多数农民处于一定程度的贫困和边缘状态，才能保持农民对执政党的依赖。

三　村社土地集体所有制导致了墨西哥农村的"二元"结构

1. 农村"二元"结构主要表现在三个方面

（1）土地占有制度的"二元"结构，即集体所有制和私人所有制。截至 1991 年，全国共有 29983 个村社，有 275 万户村社社员，共拥有 1.06 亿多公顷土地，约占国土面积的 54.8%；约有 102 万户自耕农，拥有 7700 万公顷土地，约占国土面积的 40%。②

（2）农业生产的"二元"结构，即自给型农业和商品型农业。根据农业生产的商品化程度，墨西哥的农业部门可分为自给型农业和商品型农业两大部分。从事自给型农业的农民，其绝大部分农产品用于自己消费；从事商品型农业的农民，其绝大部分农产品用于销售。

（3）农村社会的"二元"结构，即自给型农民和商品型农民。在土地占有制度和农业生产的"二元"结构基础上，农村社会也呈现出了"二元"结构，被分割为自给型农民和商品型农民两大群体。在墨西哥政府的官方文件和墨西哥学者的研究成果中，一般将占地不足 5 公顷的自耕农和村社社员界定为自给型农民，而将占地 5 公顷以上的界定为商品型农民。1991 年全国约有 377 万户农民（275 万户村社社员、102 万户自耕农），其中：土地不足 2 公顷的约有 130 万户，约占农民总户数的 35%；

---

① Klaus Deininger, Gershon Feder, "Land institutions and land markets", In B. Gardner & G. Raussser, eds. *Handbook of agricultural economics*, Amsterdam, The Netherlands, Elsevier North Holland, 2001, p. 288.

② INEGI. *Vll Censo Agricola-Ganadero 1991.*

2—5 公顷的约有 95 万户，占 25%。也就是说，自给型农民约有 225 万户，约占农民总户数的 60%。5 公顷以上的商品型农民约有 152 万户，占 40%[1]。村社社员是农村社会的主体，1991 年农村地区的经济活动人口约有 935.7 万人，其中：村社社员 627.4 万人，约占总数的 67%；自耕农 269.5 万人，约占总数的 29%；其他经济活动人口约 38.7 万人，占 4% 左右。[2]

2. "二元"结构从三方面阻碍着农业增长

（1）"二元"结构导致了新一轮土地兼并。土地分配和村社制度催生出了两个特殊群体，即无地农民和新大地产主。根据村社制度，社员不能将其土地分割继承，因此其子女中只有一个人可以继承他的土地，其他人则要重新去申请土地。根据法律，每一个符合条件的无地农民都可以向政府申请土地，实际上，虽然很多无地农民向政府提出了土地申请，但得到土地的却较少。随着人口的增加，无地农民的数量迅速增加。1950 年无地农民的数量约占农村地区总人口的 10%。1960 年无地农民为 340 万人左右，约占农村人口的 18%，1970 年这一比重升至 30%。[3] 1980 年在农村地区的 730 万经济活动人口中，400 多万人为无地农民，无地农民占农村经济活动人口的比重为 55%。[4]

新大地产主是指在土地分配过程中出现的大地产主，主要有 4 种类型。一是传统大地产主演变为新地产主。在土地分配过程中，一些传统的大地产主利用各种手段逃避土地征收，使其地产得以保全。二是官僚型新地产主。1940—1965 年墨西哥政府在北部、西北部大修水利，开发了大面积的优质灌溉田，这些土地被卖给私人，其中不少人是政府中的高级官员和军队中的高级将领。三是村社中的党、政负责人。这些人利用职权，甚至用暴力，强占社员的份地。例如，伊达尔哥州的一个村社，在 233 户拥有土地的家庭中，93% 不足 5 公顷，其中 156 户的土地不足 1 公顷，而

① 根据 Vll Censo Agricola-Ganadero 1991 中的数据计算。

② 同上。

③ Tomas Martinez Saldaña，"Historia de la Agricultura en México"，Ponencia presentada en el III Taller Latinoamericano "Prevención de Riesgos en el Uso de Plaguicidas"，realizado en el Instituto Nacional de Investigaciones sobre Recursos Bióticos，Xalapa，Veracruz，México，diciembre de 1983.

④ Dana Markiewiez，*Ejido Organization in Mexico 1934 – 1976*，UCLA Latin American Center，1980，p. 29.

该村主要负责人占有的土地达 200 公顷。① 四是承租型地产主，主要出现在灌溉区。由于缺乏资金，长期存在工农产品"剪刀差"等原因，小规模农业生产无利可图，土地数量较少的农民将土地出租给其他农民。虽然这种土地租赁行为是非法的，但出于鼓励商品农业发展的考虑，墨西哥政府默许了这种行为。据估计，20 世纪 60 年代中期以后，灌溉区的土地出租非常普遍，村社拥有的灌溉田至少一半左右被出租出去。不少自耕农和村社社员通过承租其他社员的土地，扩大了土地经营规模。

（2）"二元"结构压制了农业投资。在农村"二元"结构的情况下，无论是自耕农还是村社社员，都不愿意在其土地上进行投资，如改善土质、建设灌溉设施，或将草场、林地改造为耕地，等等。对于自耕农而言，面对土地占有规模的限制和土地分配进程，没有土地安全感，不愿意扩大耕地面积。对于村社社员而言，绝大部分社员拥有的土地数量有限，收入水平较低，投资能力有限；少部分土地较多、收入水平较高的社员，因其不能随意调整土地用途和种植结构，也不愿意在其土地上进行投入。禁止社员以土地作为投入与村社以外的企业和个人进行合作，阻碍了私人资本流入农业部门。

（3）"二元"结构导致了粮食自给危机。农村"二元"结构主要在两个方面导致了粮食自给危机。

第一，大量优质良田转向经济作物。20 世纪 50 年代中期以后，随着粮食产量迅速增加，墨西哥不仅实现了粮食自给，而且还能出口粮食，因此墨西哥政府将农业发展的重点目标由粮食自给转向出口创汇，大力扶持和鼓励商品农业的发展。在政府的默许甚至鼓励下，大量灌溉田或雨水充足的雨养田集中到商品型农民（特别是大中型资本主义农场）手中用于种植经济作物，而粮食作物主要靠自给型农民在贫瘠的旱田上生产。绝大部分自给型农民的粮食产量很低，如 1965—1980 年拥有土地不足 2 公顷的农民，其玉米单产仅为 0.2—0.8 吨/公顷，60% 以上的自给型农民其粮食产量勉强能够自给。

第二，农业部门的私人投资主要集中在经济作物生产方面，政府部门

① Pilar Calvo y Eckart Boege, "Estructura politica y clases sociales en una comunidad del Valle del Mezquital", en Roger Bartra, ed., *Caciquismo y Poder politico en el México rural*, Siglo XXI, 1975.

和私人在基本作物生产方面的投资减少。60 年代中期以后，美国的农业企业开始到墨西哥种植反季节蔬菜，使墨西哥向美国出口的蔬菜增加。与此同时，由于蔬菜、水果等经济作物的收入需求弹性较高，随着人口的增加和收入水平的提高，需求量大增；而经济作物的市场化和商品化程度较高，价格上涨幅度较大，利润较高。因此，在出口需求和国内消费需求增长的影响下，大部分私人农业投资流入经济作物生产领域。

大量良田转产经济作物，基本作物投入减少，导致了粮食产量的下降。1965—1970 年玉米的年均收获面积为 762 万公顷，年均产量为 885 万吨，1971—1975 年分别减至 720 万公顷和 878 万吨。在粮食总产量方面，1968 年为 1500 万吨，1970—1977 年基本徘徊在 1600 万—1700 万吨之间。[1]

第三节　政府干预

土地分配为农业发展创造了条件，同时启动了农业现代化进程。农业现代化的主要目标有三个：一是尽快实现粮食自给自足；二是增加农产品的出口收入，支持进口替代工业化战略；三是提高国民的经济福利水平，增加农民的收入。

为了实现这些战略目标，在近半个世纪的时间里，墨西哥在发展中国家中率先启动了"绿色革命"，并运用财政、金融、"统购统销"、农业补贴、贸易保护等措施直接干预农业生产。政府干预为农业增长发挥了重要作用。但是，由于农村"二元"结构问题突出，长期的政府干预扭曲了资源配置，降低了农业生产效率。

一　推动以"绿色革命"为核心的农业现代化进程

20 世纪 60 年代初，随着"墨西哥小麦 1 号"的成功培育和广泛推广，人们将利用基因技术培育优良品种并加以推广的行为称为"绿色革命"，墨西哥被视为"绿色革命"的发源地。"绿色革命"为墨西哥的粮食增产发挥了重要作用。时至今日，许多国家仍将"绿色革命"作为农业发展的重点。

---

[1]　根据 FAO 的统计数据计算。

　　墨西哥有培育优良作物的传统，如古印第安人曾培育过几十种玉米品种。墨西哥取得独立后，农业是国民经济的支柱，农产品是主要出口商品，一些大型的庄园和种植园为了提高产量和出口能力，不断引进新品种，同时也培育一些杂交品种。迪亚斯是第一位制订农业研究计划的墨西哥总统，在其独裁统治末期（1905—1910年），曾选派留学生到欧美学习先进的农业技术，引进农学家进行新品种的培育和试种工作，在国立农学院（成立于1864年）开设育种专业，等等。

　　农业现代化有两个基本模式，即农业机械化模式和"绿色革命"模式。20世纪20—40年代墨西哥政府对这两种模式均进行了尝试，例如：设立"试验农场管理部"，建立试验农场，试种新品种；鼓励大中型农场从美国进口农业机械；兴修水利，增加灌溉面积；继续选派留学生到欧美学习先进农业技术；兴办农学院和农业专科学校，培育农业专家和技术人员；与欧美国家，特别是与美国开展国际合作，防治病虫害；等等。

　　卡德纳斯将机械化确定为农业现代化的核心，但在实施过程中却遇到了一些困难。一是农业机械化与进口替代工业化之间存在着冲突和矛盾。20世纪40年代墨西哥的进口替代工业化主要集中在轻工业和装配业，还没有建立起自己的重工业和机器制造业，因此所需的农业机械几乎完全依靠进口。在这种情况下，如果强行实施农业机械化战略，则需耗费大量外汇进口农业机械，从而影响进口替代工业化战略的实施。墨西哥政府所希望的是，通过农业现代化来促进进口替代工业化。二是绝大部分地区和农民不具备机械化条件。绝大部分农民的土地不足5公顷，且主要分布在中部、南部和东南部干旱、多山地带，他们除了少量的贫瘠土地外，几乎一无所有，不具备实现农业机械化的物质基础、自然条件和技术条件。

　　针对墨西哥的国情和进口替代工业化战略的需要，墨西哥政府于20世纪40年代中期将培育和推广良种确定为农业现代化的中心，以提高单位面积产量为目标。围绕着良种培育和农业研发问题，墨西哥形成了两派主张："科学民族主义"派主张走"独立自主"的道路，要求政府加大经费投入，建立完整的研发体系，摆脱长期高度依赖国外技术的困境；"拿来主义"派认为墨西哥缺乏农业专家和人才，更缺乏研究设施和设备，不具备独立进行农业研发的能力，必须进行国际合作，依靠引进先进技术和优良品种，促进墨西哥农业的发展。

　　墨西哥政府采纳了"科学民族主义"派的主张，通过大量培育和大面积推广优良品种，提高单位面积产量，实现粮食的自给自足。同时，也不排斥"拿来主义"派的主张，愿意在科学研究方面接受国外的援助。20 世纪 40 年代初先后成立的"试验农场办公室"和"特别研究办公室"拉开了墨西哥"绿色革命"的序幕。

"试验农场办公室"成立于 1940 年，一批"科学民族主义"派的农业专家在政府的大力支持下，采用杂交和基因技术，大量培育、试验和推广优质农作物品种。1940—1946 年在全国设立了 10 个试验农场，先后培育了十几种玉米新品种，如为瓜托华托州培育的瓜那华托 16 号和瓜那华托 21 号，为哈利斯科州培育的哈利斯科 35 号，为墨西哥谷地培育的耐旱型查宾格 1 号和伊达尔哥 7 号，等等。在小麦育种方面，为墨西哥北部地区培育了两种抗病小麦新品种。在出口型经济作物方面，1944—1946 年培育了芝麻新品种；为了适应第二次世界大战引起的对天然橡胶的巨大需求，1942 年从苏门答腊、爪哇、马来西亚、菲律宾等地引进橡胶品种，1945 年在韦拉克鲁斯州建成了第一个橡胶种植园；1944—1945 年引进了 120 多种甘蔗并进行试种；等等。1947 年"试验农场办公室"变更为农业研究所。1947—1960 年农业研究所是农业研究的主导机构，在执政党和政府的大力支持下，机构庞大，研究项目较多，范围较广，声势浩大。

"特别研究办公室"成立于 1944 年，是由美国的洛克菲勒基金会和墨西哥政府共同成立的，其宗旨是采用美国先进的农业技术，利用墨西哥丰富的种质资源，为墨西哥培育优良的作物品种，促进墨西哥的农业生产。与农业研究所不同，"特别研究办公室"进行的是一场"静悄悄的革命"，其研究工作从培育优质小麦开始。1944—1950 年先后培育了十几种高产杂交小麦；50 年代通过引进日本小麦的矮化基因，培育出矮秆新品种，不仅有效地解决了小麦的倒伏问题，还大幅度地提高了产量。1960 年培育的"墨西哥小麦 1 号"不仅在墨西哥广泛种植，还被许多发展中国家引种，产生了广泛影响。1960 年"特别研究办公室"并入农业研究所。

20 世纪 40—60 年代墨西哥共培育了 50 多种优质小麦和 30 多种优质玉米。与此同时，墨西哥还建立了庞大的农业教育体系，到 80 年代中期，全国已兴办 30 多所农学院和 600 多所农业专科学校，其中全国农林牧技术研究所（成立于 1985 年）、查宾格大学（其前身为成立于 1864 年的国立农学院）、安东尼奥·那罗农业自治大学、农业研究生院是农业科研和教学的四大支柱。

1966 年在世界粮农组织国际农业研究中心的支持下，成立了"国际玉米小麦改良中心"，专门从事玉米、小麦的育种工作。该中心已培育了几十种矮秆小麦和上百种优质玉米品种，不仅在墨西哥进行推广，而且还向发展中国家推广，是"绿色革命"的重要推动机构之一。

"绿色革命"为墨西哥的粮食增产发挥了重大作用，优良品种的推广明显提高了单位面积产量，如 1940—1965 年小麦的单位面积产量由 0.8 吨/公顷增至 2.2 吨/公顷[①]；在此期间，小麦的种植面积年均增长率仅为 1.4%，但其产量的年均增长率却高达 4.9%，单位面积产量提高是产量增加的主要原因[②]。

20 世纪 70 年代以后，单位面积产量的提高是粮食产量增加的主要原因。如表 3.3 所示，1970—1975 年玉米的年均收获面积为 724 万公顷，1980—1985 年略减至 704 万公顷，但是由于单位面积产量由 1.2 吨/公顷提高至 1.8 吨/公顷，玉米产量却由 880 万吨增至 1284 万吨，增加了 400 多万吨；小麦的年均收获面积仅增加了 27 万公顷（由 73 万公顷增至 100 万公顷），由于单产由 3.2 吨/公顷增至 4.2 吨/公顷，小麦产量由 233 万吨增至 420 万吨，增加了近 200 万吨；全部粮食作物的年均收获面积由 957 万公顷增至 1018 万公顷，仅增加 60 万公顷左右，由于平均单位面积产量由 1.6 吨/公顷增至 2.3 吨/公顷，粮食总产量由 1505 万吨增至 2372 万吨，增加了 800 多万吨。

表 3.3　　　　1970—1975 年和 1980—1985 年的玉米、小麦和全部粮食作物生产情况

		1970—1975 年	1980—1985 年
玉米	收获面积（万公顷）	724	704
	产量（万吨）	880	1284
	单位面积产量（吨/公顷）	1.2	1.8

---

① Hewitt de Alcántara, Cynthia, *La modernización de la agricultura mexicana 1940 - 1970*, México: Siglo XXI, 1978, p. 105.

② David Barkin, "The End to Food Self-Sufficiency in Mexico", Latin American Perspectives, Vol. 14, No. 3, Agriculture and Labor. (Summer, 1987), pp. 271 - 297.

续表

		1970—1975 年	1981—1985 年
小麦	收获面积（万公顷）	73	100
	产量（万吨）	233	420
	单位面积产量（吨/公顷）	3.2	4.2
全部粮食作物	收获面积（万公顷）	957	1018
	产量（万吨）	1505	2372
	平均单位面积产量（吨/公顷）	1.6	2.3

资料来源：根据 FAO 的农业统计数据计算。

二 政府直接干预农业

在推进"绿色革命"的同时，墨西哥政府还运用财政、金融、"统购统销"、农业补贴、贸易保护等措施直接干预农业生产。政府干预的主要措施有以下 5 项。

1. 农业基础设施建设

灌溉工程是农业基础设施建设的重点。

墨西哥大部分国土属干旱和半干旱地区，因此发展水利工程是农业现代化的重要措施之一。早在 20 世纪 20 年代，墨西哥就开始兴建水利工程，1926 年成立了全国灌溉委员会，颁布了《灌溉法》。

1946—1975 年是墨西哥兴建水利工程的高峰期。1946 年取消了全国灌溉委员会而代之以水利部，由该部负责全国的农田水利工程建设和水资源管理工作；同时，该部下设一系列流域委员会，具体负责流域性的大型水利工程。1975 年以后，新建的水利工程较少，主要是对已建成的水利工程进行升级改造，提高其使用效率。为此，在 1975 年制订了第一个"全国水利计划"，1976 年成立了全国水利计划委员会。

20 世纪 50—60 年代用于农田水利建设的投资占政府总投资的 11%。[①] 早期的水利工程主要集中在北部和西北部地区，重点是兴建大型灌溉工程，扩大商品农业的规模。60 年代以后，农田水利建设转向农村落后地区，重点是中小型灌溉工程。

随着大批水利工程的兴建，灌溉面积迅速扩大。1947—1970 年新增

① 杨茂春：《墨西哥农业现代化道路初探》，《拉丁美洲研究》1985 年第 4 期。

灌溉面积约 184 万公顷。1975 年的灌溉面积约为 488 万公顷，是 1945 年（64 万公顷）的近 8 倍，灌溉面积占耕地面积的比重也由 9.9% 提高至 32.3%。[①]

2. 建立国有农资企业，补贴农业投入

在良种推广方面，20 世纪 40 年代中后期先后成立了"全国玉米委员会"和"良种推广委员会"，负责组织和监督有条件的农民种植良种。国家村社信贷银行以提供优惠贷款等方式鼓励农民种植良种。1960 年墨西哥政府成立了国家良种公司，授权该公司全面组织和实施良种推广工作。政府还利用财政补贴等手段鼓励有条件的农场成为国家良种公司的育种基地，大量生产良种。在政府的大力推动下，优良作物的种植面积迅速扩大，如 1963 年新型抗倒伏小麦的种植面积占小麦播种总面积的 95%[②]，优良品种的推广明显提高了单位面积产量。

在肥料方面，自 20 世纪 40 年代起，墨西哥政府就高度重视肥料的生产和使用。一方面，努力增加国内肥料的产量。1943 年墨西哥政府成立了鸟粪肥料公司，利用沿岸岛屿丰富的鸟粪生产肥料，后来也生产鱼粉肥、骨肥和过磷酸钙等肥料。1949 年建成拉美地区第一座硫酸铵化肥厂。20 世纪 50 年代随着肥料需求量大幅度增加，私营氮肥厂和磷肥厂取得较大发展。60 年代中期墨西哥政府对化肥工业实施国有化，组建了全国化肥公司，建立起完整的化肥工业体系，使化肥产量逐年提高。另一方面，墨西哥政府鼓励农民使用化肥，并指导农民合理使用化肥。60 年代末，墨西哥政府实施全国化肥化计划，农业部门和全国化肥公司在各州成立"化肥化委员会"，以优惠价格、发放贷款等方式，鼓励农民使用化肥。1961—1980 年化肥使用量大幅度增加，80 年代初全国 60% 以上的耕地使用化肥，每公顷耕地的化肥使用量由 1961 年的 10 公斤左右增至 1980 年的 80 公斤左右。[③]

在农业机械化方面，早在 20 世纪初墨西哥政府就注意到农业机械化问题。1918 年墨西哥政府从美国进口了 112 台拖拉机，以原价出售给大型私营农场使用。1928 年墨西哥政府再次从美国进口 1 万多台农业机械，

[①] 詹武、王贵宸：《墨西哥农业的发展战略（上）》，《农业经济问题》1983 年第 6 期。

[②] The University of Minnesota College of Ag, Food and Environemental Sciences, "The Beginning of the Green Revolution", www. agbioworld. org.

[③] FAO 统计数据。

主要有拖拉机、脱粒机等，半价销售给私人农场和村社使用，同时邀请美国的农业机械生产厂家到墨西哥各地巡回演示农业机械的使用方法。40年代以后，尽管墨西哥政府将培育优良品种作为农业现代化的核心，但并没有完全放弃对农业机械化的推动。墨西哥政府改变了以往全面推广农业机械的做法，转而鼓励条件较好的灌溉区和大中型私人农场提高农业机械化程度。1965年墨西哥开始生产拖拉机，1966年的产量为467台，1974年增至7000多台。[①] 1970年墨西哥全国共有91354台拖拉机[②]，1980年增至115057台[③]。

3. 建立基本作物的"统购统销"体制

玉米、小麦、大豆等粮食和油料作物是基本作物。20世纪30年代中期至90年代初，对基本作物的生产、收购、销售、加工等进行直接干预是墨西哥农业发展战略的一个重要特点。

1937年墨西哥政府成立了"小麦监管委员会"，1941年被"全国基本作物监管和分配委员会"取代，1947年更名为"基本作物进出口公司"，其基本职能是负责玉米、小麦、大豆等3种基本作物的收购、销售和进口。1947年还成立了"价格指导总局"，负责设定农产品零售价格的上限。墨西哥政府成立这些机构的主要目的是为了保障基本作物的价格，增加农民的收入，激发农民的生产积极性，如规定农民在销售玉米、小麦和大豆时，如果不能以较高的价格自由出售，则可以按保障价格卖给国有粮食购销机构。但在实际执行过程中，由于经验不足，没有取得预期的效果。一是保障价格变成了最高限价，农民必须按保障价格将玉米、小麦和大豆出售给国有购销企业，否则将不能得到优惠贷款和政府补贴。二是保障价格出现了较大幅度的下降，1939—1949年玉米的保障价格下降了12%，小麦下降了18%，大豆下降了25%。1953年墨西哥政府开始上调这3种基本作物的保障价格，年均上调幅度为7%，但是化肥等农用物资的价格年均上涨幅度却高达17%。在这种情况下，一方面农民的收入没

---

① Hilda Yumiseva, *Mexico: Government Intervention on Agricultural Prices* (*Volume II*), AGREP Division Working Paper No. 4, Agriculture & Rural Development Department, World Bank, March 1978.

② Hewitt de Alcántara, Cynthia 1978, *La modernización de la agricultura mexicana 1940 – 1970*, Mexico City: Siglo XXI. 105.

③ FAO 统计数据。

能有效 r 增加，另一方面加重了政府的财政负担。1954 年政府的农业补贴支出为 2.23 亿比索，1958 年增至 3.6 亿比索。[①]

1961 年墨西哥政府将此前成立的几个粮食购销机构合并，组建"国民生活必需品公司"（简称 CONASUPO），其目的是管理主要农产品的市场流通，在生产者和消费者之间建立有效的、合理的联系，消除不必要的中间环节；向城市低收入家庭提供食品补贴，向农村的低收入农民提供农产品价格保障。[②]

通过遍布全国的分支机构和网络，国民生活必需品公司成为墨西哥食品产业链的重要掌管机构。20 世纪 60 年代初至 80 年代初，它主要有以下几项职能。

（1）负责 11 种农产品的"统购统销"，即按保障价格向农民统一征收玉米、小麦、大麦、大米、大豆、高粱、棉花、菜豆、椰干、芝麻、葵花籽。

（2）负责上述 11 种农产品的仓储、运输、加工和分销。

（3）食品加工和销售，除基本食品外，还涉及牛奶、奶粉的收购、进口、加工与销售。

（4）负责农产品的进口，是墨西哥唯一的农产品进口企业，曾一度成为全球最大的奶粉进口商。

（5）通过遍布城乡的食品店，向贫困家庭低价销售食品。

（6）在专业信贷机构的配合下，以较低的价格向农民提供化肥和良种。

按保障价格收购 11 种农产品是国民生活必需品公司最重要的一项职能，例如：1970 年玉米的保障价格为 940 比索/吨，而农村地区的平均价格为 905 比索/吨；1977 年前者为 2340 比索/吨，后者为 2250 比索/吨。[③]

1970—1982 年国民生活必需品公司通过保障价格向农民提供的补贴

---

①　Marvin Alisky，"CONASUPO：A Mexican Agency Which Makes Low-Income Workers Feed their Government Cares"，*Inter American Economic Affairs*，Vol. XXVII，No 3，1973.

②　Antonio Yunez-Naude，"The Dismantling of CONASUPO, a Mexican State Trader in Agriculture"，*The World Economy*，Volume 26，Issue 1.

③　Hilda Yumiseva，*Mexico：Government intervention on Agricultural Prices（Volume II）*，AGREP Division Working Paper，No. 4，Agriculture & Rural Development Department of World Bank，March 1978.

占 11 种农产品总产值的比重超过 30%。玉米是最重要的农产品，70 年代前半期农业补贴占玉米总产值的比重为 43% 左右，1977—1982 年为 49.5%，90 年代前半期（1994—1996 年）高达 58%[①]。

4. 建立农业信贷系统，发放农业贷款

20 世纪 20—70 年代前半期，墨西哥政府先后成立了一系列金融机构，用了半个世纪的时间，逐步形成了以三大银行和一个基金为核心的农村信贷系统。

三大银行是指全国农业信贷银行、全国村社信贷银行和全国农牧业银行。全国农业信贷银行是第一家农业信贷银行。1926 年墨西哥政府颁布了《农业信贷法》，决定建立全国农业信贷银行以及地方性和区域性农业信贷机构，促进农村地区的经济和社会发展。同年 3 月，全国农业信贷银行成立，注册资本为 5000 万比索[②]，是一个储蓄和贷款银行，负责向农业部门发放贷款和补贴。该银行的成立标志着农业信贷系统的诞生。

1926 年 3 月 16 日颁布了《村社农业银行法》，在杜兰戈州、奇瓦瓦州、瓜那华托州、伊达尔哥州、墨西哥州、米却肯州、普埃布拉州、哈利斯科州等 8 个州成立了 8 家银行，每家银行的注册资本为 20 万比索，负责向村社社员提供贷款和补贴。1935 年在这 8 家银行的基础上成立了全国村社信贷银行。

1965 年，墨西哥政府又成立了全国农牧业银行。1975 年，全国农业信贷银行、全国村社信贷银行和全国农牧业银行合并，组建农村银行。

一个基金是指农业信托基金（简称 FIRA），成立于 1954 年，隶属于墨西哥的中央银行，即墨西哥银行。

1940—1969 年按 1960 年比索不变价格计，全国农业信贷银行发放贷款累计 142.8 亿比索，全国村社信贷银行贷款累计 212.2 亿比索，两家银行的贷款合计达 355 亿比索。[③]

5. 实行进口许可证制度，严格限制农产品进口

1961—1985 年实行进口许可证制度的农牧产品达 800 多种，国民生

---

① Yunez-Naude, A. & Barceinas F., "Efectos de la desaparición de CONASUPO en el comercio y los precios de los cultivos básicos", *Estudios Económicos*, July-Dec, 2000, pp. 189 - 227.

② Soto Ibañez, Herrera Santiago y García Santillán, "Evolución de la banca de desarrollo rural en México y su justificación teórica", en *Observatorio de la Economía Latinoamericana*, No. 89, 2007.

③ 詹武、王贵宸:《墨西哥农业的发展战略（上）》,《农业经济问题》1983 年第 6 期。

活必需品公司是唯一的农产品进口机构。玉米、高粱、小麦、大豆、燕麦、棉花、葵花籽等是主要进口农产品，其进口额占农产品进口总额的80%—90%。

除上述主要措施外，墨西哥政府还采取财政手段发展农业保险，对参加保险的农民给予40%—60%的补贴。20世纪60—70年代每年参加保险的作物面积有150多万公顷，约占种植总面积的10%。

三　政府干预的主要弊端

根据舒尔茨的"改造传统农业"理论，政府要采取市场方式改造传统农业，同时提供并推广新的生产要素；如果政府用行政命令的方式改造传统农业，必然会束缚农民的生产积极性。

在提供并推广新的生产要素方面，墨西哥政府一直是农业投入的主体，在近半个世纪的时间里，农业投入和农业补贴一直是财政支出的大项，特别是农田水利的建设几乎完全由政府投资。"绿色革命"、良种的推广、化肥的普遍使用使墨西哥提高了基本作物的单位面积产量，灌溉面积的扩大促进了商品农业和经济作物的发展，特别是出口型经济作物的发展。农业投入为农业发展发挥了巨大作用。

但是，墨西哥政府是以行政干预的方式向农民提供农业投入和农业补贴的，实践表明，行政干预有以下4个明显的弊端。

1. 压制了农民的积极性

为了保障粮食供给，墨西哥政府规定，农民不得自行调整土地的用途和种植结构，否则将得不到政府的农业补贴。在这种情况下，村社不能自行调整土地用途和种植结构，无法将草场地、林地等改良为耕地，也不能将种植玉米、小麦等基本作物的耕地用于种植产值较高、需要劳动力较多的经济作物。一般情况下，社员不能雇佣劳动力，除非能够证明自己已尽了全力但仍不足以耕种自己的土地时。在土地分配仍在继续的情况下，大中型自耕农也不愿意扩大耕地面积，或将草场改良为耕地，扩大农作物种植面积，以避免土地被征收的风险。

2. 大部分农民得不到农业补贴

国民生活必需品公司是政府干预农业的重要机构，1965—1982年墨西哥联邦政府通过该公司向农民提供的农业补贴约占联邦政府财政转移支付的1/3，农业补贴的主要对象是玉米、小麦、水稻、高粱、大豆等基本作物。

农业补贴的一个突出特点是以销量定补贴，即农民必须向国民生活必需品公司出售农产品才能获得农业补贴，出售的越多，得到的补贴越多。这一特点决定了绝大部分自给型农民很难得到农业补贴。自给型农民是农村的主体，其数量约占农民总数的60%，而60%以上的自给型农民由于产量较低，勉强能够自给，甚至自给不足，只有少部分自给型农民能够有少量的剩余粮食出售给国民生活必需品公司。

3. 大部分政府投入和农业贷款用于发展商品农业

政府投入主要用于兴修水利，但大部分水利工程集中在北部和西北部地区，而这两个地区恰恰是墨西哥出口型商品农业的主产区。良种、化肥、农业机械等也主要是在规模较大、土质较好、收入较高的商品农业和商品型农民中优先推广和使用。20世纪50年代以后，为了鼓励商品农业的发展，墨西哥政府一方面尽量减少甚至停止土地征收和分配，另一方面默许商品型农民以土地租赁、兼并等方式将村社和小自耕农的灌溉田、雨水充足的良田集中到自己手中，以扩大生产规模。在这种情况下，大部分政府投入、农业补贴、农业贷款等集中在商品农业和商品型农民手中，自给型农民得到的政府投入和农业贷款则很少。以农业贷款为例，村社社员不得以土地作为抵押向银行申请贷款，他们必须通过其所在的村社集体申请贷款，这导致了三个后果：一是有限的贷款不能有效地配置给生产效率较高的社员；二是"搭便车"现象突出，违约问题严重，坏账较多，社员通过村社获得的贷款，大部分用于消费，并没有真正用于发展生产；三是农业贷款的主要支持作物是基本作物，制约了村社种植结构的调整和经济作物的发展。绝大部分村社社员属自给型农民，发放给这些农民的贷款只能用于生产收益较低的基本作物且使用效率普遍较低，意味着贷款的偿还能力较低；社员通过村社集体性地申请贷款，"搭便车"问题严重，意味着贷款的违约风险很高。因此，无论是商业银行还是政策性金融机构，均不愿意向自给型农民提供贷款。

4. 不利于提高绝大多数农民的收入水平

工资收入、农业生产收入和转移支付收入是农村家庭的主要货币收入来源。如表3.4所示，1975年农村地区的家庭平均货币收入为538美元，其中：工资收入247美元，占45.9%；农业生产收入178美元，占33.1%；转移支付收入38美元，占7.1%。工资收入、农业生产收入和转移支付收入三项合计占86.1%。

表 3. 4　　　　　1975 年农村地区的家庭平均货币收入

	家庭平均收入（美元）	收入构成（%）
1. 劳动报酬收入	497	92. 4
（1）工资收入	247	45. 9
（2）农业生产收入	178	33. 1
（3）非农业生产收入	73	13. 6
2. 转移支付收入	38	7. 1
3. 资产收入	1	0. 1
合计	538	100. 0

资料来源：World Bank, "Income Distribution and Poverty in Mexico", World Bank Staff Working Paper, No. 395, June 1980.

农业生产收入主要是指销售农产品获得的货币收入，转移支付收入中绝大部分是基本作物的销售补贴收入。占农民总数60%左右的自给型农民，其生产的粮食主要用于自己的消费，甚至还有一部分不能自给自足，农产品销售收入和由此而获得的转移支付收入较为有限，因此工资收入是他们的主要货币收入来源。而对于大量的无地农民来说，工资收入可能是其唯一的货币收入来源。

为了增加工资收入，自给型农民和无地农民四处流动，寻找就业机会。20 世纪 60 年代中期以前，主要有两个流动方向：一是流向本国的城市地区，进口替代工业化和城市化进程创造了相对较多的就业机会；二是流向美国，主要是到美国西南部的农场打工，在 50—60 年代，每年有数十万人在墨、美之间流动。60 年代中期以后，虽然工业化进程推进到重化工业化阶段，创造的就业机会却趋于减少。正如美国著名发展经济学家托达罗指出的那样，在农村人口流入城市和城市失业同步增长的情况下，由于技术进步使资本有机构成提高，工业产出的增长必然大于对劳动力的需求的增长，工业部门创造的就业机会总是不能满足劳动力完全转移的需要。与此同时，由于美国方面加强了对非法移民的控制，墨西哥农民进入美国的难度和成本增加，限制了墨西哥农民向美国的流动。

在上述情况下，大部分农村地区的富余劳动力（主要是无地农民和自给型农民）只能在农村地区寻找就业机会，如到农场去打工。由于富余劳动力较多，而农业部门创造就业机会的能力被大大限制，因此工资水平不断降低，1950—1960 年农业工人的年均工资收入从 850 比索降到 700 比索，1969 年降至 499 比索，84% 的农业工人在一年中只能工作半年，其他时间找不到工作。①

---

① World Bank, "Income Distribution and Poverty in Mexico", *World Bank Staff Working Paper*, No. 395, June 1980.

第四章

墨西哥农业改革开放

1982 年墨西哥政府宣布无力偿还到期的外债本息，引发了债务危机。在债务危机的影响下，墨西哥放弃了政府干预和高度保护的进口替代工业化战略，转向市场主导的外向型经济发展战略。为了实施发展战略的转型，墨西哥政府进行了一系列的改革，主要措施有贸易开放、经济市场化、价格非管制化、私有化，等等。

农业改革开放是墨西哥发展战略转型的重要组成部分。1986 年墨西哥加入"关税及贸易总协定"，全面启动了农业的改革开放进程。1992 年对《1917 年宪法》第 27 条的修订和 1994 年北美自由贸易协定的生效，使农业改革开放快速、全面地展开。1992 年的《新土地法》、北美自由贸易协定、2001 年的"农村可持续发展法"构成了农业改革开放的基本制度框架，农产品贸易自由化、粮食流通市场化、村社土地私有化以及构建农业支持政策体系是农业改革开放的基本内容。

第一节　农产品贸易自由化

在开放的市场经济条件下，自由贸易能够发挥墨西哥的比较优势，促进经济增长，提高国民的福利水平。为此，墨西哥政府于 20 世纪 80 年代中期开始改革对外贸易体制，放弃贸易保护，实行贸易开放。贸易开放的基本政策是减少或取消非关税贸易壁垒，降低关税，实行自由贸易；主要措施是单边开放、加入多边贸易组织、签订双边或多边自由贸易协定，等等。

农产品贸易自由化是贸易开放的重要组成部分，通过双边或多边自由贸易安排，墨西哥的农业部门对外开放，其对外开放程度居发展中国家前列。

一　农产品贸易自由化是贸易开放的重要组成部分

无论是在多边贸易体制框架内还在双边贸易方面，农产品贸易一直是较为敏感和复杂的谈判领域。对于墨西哥而言，农产品贸易的地位已大大降低，20 世纪 80 年代以来农产品贸易额占贸易总额的比重仅为 10% 左右。同时，墨西哥贸易开放的主要目标是促进工业制成品的出口和吸引外资。尽管如此，墨西哥政府仍将农业开放作为贸易体制改革的重要组成部分，农产品贸易自由化是重要的战略举措。

20 世纪 40 年代至 80 年代初，贸易保护是实施进口替代工业化的重要措施之一，进口许可证制度是基本的贸易保护政策。自 1984 年开始，墨西哥开始对外贸体制进行改革，逐步取消进口许可证制度，代之以统一的关税制度。墨西哥的贸易开放进程可以划分为以下三个阶段。

第一个阶段（1984—1985 年）为单边开放阶段，基本措施是取消进口许可证，代之以进口关税。1984 年 12 月德拉马德里政府取消了 711 种商品的进口许可证，1985 年 7 月又取消了 2064 种商品的进口许可证，这些商品占进口总额的 16.4%。[①]

第二个阶段（1986—1992 年）为贸易自由化的准备阶段。1986 年墨西哥加入"关税及贸易总协定"，大幅度削减进口许可证。到 1989 年，98% 的商品进口不再需要进口许可证。

第三个阶段（1993 年至今）为全面实施贸易自由化阶段，双边自由贸易协定是主要的措施和手段。1992 年 8 月墨西哥、美国、加拿大签订北美自由贸易协定，该协定于 1994 年 1 月 1 日正式生效。1995 年墨西哥作为创始会员国加入世界贸易组织。如表 4.1 所示，1993—2005 年墨西哥先后与 44 个国家签订了 12 个自由贸易协定。墨西哥不仅是签订自由贸易协定最多的发展中国家之一，也是与欧盟、美国和日本这三大发达经济体均签订自由贸易协定的发展中国家。

伴随着贸易开放进程，墨西哥的农业开放经历了单方面削减进口许可证、降低农产品进口关税和实现农产品自由贸易三个步骤。农产品的贸易开放有两个特点：一是保留了一定程度的非关税壁垒（主要是进口许可证和配额制）；二是农产品贸易自由化进程较为缓慢。

---

① 苏振兴主编：《拉丁美洲的经济发展》，经济管理出版社 2000 年版，第 398 页。

在贸易开放的第一个阶段，绝大部分农产品的进口仍需进口许可证，如1984年有780种农产品实行进口许可证制度①。在第二个阶段，为实施农产品贸易自由化创造条件，在保留进口许可证制度的同时，大幅度降低平均关税税率。1988年27%的农产品实行进口许可证制度，其他农产品的平均关税税率为19%，最高关税为40%。1990年在北美自由贸易协定谈判正式开始前夕，仍有12%的农产品继续实行进口许可证制度，但平均关税税率降至10%，最高关税为20%。② 1986—1992年实施进口许可证制度的农产品主要是小麦、玉米、大豆等粮食和油料作物，其进口额占农产品进口总额的60%—80%，这意味着农产品的贸易保护程度仍然较高。

表4.1　　　　　　　　　　墨西哥签订的自由贸易协定

自由贸易协定	生效日期	是否包含农产品自由贸易
北美自由贸易协定③	1994年1月	是
3国集团④自由贸易协定	1995年1月	否
包括墨西哥—哥斯达黎加自由贸易协定	1995年1月	是
墨西哥—玻利维亚自由贸易协定	1995年1月	是
墨西哥—尼加拉瓜自由贸易协定	1998年7月	是
墨西哥—智利自由贸易协定	1999年8月	否
墨西哥—欧盟自由贸易协定	2000年7月	否
墨西哥—以色列自由贸易协定	2000年7月	否
墨西哥—北部三角⑤自由贸易协定	2001年1月	否
墨西哥—欧洲自由贸易同盟⑥自由贸易协定	2001年7月	否
墨西哥—乌拉圭自由贸易协定	2004年7月	否
墨西哥—日本经济联合协定	2005年4月	否

① 钟熙维：《进口替代和新自由主义模式下的墨西哥农业和食品业》，《拉丁美洲研究》2008年第30卷第1期。

② United States Trade Commission（USITC），*Review of trade and investment liberalization Measures*，Phase I，Monograph，USITC Publication No. 2275，1990.

③ 3个成员国为：墨西哥、美国、加拿大。

④ 即墨西哥、哥伦比亚、委内瑞拉。自2006年11月以来，委内瑞拉退出了自由贸易协定，墨西哥和哥伦比亚仍在继续执行该协定。

⑤ 包括萨尔瓦多、危地马拉、洪都拉斯。

⑥ 包括瑞士、挪威、冰岛和列支敦士登。

在贸易开放的第三个阶段，墨西哥政府坚定地推行农业开放和农产品贸易自由化政策，并借助贸易自由化来推动国内的农业改革。一方面，进一步削减进口许可证等非关税贸易壁垒，1993 年只有玉米、菜豆、小麦、燕麦、土豆等少部分农产品仍在实行进口许可证制度。另一方面，在世界贸易组织的多边贸易体制框架内，按照"最惠国待遇"（MFN）原则开放农产品市场。1995 年以来，墨西哥的农产品进口 MFN 约束关税最高为45%，绝大部分在 35% 以下。但在实际执行中，99% 以上农产品的执行 MFN 关税低于 MFN 约束关税，只有马铃薯、葡萄、咖啡、小麦、大麦、玉米等少数几种农产品的执行 MFN 关税高于 MFN 约束关税。如表 4.2 所示，马铃薯的 MFN 约束关税为 36%，执行的 MFN 关税为 245%；玉米的 MFN 约束关税为 36%，而执行的 MFN 关税为 10%—194%，平均为122.4%；小麦的 MFN 约束关税为 45%，而执行的 MFN 关税为 67%；等等。

最为重要的是墨西哥将农产品贸易自由化纳入双边自由贸易协定。如表 4.1 所示，在已签订并生效的 12 个自由贸易协定中，有 4 个包含农产品自由贸易，即北美自由贸易协定、墨西哥—哥斯达黎加自由贸易协定、墨西哥—玻利维亚自由贸易协定和墨西哥—尼加拉瓜自由贸易协定。墨西哥与哥斯达黎加、玻利维亚、尼加拉瓜之间 95% 以上的农产品贸易实现了自由化，但由于墨西哥与这 3 个国家的农产品贸易量和贸易额较为有限，影响也较小。对墨西哥农业影响最大的是北美自由贸易协定。

表 4.2　墨西哥部分农产品的 MFN 约束关税和执行的 MFN 关税　　单位:%

	MFN 约束关税	执行的 MFN 关税
马铃薯	36	245
葡萄	36	45
咖啡	36	72
小麦	45	67
大麦	45	9—115.2，平均为 79.8
玉米	36	10—194，平均为 122.4

资料来源：世界贸易组织数据。

二　墨美农产品贸易自由化

北美自由贸易协定是第一个在发展中国家和发达国家之间签订的、全面实现农产品贸易自由化的协定。由于农产品自由贸易相对较为复杂，墨西哥、美国、加拿大三国采取了"双边安排"的方式，即墨西哥—美国农产品自由贸易、墨西哥—加拿大农产品自由贸易、美国—加拿大农产品自由贸易。

墨西哥政府认为，农业保护是农业长期停滞的一个重要原因。高度保护扭曲了资源配置，一方面使大量的生产要素和政府投入集中在不具有竞争优势、产值较低的基本作物生产领域，生产成本较高，不仅不能有效地增加农民的收入，而且带来了巨大的国民经济福利损失；另一方面出口型经济作物则因生产成本较高而不能有效地发挥竞争优势。因此，在农产品贸易迅猛增长的时代，墨西哥却由农产品净出口国变成了净进口国。在经济全球化趋势不可逆转、墨美经济一体化程度不断加深的背景下，通过与美国、加拿大的农产品自由贸易，将劳动力、资本、土地等生产要素从不具有竞争优势的农业生产领域转移到具有竞争优势的生产领域，能够有效地提高农业生产力。

第一，农业开放是把握历史机遇的必要举措。

农业作为一个经济部门，也是经济全球化进程中的一个重要组成部分。贸易和投资是经济全球化的主要表现形式，农业也不例外。1961—1991 年全球农产品出口总额由 322 亿美元增至 3292 亿美元，增长了 10 倍多[①]。1988—1997 年流入美国、加拿大、澳大利亚、欧共体等发达国家农业部门的外国直接投资由 5.6 亿美元增至 18.4 亿美元，流入发展中国家农业部门的外国直接投资由 5.7 亿美元增至 17.8 亿美元。[②]

部分发达国家和发展中国家的农产品出口迅猛增长。1961—1991 年美国的农产品净出口额由 71.5 亿美元增至 214.8 亿美元，澳大利亚由 14.9 亿美元增至 141.8 亿美元，法国由 -9.1 亿美元增至 126 亿美元，阿根廷由 8.5 亿美元增至 105.3 亿美元，巴西由 9.6 亿美元增至 98.4 亿元，泰国由 3.5 亿美元增至 40 亿美元。在这 30 多年间，阿根廷、巴西、

---

① FAO 统计数据。
② UNCTAD，*International Trade Statistics Yearbook 1999*，UN：1999.

泰国等发展中国家的农产品净出口额均增长了 10 倍以上。在农作物方面，谷物、水果和蔬菜等是主要出口农产品，约占全球农产品贸易量的 90%。1961—1991 年谷物出口额由 50 亿美元增至 335 亿美元，增长了近 6 倍，其中：玉米由 7 亿美元增至 87 亿美元，小麦由 25 亿美元增至 141 亿美元；水果和蔬菜出口额由 34 亿美元增至 545 亿美元，增长了 15 倍，其中西红柿由 1.5 亿美元增至 20 亿美元。[①]

墨西哥是一个农产品贸易大国，水果和蔬菜是其主要出口农产品，而玉米、大豆等是其主要进口农产品。同其他几个发展中国家相比，墨西哥的农业部门表现一般。1961—1970 年墨西哥农产品年均净出口额为 5.9 亿美元，1971—1980 年减至 2.9 亿美元，1981—1990 年为 - 7.1 亿美元，1991—1994 年则为 - 25 亿美元。[②] 流入墨西哥农业部门的外国直接投资非常有限，20 世纪 70 年代初至 90 年代初，平均每年流入农业部门的外国直接投资仅为几百万美元。

高度保护使墨西哥农业部门没有抓住历史机遇。1984 年以前，100% 的农产品进口需要进口许可证。在长期的贸易保护状态下，70% 以上的耕地和劳动力主要从事基本作物的生产，政府的农业补贴也集中在玉米、小麦、高粱、大豆等 11 种基本作物上。这种状况使墨西哥的经济作物和基本作物均没有国际竞争力。1985—1989 年墨西哥的蔬菜、水果等主要出口农产品的生产者价格，其平均水平高于国际市场（主要是美国市场）价格 30%，而玉米、小麦、大豆等基本作物则高于国际市场价格 70%。[③] 到 1991 年时，墨西哥的农业开放进程已进行到第 8 个年头，墨西哥最重要的出口农产品——西红柿，其国内的生产者价格为 333 美元/吨，是美国（112 美元/吨）的近 3 倍；墨西哥玉米的生产者价格为 244 美元/吨，也是美国（93 美元/吨）的近 3 倍。[④]

针对上述农业保护的弊端，墨西哥政府认为，要想抓住历史机遇，积极应对经济全球化带来的机遇与挑战，就必须实施农业开放战略，而墨、

---

①　FAO 统计数据。

②　根据 FAO 的统计数据计算。

③　Santiago Levy and Sweder van Wijnbergen，"Mexican Agriculture in the Free Trade Agreement：Transition Problems in Economic Reform"，*OECD Development Centre Working Paper*，No. 63，May 1992，OCDE/GD（92）77.

④　FAO 统计数据。

美之间的农产品贸易自由化则是农业开放战略的关键举措。

第二，墨美农产品自由贸易是农业开放的战略举措。

墨美农产品贸易自由化之所以是农业开放的战略举措，是因为两国的农业一体化程度不断加深，其表现形式为美国是墨西哥蔬菜、水果等农产品的主要出口市场和玉米、小麦等粮食的主要进口来源国，墨西哥则是美国冬季蔬菜、水果的主要供应国和玉米、小麦等粮食的主要出口市场之一。

由于地理位置的原因，墨西哥的农业一直与美国密切相联。19 世纪中后期，美国对棉花、蔗糖、咖啡、烟草等热带农产品的需求迅速增加，同时还修建了连接墨西哥与美国的铁路，有力地推动了墨西哥热带农产品的生产和出口，绝大部分热带农产品出口到美国。仅以咖啡为例，1873—1879 年短短 7 年时间，墨西哥向美国的咖啡出口额就增长了 4 倍多，由 31 万多美元增至 137 万多美元。① 美国也是墨西哥农业部门最主要的外资来源国，19 世纪后半期美国企业在墨西哥农业部门的投资达到 12 亿美元，超过了墨西哥本国农业投资的总和，美国的企业在墨西哥拥有 500 万公顷的种植园和牧场。②

在 20 世纪，特别是自 60 年代起，两国间的农产品贸易快速发展，农业一体化程度不断提高。在出口方面，1966—1970 年水果、蔬菜以及蔗糖、咖啡等热带农产品的年均出口额约为 3 亿美元，占农产品出口总额的 43.2%；1986—1990 年年均出口额增至 16.7 亿美元，占农产品出口总额的比重升至 65%。在进口方面，自 70 年代中期开始，墨西哥开始大量从美国进口玉米、小麦等谷物，1973—1981 年玉米和小麦的累计进口量分别为 1673 多万吨和 586 多万吨，1982—1992 年分别增至 2837 多万吨和 608 多万吨。③

墨、美两国农业的一体化基于两国农业的互补性。同美国相比，墨西哥的农业部门拥有三个方面的明显优势：①气候多样性程度高，且大部分属热带气候；②劳动力成本低，仅为美国的 1/10；③土地价格较低。同

①　Mabel M. Rodríguez Centeno，"México y las Relaciones Comerciales con Estados Unidos en el Siglo xix：Matías Romero y el Fomento del Café"，*Historia Mexicana*，XLV：4，El Colegio de México，1996，p. 749.

②　冯秀文等：《拉丁美洲的农业发展》，社会科学文献出版社 2002 年版，第 125 页。

③　根据 FAO 的统计数据计算。FAO，*FAOSTAT*，http：//faostat. fao. org.

时，墨西哥有八个方面的劣势：①土地资源相对有限，且土质较差；②94%的耕地属干旱或半干旱土地；③仅有550万公顷水浇地，约占全部耕地的1/3；④每个农业工人耕种4.3公顷耕地，农民人均耕地1.2公顷；⑤只有7%的农民使用现代农业生产技术；⑥玉米的生产成本是美国的1.2倍；⑦政府对农业部门的支持力度相对较小；⑧缺乏资金。优势互补的结果是墨西哥应该向美国出口热带农产品和反季节水果、蔬菜，从美国进口谷物。①

同墨西哥相比，美国的农业部门拥有7个方面的优势：①大部分土地地处温带，适于种植谷物；②有1.91亿公顷永久性耕地，是墨西哥的近8倍，且绝大部分耕地不需要灌溉；③每个农业工人耕种104公顷耕地，每户农民拥有25公顷耕地；④农民普遍使用现代农业生产技术；⑤玉米产量约为8吨/公顷，是墨西哥的2倍以上；⑥谷物年产量3亿多吨，是墨西哥的13倍；⑦政府对农业的支持力度较大。同时，美国农业部门有两个方面的劣势：①热带农产品不足，佛罗里达、加利福尼亚两个州的产量不足以满足国内消费，需大量进口热带农产品；②冬季的蔬菜、水果供应量不足，需大量进口。优势互补的结果是美国可以向墨西哥出口谷物，从墨西哥进口热带农产品和反季节蔬菜、水果。②

李嘉图认为，在所有的土地资源都被利用了以后，在开放条件下，通过科技进步、对外贸易等途径可以"使劳动得到最有效和最经济的分配，从而增加生产总额"。③ 基于这一理论，墨美农产品自由贸易的支持者认为，墨西哥的可耕地资源有限且已基本充分使用，因此墨西哥应该充分发挥农业比较优势，大力发展出口型商品农业，没有必要将粮食自给作为战略目标。其主要依据是：从事粮食生产的主要是自给型农民，生产效率低、成本高，粮食价格高于国际市场价格；在追求粮食自给战略目标下，为了兼顾农民和城市消费者的利益，政府不得不高价收购粮食，低价销售给消费者，并给低收入家庭提供食品补贴。这样，政府每年必须花费数十亿比索，不仅成为沉重的财政负担，还制约了政府向其他领域进行投入的

---

① Magda Fritscher, "México y Estados Unidos: Un pacto agrícola desigual", Polis 91, *Anuario de Sociología*, México, UAM-I, 1991.

② Ibid.

③ ［英］李嘉图：《政治经济学及赋税原理》，郭大力、王严南译，商务印书馆1976年版，第113页。

能力，进而阻碍了其他领域的发展和全民生活水平的提高；但是，如果用墨西哥具有竞争优势的热带农产品和反季节蔬菜、水果等来换取美国的粮食，则情况完全相反，美国的粮食价格大大低于墨西哥国内的生产成本，而墨西哥的出口农产品在美国市场上价格较高，多数出口农产品的出口价格是美国粮食进口价格的几倍甚至十几倍，用出口农产品换回的外汇足以购买国内所需的粮食，不仅可以消除政府沉重的农业补贴负担，还能提高全民的福利水平。

墨、美自由贸易的支持者和墨西哥政府认为，从短期来看，部分不具有竞争优势的农民会受到冲击，但通过补偿和转移支付机制，可以使其损失降至最低。从长期来看，墨西哥农业部门从北美自由贸易协定获得的收益大于损失。①农产品贸易增长，农产品贸易收支状况将会得到改善。由于关税和非关税壁垒的削减或取消，农产品贸易将会大大增加。由于蔬菜、水果和热带农产品的国际市场（主要是美国市场）价格较高，基本作物的国际市场价格较低，因此出口收入的增长幅度将大于进口支出的增长幅度，从而改善农产品贸易收支状况。②农业部门的生产效率将会提高，具有竞争优势的蔬菜、水果等农产品的生产会增加，不具有竞争优势的基本作物的生产会减少，从而能够从整体上提高农业部门的生产效率。③要素收入将会增加，部分劳动力将会从无竞争优势的农业生产领域转移出来，大量土地和资本投向具有竞争优势的生产领域，从而增加要素收入。④主要农产品价格将会下降，基本作物的国际市场价格低于国内价格，甚至低于国内的生产成本，因此北美自由贸易协定将降低国内基本作物的价格，从而提高全民的福利水平。

三　墨美农产品贸易自由化的主要内容

北美自由贸易协定是第一个包含农产品自由贸易的自由贸易协定，1994 年 1 月 1 日正式生效，2008 年完全实现农产品自由贸易。

由于农产品自由贸易较为复杂，美国和墨西哥、美国和加拿大、墨西哥和加拿大分别达成了双边承诺。美国和加拿大早在 1989 年就签订了美加自由贸易协定，根据该协定，两国于 1998 年 1 月 1 日完全实现农产品自由贸易。该协定中关于农产品自由贸易的条款全部被纳入北美自由贸易协定。

墨西哥同美国之间的农产品自由贸易自 1994 年 1 月 1 日起分 6 种情

况进行实施：①大部分农产品的关税和非关税贸易壁垒立即取消，实行自由贸易；②部分农产品有 5 年的关税过渡期；③少量农产品有 10 年的关税过渡期；④个别农产品有 15 年的关税过渡期；⑤各自认为较为敏感的农产品，大部分有 10 年的关税配额过渡期；⑥个别敏感农产品有 15 年的关税配额过渡期。

北美自由贸易协定首次采用"关税配额"（TRQ）制。作为一种过渡机制，配额内的产品免征关税，配额外的产品征收关税；在过渡期内，进口配额不断增加，配额外的进口关税逐渐降低，直至过渡到完全自由贸易。玉米是墨西哥最敏感的农产品，采用了 15 年的关税配额过渡期。在北美自由贸易协定框架内，墨西哥 1994 年的玉米进口配额为 250 万吨，配额外的进口关税为 197 美元/吨；2007 年进口配额增至 367 万吨，配额外进口关税降至 17 美元/吨。[①] 自 2008 年起，墨美之间实现了玉米自由贸易。

1994—1998 年国民生活必需品公司和农业部负责分配玉米、大豆等农产品的进口配额。国民生活必需品公司于 1999 年撤销后，墨西哥政府于 2000 年成立了由经济部、农业部和私人企业代表等组成的配额分配委员会，采用直接分配、拍卖、政府采购和"谁先到、谁先得" 4 种方法来分配进口配额。玉米的进口配额直接进行分配，大豆进口配额通过拍卖进行分配。

第二节　粮食流通市场化

改革开放以前，经济作物基本一直实行市场机制，墨西哥政府的农业干预主要集中在粮食、油料等基本作物上。

改革的目的是减少政府干预，充分发挥市场的价格机制和资源配置功能。财政、金融领域的改革是普遍性改革，国有农资企业（如化肥公司、种子公司、农机公司等）也同其他大部分国有企业一样进行了私有化，集中反映农业市场化改革的是国民生活必需品公司的改革，改革的主要目的是实现粮食流通市场化。

---

① SECOFI, *Tratado de Libre Comercio de América del Norte*, *Fracciones arancelarias y plazos de desgravación*, México, 1994, pp. 78 – 80.

　　国民生活必需品公司是墨西哥的第二大国有企业，仅次于墨西哥石油公司。如表 4.3 所示，国民生活必需品公司拥有 10 个下属机构和 1 个配套机构，主要从事基本作物的收购、仓储、生产、加工、销售、零售、技术和金融服务等，纵向一体化程度很高，垄断性很强。

表 4.3　　　　国民生活必需品公司的下属机构、主要职能及改革措施

业务	企业名称	主要职能	改革措施
收购	PACE	向农民收购粮食和油料作物	撤销
仓储	PORUCONSA	农村地区的粮食仓储	关闭
	ANDSA	城市地区的粮食仓储	私有化
生产和加工	MICONSA	玉米面粉加工	私有化
	TRICONSA	小麦面粉加工	放弃
	ICONSA	食品加工	私有化
	LICONSA	为贫困家庭生产奶粉	大部分被私有化，少部分划拨给社会发展部，为贫困家庭加工牛奶
销售和零售	IMPESCA	以补贴价向食品加工企业销售粮食	放弃
	DICONSA	食品零售业务	部分被私有化，部分划拨给社会发展部，向贫困家庭提供低价食品
服务	CECONCA	向农民提供技术服务	放弃
	FIA	向食品生产企业提供金融支持	私有化

注：PORUCONSA 不属于 CONASUPO，但为其在农村地区提供粮食仓储服务。

资料来源：（1）Casco，A.，CONASUPO："A Case Study of State Trading Deregulation"，Paper presented at the Symposium：Globalization and its Impacts on Governmental Organization and Parastatals，Canadian Agricultural Economics Society，Ottawa，April，1999.

（2）Gurza Lavalle，A.，"La reestructuración de lo público：El caso CONASUPO"，UNAM，México，1994.

（3）OCDE，*Examen de las políticas agrícolas de México：políticas nacionales y comercio agrícola*，OECD，Paris，1997.

　　国民生活必需品公司是实施政府干预的重要机构，垄断着基本作物的收购和流通。1985 年以前，该公司负责确定玉米、小麦、大麦、椰干、棉花、菜豆、大米、芝麻、高粱、大豆和葵花籽等 11 种基本作物的保障价格，并按保障价格向农民收购这些农产品，同时负责农产品进口许可证

的发放和农产品进口。20 世纪 80 年代末 90 年代初，国民生活必需品公司的粮食购销量约占全国粮食消费总量的 1/3，拥有全国 70% 左右的粮食仓储设施。国民生活必需品公司是墨西哥联邦政府的财政支出大户。如图 4.1 所示，1974—1994 年国民生活必需品公司的财政支出占 GDP 的比重平均约为 0.5%，其中 1984 年的比重高达 1.2%。[①]

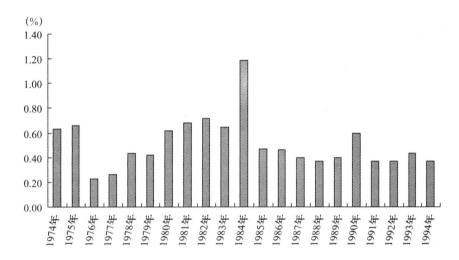

图 4.1　1974—1994 年国民生活必需品公司的财政支出占 GDP 的比重

资料来源：OECD，*Agricultural and Fishery Policies in Mexico：Recent Achievements，Continuing the Reform Agenda*，2006，p. 73.

国民生活必需品公司的改革是从 20 世纪 90 年代初开始的，历经两届政府，分三个步骤完成。第一步是取消大麦、椰干、棉花、大豆、大米、芝麻、高粱、葵花籽和小麦等 9 种农产品的保障价格，仅保留玉米、菜豆两种作物的保障价格；第二步是以"关闭、放弃、划拨、出售"等方式改组部分下属机构，取消食品生产企业的补贴；第三步是取消玉米饼（TORTILLA）的价格补贴和玉米、菜豆的保障价格，撤销国民生活必需品公司。

1990—1992 年萨利纳斯政府取消了上述 9 种农作物的保障价格，关

---

①　OECD，*Agricultural and Fishery Policies in Mexico：Recent Achievements，Continuing the Reform Agenda*，2006，p. 73.

闭了 PORUCONSA 在农村地区的仓储设施，停止了国民生活必需品公司的粮食初加工业务及其对小规模粮食收购商的金融支持。

塞地略政府彻底取消了国民生活必需品公司的收购和加工业务，将其下属的 MICONSA（玉米面粉加工）私有化，放弃 TRICONSA（小麦面粉加工），改组 DICONSA 和 LICONSA，等等。DICONSA 在全国建立了庞大的食品零售网络（食品零售店），通过这个网络向城镇和农村的贫困家庭按补贴价格销售食品。墨西哥政府将位于城镇地区、规模较大的零售店出售给私人，而将位于边远地区、规模较小的零售店划拨给社会发展部，负责向农村地区的贫困家庭发放食品或以补贴价格销售食品。LICONSA 拥有近 20 个加工厂，生产奶粉、普通牛奶和营养牛奶，在城镇地区拥有庞大的配送和销售系统，负责向贫困人口按补贴价销售奶粉、普通牛奶和营养牛奶。墨西哥政府将 LICONSA 的工厂全部私有化，将其产品配送和销售系统划拨给社会发展部，负责向贫困家庭发放或按补贴价销售奶粉、牛奶。

除按保障价格向农民收购基本作物外，国民生活必需品公司的另一项重要职能是玉米饼价格补贴。玉米饼是墨西哥人最重要的基本食品。生产玉米饼需要玉米面粉。国民生活必需品公司分两种情况向玉米面粉加工企业提供补贴：一是按补贴价向企业销售玉米；二是企业可自行在国内购买玉米，对于高于补贴价的部分，给予现金补贴。此举的目的是降低玉米饼的生产成本，使企业能够以较低的价格销售这种食品。国民生活必需品公司还通过下属机构 ICONSA 直接生产玉米饼，以较低的价格销售。ICONSA 于 20 世纪 90 年代初被私有化。1998 年墨西哥政府取消了玉米饼的价格补贴，同时终止了玉米和菜豆的价格保障政策。1999 年墨西哥政府撤销了国民生活必需品公司，完成了粮食流通的市场化改革。

第三节　村社土地私有化

土地私有化改革的主要对象是村社的集体土地，主要目标是培育和发展农村土地市场，使土地真正成为生产要素流动起来。土地私有化改革从 1992 年开始，截至 2008 年，全国 85% 以上的村社完成了这项改革。

一　修改《1917 年宪法》第 27 条

《1917 年宪法》（以下简称《宪法》）第 27 条是墨西哥土地分配和村社制度的源头。虽然在长达 70 多年的土地分配过程中曾对《宪法》第 27条进行过修订，但其基本原则没有改变，如 1946 年曼努埃尔·阿拉曼总统对《宪法》第 27 条的修改，其目的只是为了保护私有土地，没有改变土地分配和村社土地所有制这两大基本原则。因此，要想实施土地私有化改革，必须首先修改《宪法》第 27 条。

为了修改《宪法》第 27 条，萨利纳斯总统提出了"自由与公正"的土地私有化口号，取代了萨帕塔于 1911 年提出的"土地与自由"口号。萨利纳斯指出："第一，已没有可用于分配的土地，现在的任务是提高生产力；第二，设立联邦农业法庭，负责解决村社社员之间以及村社或集体农庄之间的土地纠众；第三，为了实现农村地区的资本化，需保障土地的私有产权，在私有土地拥有量最高限额继续有效的同时，允许村社社员与农业企业合作，以求得规模经济；第四，保护自耕农，由于停止土地分配，因此他们不再需要'土地免征证明'；第五，虽然鼓励利用土地进行多种形式的合作，以实现规模经济，但是，村社和集体农庄的公共土地以及土著居民的保留地必须得到宪法的保护，住宅用地是永久性的私有财产。"①

1992 年墨西哥修改了《宪法》第 27 条，主要修改内容如下：

（1）联邦政府终止履行宪法赋予的分配土地的责任。

（2）土地所有者可以在其土地上进行资本投入，没有征用风险，土地改良不会导致重新进行土地等级的分类。

（3）村社社员之间以及村社之间的土地纠纷由分权化的农业法庭解决，农业法庭实行总统任命制。

（4）如果村社同意加入"村社土地所有权证和城市房产证计划"（简称 PROCEDE），村社社员可以获得土地所有权证。是否加入 PROCEDE，需召开村社社员大会，参会人数应超过全体社员人数的一半以上（50% +1 人）。如果第一次村社社员大会召集不成，则可召集第二次大

---

① Secretaria de Reforma Agraria, *La transformación agraria；origen，evolución，retos*, Testimonios 2nd edn.，México D. F.，1998.

会，第二次大会没有参会人数的限制。加入 PROCEDE 并不意味着需要将村社的一切土地都私有化或解散村社。

（5）获得土地所有权证的村社社员可以合法地出售、出租、抵押其土地，也可以以土地作为资本进行合资、合作和联营。但是，将土地出售给村社以外的人员或机构时，需取得村社委员会 2/3 以上委员的同意；村社委员会在召开表决会议时，需有政府代表在场。村社土地的私有化，需召开村社社员大会，应有 75% 以上社员参加会议；如果需要召开第二次、第三次村社社员大会，应有 50% 以上的社员参会。如果参加大会的社员 2/3 以上同意，则可以对村社土地进行私有化。村社的公共土地可以出售，用于商业开发。

（6）村社社员本人不再被要求亲自耕种土地，更不会因连续两年不耕种而失去土地。这意味着，村社社员可以将其土地作为投入进行联营，或者将土地出租给本村或外村的社员耕种，自己能够离开土地而移民到其他地方或从事非农产业。

（7）村社土地私有化后，为防止土地过度集中，私人拥有的最高土地数量限额继续有效，即：个人拥有的农业用地最多不可超过 100 公顷；草场地不可超过饲养 500 头大型牲畜所需的土地数量；林地为 800 公顷；农业企业的占地上限为 2500 公顷；商业型农民合作组织的成员不少于 25 人；村社与私人企业组建的合资农业企业，如果其成员总数不超过村社社员人数，则每位成员均可单独获得限额内的土地。[①]

（8）不打算出售或出租其土地的村社社员，可以与村社以外的投资者组建合资企业，也可以与其他社员组成合作社，以实现规模经济。他们也可以与村社外的人员或企业签订长期生产合同。

（9）村社向外资开放，但是如果村社以土地作为投入，则在合资企业中，外国投资者拥有的股份最高不可超过 49%。

上述改革内容重点针对三个领域。一是提高村社自治水平，允许村社自行选择土地所有权制度。改革的突出特点是使村社由政治、经济、社会单位和土地拥有者转变为土地管理者，社员大会决定村社内部的一切事

---

① México：Secretaría de Gobernación，*Decreto por el que se reforma el artículo 27 de la Constitución Política de los Estados Unidos Mexicanos*，publicado en el *Diario Oficial* de la Federación，el 6 de enero de 1992.

务，特别是土地事务，有权决定是否将土地私有化，是否出售和出租土地，等等。二是消除土地市场的制约因素。在村社内部，社员之间可以自由地出售或出租土地。同时，土地可以作为资本，合法地开展多种形式的合作，其目的是使土地作为生产要素而流动起来，以追求规模经济。三是取消政府对村社的干预。解除了总统的土地分配职责，由独立的行政机构，即农业改革部，负责向符合条件的村社社员发放土地所有权证，由独立的农业司法系统来保障土地权证的安全性和土地占有的公平性。

二 政府机构调整

为了实施改革，墨西哥政府调整了农业改革部（SRA）的职能。农业改革部成立于1974年，作为联邦政府的一个职能部门。1992年以前，其职责主要集中在四个领域：①测算可用于分配的土地数量；②确定向农村无地农民分配土地的数量；③征用土地；④核发土地证书。

1992年以后，其主要职责有三项：①监管产权不明的土地和国有土地；②协调农业发展政策；③促进农业发展。在这三项职责中，以第一项为主，其他两项的功能非常有限。第一项职责又有六项具体任务：第一，根据《联邦农业改革法》履行司法和行政职能；第二，管理那些由农民占用却没有土地使用权证的土地；第三，土地勘界，测量荒废的土地；第四，将荒废的土地重新收归国有；第五，征收个人拥有的、超过限额部分的土地；第六，负责征收村社的土地，用于公共目的。

除农业改革部外，还有几个重要机构，如法律代理事务所、全国农业登记局、农业法庭等。法律代理事务所是分权制的司法自治机构，基本职责是无偿地保护村社社员及其继承人、村社、自耕农的法律权利，总部设于墨西哥城，在31个州设有办公室，还有123个地方办事处。具体工作主要有五项：第一，为农民委派代理律师；第二，调解土地纠纷；第三，监督农业法的实施；第四，就农业法、村社管理事务中的经济问题提供法律咨询服务；第五，协助村社社员加入"村社土地所有权证和城市房产证计划"。在提供法律援助方面，法律代理事务所监督土地证、水资源证等法律文件的签发。当村社以公用土地作为资本加入商业企业时，按照法律规定，法律代理事务所必须代表村社对合资的条件进行审查，检查是否有利于村社社员，村社社员和村社的权益是否得到了保障。法律代理事务所为土地私有化改革发挥了重要作用，缓解了农业法庭的压力，提高了司法效率。1993—2000 年法律代理事务所作为农民的代理人参与了 12.6 万起诉讼，90% 以上胜诉；成功地调解了 17.5 万起土地纠纷，占土地纠纷案的 63%；接受了 43 万次委托，完成了其中的 39.8 万次，完成率高达 90%。[①]

全国农业登记局是一个集权机构，主要有三项职能：第一，登记注册土地交易；第二，提供技术和土地清册援助；第三，保存土地分配和土地权证的档案。

农业法庭是实施土地私有化改革的一个重要机构，其职责是保障"公正"，使农民公正地获得土地，公正地解决土地纠纷。

土地私有化改革从 1992 年全面开始，1993—2005 年全国 29942 个村社中，有 28709 个"自愿"加入"村社土地所有权证和城市房产证计划"，向 26031 个村社的 384 万多人颁发了 842 万多份各类土地证书，其中约 465 万份私人土地所有权证，174 万份公共用地证书，203 万份住宅用地证书；涉及土地面积约 7620 万公顷，其中私人土地约 2301 万公顷，公共用地 5295 万公顷，住宅用地 203 万公顷。[②]

村社的集体土地私有化后，墨西哥的土地占有格局发生了重大变化，以私有土地为主，村社内部社员共有土地为辅。如表 4.4 所示，截至 2007 年，私有土地约 1.1 亿公顷，约占全国土地总面积的 57%，其中自耕农的私有土地 7700 万公顷，社员的私有土地约 3360 万公顷；共有土地 7000 多万公顷，约占全国土地总面积的 37%，其中村社内部社员共有土地 6900 多万公顷，这部分土地主要是山坡地、荒滩地等，只有少部分为可耕地，另外还有近 140 万公顷预留地（主要用于向新增人口分配土地）。

表 4.4   **2007 年墨西哥土地占有格局**

		土地面积（万公顷）	占土地总面积的比重（%）
私有土地	自耕农	7700	
	社员	3363	
	合计	11063	57.3

---

① Procuraduria Agraria, *Estatisticas Agrarias*. 根据各年度统计数据计算。

② Willem Assies, "Land Tenure and Tenure Regimes in Mexico: An Overview", *Journal of Agrarian Change*, Vol. 8, No. 1, January 2008, pp. 33 –63.

续表

		土地面积（万公顷）	占土地总面积的比重（%）
共有土地	村社共有土地	6930	
	预留土地	137	
	合计	7067	36.6
其他		1170	6.1

资料来源：INEGI, IX Censo Ejidal, Febrero 2008. 根据有关统计数据计算。

第四节　构建农业支持政策体系

在农业支持政策方面，墨西哥政府将改革开放前以干预和保护为主的农业政策调整为开放条件下以支持为主的农业政策。墨西哥于 2001 年颁布了《农村可持续发展法》，该法是墨西哥在开放条件下农业支持实践和政策的集大成者，对原有的诸多农业立法和法规进行了统一和协调，将发展生产、改善福利和保护环境三大目标集于一体，建立了分权化、参与式的决策和执行体系，收入补贴、生产投入补贴和农村发展等是农业支持政策体系的主要内容。

一　全面调整农业支持政策

贸易开放使粮食、油料等农产品进口快速增加，市场化改革使墨西哥政府取消了基本作物的保障价格。快速的贸易开放和市场化改革使种植基本作物的农民受到了极大的冲击，出现了一些问题，较为突出的有两个：一是"卖粮难"，农作物的收割有很强的季节性，在收获季节，大量农产品需要在很短的时间内销售出去，20 世纪 80 年代末，国民生活必需品公司停止收购大部分基本作物，农民不知道如何销售农产品，私人机构不知道如何收购农产品，仓储、运输等基础设施也严重不足，致使农民陷入销售困境。二是种植基本作物的农民收入减少。1989 年墨西哥政府取消了大麦、椰干、棉花、大豆、水稻、芝麻、高粱、葵花籽和小麦等 9 种基本作物的保障价格，让这些农产品的价格随行就市。由于取消了这些农产品的进口许可证，国外价格较低的同类产品进口量增加，压低了这些农产品的国内价格，使种植这些基本作物的农民收入有所减少。

1. 实行销售补贴和直接补贴政策

为了解决"卖粮难"问题，同时增加农民的收入，1991年4月16日墨西哥政府决定在农业部设立"农产品市场销售支持和服务局"（简称ASERCA）。农产品市场销售支持和服务局的主要职责有三项：一是实施目标收入计划；二是实施农产品市场发展计划；三是实施"农村直接支付计划"（简称 PROCAMPO）。

（1）目标收入计划

目标收入计划从1991年开始实施。1991—2001年该计划的名称为"目标价格计划"。目标价格计划涉及两个价格概念：第一个是"政策性价格"，农产品市场销售支持和服务局根据前一个收获季节的平均生产成本确定本收获季节的政策性价格，一般情况下每年确定一次；第二个是"无差异价格"，其构成为进口同类农产品的到岸价加国内运输、仓储和销售成本。一般情况下，政策性价格高于无差异价格。当收购商按政策性价格向农民收购基本作物时，政策性价格高于无差异价格的价差部分由农产品市场销售支持和服务局进行补贴。价差补贴直接支付给收购商，因此，对农民而言，这是一种间接补贴。目标价格计划的主要目的是鼓励收购商购买国内农民生产的粮食、油料等农产品。2002年农产品市场销售支持和服务局对价差补贴的支付方式进行了改革，改为直接支付给农民，当农民按无差异价格向收购商出售粮食、油料等农产品时，无差异价格低于政策性价格的价差部分由农产品市场销售支持和服务局以现金方式直接补贴给农民。

2003年目标价格计划更名为"目标收入计划"，并进行了两项调整。一是扩大了补贴范围。1991—2002年农产品市场销售支持和服务局根据各州玉米、小麦、大麦、椰干、棉花、菜豆、水稻、芝麻、高粱、大豆和葵花籽等11种基本作物的历史产量记录，仅选择那些有剩余产量记录的州进行补贴。自2003年起，目标收入计划的覆盖范围扩大到全国。二是将价差补贴以现金方式直接发放给农民。目标收入计划的主要目的是保障农民的农产品销售收入。农产品市场销售支持和服务局负责为小麦、黑小麦、饲料小麦、玉米、高粱、棉花、水稻、大豆、红花（油料作物）、油菜籽等10种基本作物（见表4.5）确定"目标收入价格"，当农民与收购商签订购销合同时，如果合同中规定的收购价格低于目标收入价格，则价差部分由农产品市场销售支持和服务局以现金方式直接补贴给农民。但是，农民在申请价差补贴时，必须提供农产品销售合同和申报销售数量，并由收购方确认合同已经履行，即申请补贴的农民确实已经销售了合同中规定的数量。同时，农产品市场销售支持和服务局为不同的州设定了不同的单位面积产量，如果农民申报的产量超过了所在州的额定单位面积产量，则取消其享受补贴的资格。

目标收入计划提供的价差补贴，90% 左右集中在玉米、高粱和小麦 3 种农作物上，美国的同类农产品价格是制定"目标收入价格"的基本参照依据。如表 4.5 所示，10 种基本作物的"目标收入价格"均高于美国同类产品的价格，玉米和高粱的价格差距较大，按 2006 年墨西哥比索对美元的平均汇率计算，墨西哥国内玉米"目标收入价格"为 152.42 美元/吨，而美国的价格为 82.4 美元/吨，前者是后者的 1.8 倍；墨西哥国内的高粱价格为 117.32 美元/吨，美国为 74.3 美元/吨，前者是后者的 1.6 倍左右。

表 4.5　　　　2005/2006 年度 10 种基本作物的"目标收入价格"

农产品	按比索计价（比索/吨）	按美元计价（美元/吨）	美国的价格（2005/2006 年度）（美元/吨）
小麦	1800	166.28	131.5
黑小麦	1800	166.28	—
饲料小麦	1525	140.88	—
玉米	1650	152.42	82.4
高粱	1270	117.32	74.3
棉花	—	1410.96	1042.8
水稻	2100	194.00	168.0
大豆	3000	277.14	207.02
红花（油料作物）	3300	304.85	278.0
油菜籽	3500	323.33	207.23

资料来源：ASERCA，www.aserca.gob.mx.

自 2005 年起，针对玉米、水稻、高粱、小麦等 4 种粮食作物和大豆、红花、油菜等 3 种油料作物，在"目标收入计划"内又增添了"补充性收入支付计划"。该计划在每个收获季节到来之前，根据上一个收获季节的成本和销售价格确定销售收入的补充性补贴标准。不同的作物在不同的州，其补充性补贴标准不同。以 2007 年春、夏季收获的水稻、玉米、大豆、红花和油菜籽的补充性补贴为例，坎佩切州、科利马州、格雷罗州、哈利斯科州、墨西哥州、米却肯州、莫雷洛斯州、纳亚里特州、瓦哈卡州、塔瓦斯科州、塔毛利帕斯州、韦拉克鲁斯州的水稻补充性补贴标准为 400 比索/吨，锡那罗亚州的玉米为 250 比索/吨，坎佩切州、恰帕斯州、圣路易斯波多西州、塔毛利帕斯州、韦拉克鲁斯州的大豆为 400 比索/吨，下加利福尼亚州、索诺拉州的红花为 1250 比索/吨，墨西哥州、米却肯州的油菜籽为 150 比索/吨，普埃布拉州、特拉斯卡拉州的油菜籽为 200 比索/吨。[①]

（2）农产品市场发展计划

该计划由六个子计划组成：①“农业合同保障计划”，其目的是保障农民与收购商认真履行购销合同，确保基本作物在收获季节能够顺利地销售出去，同时避免价格波动；②“农产品价格覆盖计划”，其目的是运用期货市场手段，避免农产品价格下跌而使农民遭受损失；③“收成抵押计划”，与“农产品价格覆盖计划”相结合，预先定购部分产量，避免市场价格波动；④“出口促进计划”，只针对玉米和小麦，在既定价格水平上，当收获量暂时超过国内需求量时，鼓励出口到国外，以避免国内价格下降；⑤“市场发展计划”，减少或消除农产品流通的市场障碍，鼓励“就地消费”；⑥“种植结构调整计划”，鼓励农民由效益低、供大于求的农作物转产效益高、供不应求的农作物，同时注重农业生态保护。自 2001 年起，用于农产品市场发展计划的资金也直接向农民支付。

2000—2006 年目标收入计划和农产品价格覆盖计划的财政支出总额为 372.7 亿比索，其中目标收入计划为 228.9 亿比索，占支出总额的 61.4%。[②]

（3）种植补贴计划（PROCAMPO）

种植补贴计划是一个与生产脱钩的直接补贴项目，按种植面积直接向农民发放现金，其目的是补偿农民因贸易自由化和市场化改革而遭受的收入损失。该计划从 1993 年下半年开始实施，原计划有效期为 15 年，至 2008 年终止执行。2008 年 1 月，墨西哥政府决定继续执行该计划。

①　México：Secretaría de Gobernación，*Diario Oficial*，Lunes 16 de abril de 2007.

②　ASERCA，*Informe al cuarto trimestre del ejercicio fiscal 2007*，Enero de 2008，p. 14.

1992 年 8 月，墨西哥签订了北美自由贸易协定并于 1994 年 1 月 1 日正式生效。在此之前，除玉米和菜豆外，已取消了其他基本作物的价格支持政策。墨西哥政府认为，贸易自由化和价格支持政策的取消将会大幅降低基本作物的价格，从而使种植这些基本作物的农民遭受收入损失。为了补偿这些农民的收入损失，墨西哥政府于 1993 年下半年制订了种植补贴计划，于 1994 年上半年开始正式实施（针对 1993 年秋冬季收获季节）。种植补贴计划的政治目的是使农民能够顺利地接受北美自由贸易协定；经济目的是向农民提供一个过渡期和适应期，以适应全新的生产环境；社会目的是防止农村的贫困问题进一步加剧。

种植补贴计划根据 1993 年 8 月以前连续 3 年实际种植面积的历史记录，按照一定的补贴标准，向种植玉米、大豆、水稻、小麦、大麦、高粱、菜豆、棉花和红花等 9 种基本作物的农民直接支付现金。墨西哥有两个收获季节，每个季节支付一次，每年支付两次。

自 1993 年以来，种植补贴计划经过了几次调整，具体调整情况如下：

1993—1994 年：根据 1993 年 8 月份以前连续 3 年的历史记录，按照种植面积，向种植玉米、大豆、大米、小麦、大麦、高粱、菜豆、棉花和红花等 9 种基本作物的农民支付一个收获季节的现金。

1995—1996 年：①1994—1995 年秋冬季节，种植基本粮食作物的农民申报并登记其种植面积；②1995 年春季，允许农民在其申报和登记的土地上，根据自己的意愿选种 9 种作物；③1995—1996 年秋冬季节，将加入生态环境保护项目的农民纳入种植补贴计划。

2001 年：向最低收入水平的农民提供优惠待遇。拥有少于 5 公顷雨养田的农民，其春夏收获季节的补贴可以在播种前支付；拥有耕地不足 1 公顷的农民，按 1 公顷发放补贴。

2002 年：颁布"种植补贴计划资本化法"，允许并鼓励符合条件的农民向商业银行申请贷款，用于项目投资。贷款额与其今后几年的种植补贴总额相等。

2003 年：向低收入农民提供优惠待遇，拥有不足 5 公顷雨养田的农民，提高其春夏收获季节的补贴标准。

2008 年：墨西哥政府决定继续执行种植补贴计划。

与目标收入计划和农产品市场发展计划相比，种植补贴计划的突出特点是按照种植面积直接向农民发放现金补贴，而不是按照农产品的销售量进行补贴。这样，所有符合条件的农民都能够获得补贴。1994—2006 年按比索可变价格计的补贴标准不断提高，春夏收获季节的一般标准由 350 比索/公顷提高至 963 比索/公顷，秋冬收获季节的标准由 330 比索/公顷提高至 963 比索/公顷；同时，种植补贴计划的补贴支出总额也大幅度增加，由 48.5 亿比索增至 150.3 亿比索，增长了 2 倍多。在诸多收入补贴计划中，种植补贴计划的受益人数最多，如 2006 年的受益人数多达 260 万人。[①]

2. 削减生产投入补贴

改革开放前，墨西哥政府对农业生产投入进行全面补贴。改革开放以后，削减了补贴项目，将补贴主要集中在水资源、能源和农业贷款三个领域。

(1) 能源和水资源补贴政策

电力、燃料和灌溉用水是重点补贴项目。2002 年墨西哥政府颁布并开始实施《农村能源法》，专门为农业生产所需的电力和燃料制定了优惠价格。"农村能源法"规定了两个电价：一个是全国统一的优惠电价，另一个是夜间用电电价。后者价格很低，政府部门根据灌溉需要和取水量确定夜间用电限额。经补贴后的农业生产用电价格仅为电力成本的 28%。1995—2005 年约 100 万人受益。

政府部门以优惠价格供应农业生产所需的柴油、汽油等燃料。政府部门参照美国的油价设定优惠价格，农民需向有关部门申请并领取一张储值卡，到指定的加油站按优惠价格购买燃料，卡中载明持卡人所能购买的数量。

农田水利设施建设和农业用水补贴是一项重要的农业支持政策。1989 年墨西哥政府成立了水资源委员会，负责协调水资源政策。1992 年制定了新的《水利法》，其目的是在水资源用户和利益相关方的参与下，实现水资源的可持续管理和流域的可持续开发。2004 年对《水利法》进行了修订，为几条河流重新设立了流域委员会，对非法用水行为制定了严厉的制裁措施；在水资源的开发与利用方面，继续沿用以前的特许权制度，但为了顺应私有化改革的需要，增加了特许期内的私人产权内容。长期以来，农业用水一直是水资源政策的重点补贴项目，1995—2005 年水利设

① ASERCA, *Informe al cuarto trimestre del ejercicio fiscal 2007*, Enero de 2008, p. 14.

施投入 500 多亿比索，农业用水补贴超过 700 亿比索。2001—2005 年新增水浇地 65.5 万公顷，改善灌溉条件 54.5 万公顷。[①]

（2）信贷支持政策

提供农村信贷服务的金融机构主要有商业银行和政策性金融机构（如农村发展银行、农业信托基金、国家金融公司以及墨西哥对外贸易银行等）。农村发展银行根据政府的要求，以优惠利率向农民提供贷款；农业信托基金主要为农民提供贷款担保服务。

长期以来，商业银行一直是农业贷款的主要来源。2003 年以前，在政策性金融机构中，农村发展银行是最主要的农业贷款发放机构，其贷款额占农业贷款总额的 30%—50%。由于农村发展银行发放的贷款坏账率较高，亏损严重，墨西哥政府于 2003 年对该银行进行了重组，将其并入农村金融公司（Financiera Rural）。农村金融公司既向农民提供贷款担保服务，也向农民直接提供贷款。

为了促进农村金融市场的发展，墨西哥政府鼓励在农村地区建立有限目的金融公司，如农村信用合作社、农村储蓄银行等，特别是在较为贫困和边远的农村地区，允许金融机构通过这些有限目的的金融公司向农民提供贷款，同时允许这些金融公司向农村地区非农业部门的低收入家庭提供金融服务。通过这些新设立的金融公司，农业信托基金等金融机构拓宽了贷款发放渠道。

非银行金融机构，如保理公司、租赁公司等，也可以充当农业信托基金与农民之间的贷款渠道。2006 年 4 月，墨西哥政府批准了一项新法律，允许设立全能型金融公司，以进一步拓展农村的金融资源。根据这项新法律，保理公司、租赁公司等非银行金融机构也可以向农民提供贷款。

农村信贷业务被认为是风险极高的金融业务。商业银行在向农民提供贷款时，要求农民提供充分的抵押或担保。绝大多数农民无法满足商业银行的要求，因此农民的商业贷款受到严重制约。为了解决农民贷款难的问题，农业部设计了一项过渡性现金担保制度，与农业信托基金共同为农民的贷款提供担保。根据规定，一定数量的农民（不少于 10 人）共同成立一个"投资与持久发展基金"，农民自己至少承担贷款额 10% 的担保，农业部提供 19.5% 的担保，其他部分由农业信托基金担保。2002 年至 2006

---

① Vicente Fox Quesada, "Quinto Informe de Gobierno", *Anexo estadístico*, 01, 09, 2005.

年7月，农业部向452个"投资与持久发展基金"提供了12.7亿比索的担保；2005年在此项担保制度安排下，农业信托基金和农村金融公司提供了58.96亿比索的贷款，16万多人受益。[①]

3. 农村发展政策——"农村联盟"（ALIANZA）

"农村联盟"是指将农业部负责实施的多项农业和农村支持政策组合起来，使其更为有效地发挥作用。"农村联盟"始于1996年，2003年改为"与你联盟"。

1996—2001年"农村联盟"的目的是逐步增加生产者的收入，使农业生产增长速度超过人口增长速度，提供充足的食品，促进农产品的出口。1996年"农村联盟"包含4项政策，此后逐年增加，2000年时增至40多项。

2002年"农村联盟"的主要目标调整为促进生产者的投资，培养农民的发展能力，促进农工综合企业的发展。"农村联盟"的主要支持领域有改善农业基础设施，防治动植物疾病，推广先进农业技术，促进农村社会的一体化发展，等等。10多年来，"农村联盟"的支持政策不断进行调整，但较为重要的政策一直执行至今，如改善基础设施、提高农产品质量、提高农业投资水平等方面的政策。2003年以来，"农村联盟"中的政策逐渐集中在农业、畜禽业、农村发展、海洋捕捞业、水产养殖业、动植物疫病控制和食品安全等7个方面，其中又以前3项为主。

2005年"农村联盟"的支出总额为93.6亿比索，其中农业25亿比索、畜禽业14.6亿比索、农村发展28.9亿比索，3项合计68.5亿比索，占总支出的73%。联邦政府是"农村联盟"的主要出资人，在2005年的支出总额中，联邦政府支出72.3亿比索，占总支出的77.3%。[②]

二　颁布《农村可持续发展法》，构建农业支持政策的决策和执行体系

1990年以来，历届政府的全国发展计划都明确规定了农业改革和农村发展的目标。在几位总统中，福克斯总统对农业支持政策的决策和执行体系进行了大规模的改革与调整，形成了目前的农业支持政策体系。

---

① OECD, *Agricultural and Fishery Policies in Mexico: Recent Achievements, Continuing the Reform Agenda*, 2006, p. 57.

② Vicente Fox Quesada, "*VI Informe de Gobierno*", 01, 09, 2006.

福克斯总统在其《2001—2006年农业、畜禽业、农村发展、渔业和食品业部门发展计划》中确定的目标是："对现有的生产发展计划进行调整，能够与市场机会、国内消费和出口市场相一致；鼓励生产、发展与资源的可持续利用和环境保护相协调；改善公共政策，使其成为与其他北美自由贸易协定成员进行竞争的平台；加大扶贫力度，目标是消除贫困而不是减少贫困；调整和修订现有的诸多发展计划、发展政策，以满足实现上述目标的要求。"

2001年12月，福克斯总统颁布了《农村可持续发展法》，2004年10月颁布了该法的实施细则。《农村可持续发展法》对原有的诸多农业立法和法规进行了统一和协调，集发展生产、改善福利、保护环境三大目标于一体，其目标是：

第一，确保农村地区能够充分发挥其功能，即供应充足而安全的食品。

第二，确保农村地区的所有居民能够享有高质量的生活。保持信息沟通畅通，以便及时制定满足弱势群体需求的福利政策。制定和协调各类生产发展政策，促进农村地区各类生产活动，以创造就业，增加农村居民的收入。

第三，通过鼓励理性地使用自然资源，确保自然资源保护的长效机制。

根据农村可持续发展法及其实施细则，墨西哥政府建立了农业支持政策的决策和执行体系。如图4.2所示，《农村可持续发展法》是决策和执行体系的法律依据，联邦政府依据该法设立了决策系统和分权系统。在决策系统方面，部委联合委员会和全国农村可持续发展委员会是两个重要的决策机构，后者的主要职责是为前者提供决策咨询服务。在联邦政府的各个职能部门中，有十几个部门涉及农业和农村发展事务，每年都实施几百个发展计划或项目。为了避免各部门之间、各发展计划或项目之间发生矛盾和冲突，提高公共政策的效率，专门设立部委联合委员会，负责政策协调。在分权系统方面，为了保证农村地区的居民能够最大限度地参与决策，表达他们的公共政策需求，全国农村可持续发展委员会下设州、市（县）和村（镇）委员会；发展规划委员会隶属全国农村可持续发展委员会，逐级设立地方委员会，负责编制发展计划，作为部委联合委员会的决策依据和参考。农业部是一个较为重要的政府部门，既是决策系统的重要成员，也是分权系统的一部分，同时还是诸多农业支持政策的实施机构。

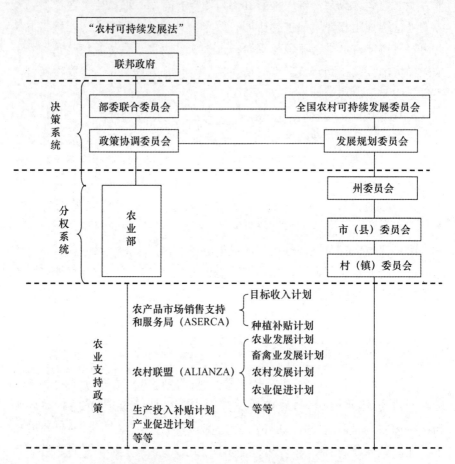

图 4.2　墨西哥农业支持政策的决策和执行体系

决策和执行体系的突出特点是"有统有放"。"放"是指权力下放。顺应分权化的要求，联邦政府将农村发展的权力进行了下放，主要集中在四个领域。第一，管理权下放，有关生产和农村发展的事务，由各级地方政府自行决策。第二，农业部的职权下放，由地方各级政府和生产者个人自主决策。第三，财政资源下放，一部分原来由农业部统一管理和使用的财政支出以及部分发展计划，转交给地方政府管理和实施。第四，针对特定地区或目标群体的专项财政支出，转交给所在地的地方政府管理和实施。

"统"是指将仍由联邦政府各职能部门负责实施的发展计划,统一由部委联合委员会所属的政策协调委员会负责协调、组织和实施,特别是各个发展计划的财政预算。根据《农村可持续发展法》,政策协调委员会自2001 年开始实施"特别协调计划"(简称PEC),共有16 个部门①加入该计划。2001—2006 年特别协调计划的财政支出由1125 亿比索增至1549 亿比索,生产发展、收入支持和农村发展等三项较为重要,占支出总额的70%以上。②

2006 年参与特别协调计划的16 个联邦政府部门,其涉农财政支出合计约为1549 亿比索,其中:涉农支出较多的是农业部,其支出额为510亿比索,约占总额的33%;其次是教育部,为247 亿比索,约占16%;其他为联邦捐助基金203 亿比索(13%),旅游部172 亿比索(11%);等等。③

自20 世纪90 年代初以来,农业部已经并正在实施的一系列农业支持政策中,最主要的是由农产品市场销售支持和服务局负责实施的种植补贴计划、"农村联盟"和目标收入计划,1995—2005 年这3 项补贴的累计支出占全部农业预算支出的54%。④

三　以较大力度支持农业

作为一个发展中国家,墨西哥的农业支持政策体系较为完善,农业支持力度较大,如2002—2004 年墨西哥政府部门的农业支出占农民总收入的比重为15%,南非为7%,俄罗斯为5%,巴西为3%⑤。

在众多的农业支持水平评估方法中,经济合作与发展组织(OECD)采用的"生产者支持估计"(Producer Support Estimate)应用较为广泛。生产者支持估计涵盖范围全面,包括了所有农业支持政策措施。经济合作

---

① 16 个公共部门是:议会、内政部、外交部、财政部、农业部、交通运输部、经济部、教育部、卫生部、劳动与社会事务部、农业改革部、环境与自然资源保护部、社会保障部、旅游部、农业法庭、联邦捐助基金。

② SAGARPA, *Programa Especial de Concurrente*, 2007, p. 51.

③ SACARPA, *Evaluación Alianza para el Campo 2006*, México, Septiembre de 2007, p. 17.

④ Ibid., p. 16.

⑤ OECD, *Agricultural and Fishery Policies in Mexico: Recent Achievements, Continuing the Reform Agenda*, 2006, p. 98.

与发展组织已建立起完整的生产者支持估计数据库，用于分析和评价成员国的农业支持政策。生产者支持估计是指通过实施农业支持政策由消费者和纳税人向农业生产者提供的转移支付，是衡量农业支持水平的一个重要指标。如果生产者支持估计值是正值，意味着消费者和纳税人向农业生产者提供转移支付；如果是负值，则相反。

另一个反映农业支持水平的重要指标是一般性服务支持估计（General Service Support Estimate，GSSE）。一般性服务支持不是面对单个农民或某种农作物，而是用于一般性社会服务，如农业基础设施、农业培训和教育、农产品质量控制和食品安全、农业投入及环境改善、农产品的购销，等等。

根据经济合作与发展组织的生产者支持估计指标体系，结合墨西哥的实际，将墨西哥的主要农业支持政策分类并制作表4.6。

表4.6　　按照生产者支持估计指标分类的墨西哥主要农业支持政策

生产者支持估计			
市场价格支持	基于产出的补贴	基于历史权利的补贴	基于投入的补贴
关税政策目标收入计划	农村联盟	种植补贴计划	能源补贴、灌溉补贴、贷款补贴
一般性服务支持估计			
研究与发展	农产品质量检验	基础设施	农产品市场建设
农业研究机构	农业检验检疫服务局	灌溉设施投入、雨养田种植结构调整补贴	农产品市场销售支持和服务局

在生产者支持估计方面，市场价格支持、基于产出的补贴、基于历史权利的补贴以及基于投入的补贴是4个主要支持领域。市场价格支持政策主要有两项，一是关税政策，二是目标收入计划。前者执行世界贸易组织框架内的最惠国关税税率，是一种隐性价格支持政策，在关税政策的保护下，由于国内的农产品价格高于国际市场价格，因此国内的农产品消费者需支付较高的价格，从而形成了消费者向生产者提供转移支付。后者则是显性转移支付政策，是一种补贴政策。农村联盟主要向农民提供基于产出的补贴，用于发展农业生产和提高农

民的发展能力。种植补贴计划是一项基于历史权利的补贴，根据1993年8月前连续3年的实际种植情况，向种植玉米、小麦、高粱等基本作物的农民按种植面积直接发放现金补贴。能源、灌溉、贷款等补贴则属于投入补贴，这些投入物的使用量越多，获得的补贴越多。研究与发展、农产品质量检验、基础设施和农产品市场建设则是一般性服务支持的4个主要领域。

改革开放以来，墨西哥的农业支持情况发生了如下两大变化。

第一，农业支持力度显著提高。如图4.3和表4.7所示，墨西哥的农业生产者支持估计值在20世纪80年代中后期很小，1986年的数值仅为4亿比索。自1990年起，生产者支持估计值大幅度增加，由1990年的125亿比索增至2006年的751亿比索。值得指出的是，墨西哥于1995年爆发金融危机，暂时中断了生产者支持估计值的增加趋势，并使生产者支持估计值出现负值（1995年为－70亿比索），但自1996年起生产者支持估计值迅速增加。

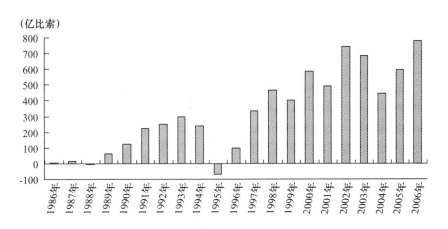

图 4.3 1986—2006 年墨西哥的农业生产者支持估计值

注：按 2006 年比索不变价格计。

资料来源：OECD, *Producer and Consumer Support Estimates*；*Mexico*，*OECD database 1986 - 2007.*

表 4.7　　　　　　　1986—2006 年墨西哥农业的生产者支持和
一般性服务支持　　　　　　单位：亿比索

	一、生产者支持					二、一般性服务支持
	总值	价格支持	产出补贴	投入补贴	现金补贴	
1986 年	4	− 5		9		6
1990 年	125	52		73		36
1993 年	298	242	2	54		41
1995 年	− 70	− 178	2	48	58	35
1996 年	99	− 44	0	75	68	27
2000 年	583	513	1	66	3	59
2006 年	751	385	45	198	123	99

资料来源：OECD，*Producer and Consumer Support Estimates*：*Mexico*，*OECD database 1986 –
2007.*

　　第二，农业支持的结构发生了重大变化，价格支持、产出补贴和现金补贴成为生产者支持的三大支柱。

　　改革开放前，生产投入补贴是主要农业支持政策和措施，如 1986 年的投入补贴为 9 亿比索，而价格支持为 − 5 亿比索，这意味着农业生产者向消费者提供了转移支付，因此生产投入补贴是农业支持的唯一来源。1991 年以后，随着农产品市场销售支持和服务局的成立并开始实施目标价格计划（自 2003 年起改称"目标收入计划"），价格支持成为农业支持的重要政策措施，这一年的市场价格支持估计值为 181 亿比索，占生产者支持估计值的 81%[①]。此后，价格支持估计值不断增加，2006 年的估计值为 385 亿比索，但由于其他支持政策措施的加入，使价格支持的地位有所下降，其 2006 年占生产者支持估计值的比重为 49%。投入补贴也稳步增加，1991 年的补贴值为 41 亿比索，占生产者支持估计值的 18%[②]，2006年增至 198 亿比索（占生产者支持估计值的 25%）。从 1994 年开始实施

_____

　　① OECD，*Producer and Consumer Support Estimates*：*Mexico*，*OECD database 1986 – 2007.* 根据有关数据计算。

　　② 同上。

的种植补贴计划使现金补贴成为生产者支持估计值的一个重要来源，1995
年的现金补贴估计值为 58 亿比索，2006 年增至 123 亿比索（占生产者支
持估计值的 16%）。2002 年以前，产出补贴的作用有限，1993 年为 2 亿
比索，不足生产者支持估计值的 1%；2006 年增至 45 亿比索，约占生产
者支持估计值的 6%。

　　一般性服务支持的力度也不断加大。1986 年一般性服务支持估计值
仅为 6 亿比索，由国民生活必需品公司实施的国家粮食储备是最重要的一
般性服务支持措施，约为 3.6 亿比索，占估计值的 56%；其次是农业基
础设施，为 1.8 亿比索。1991 年以后，研发、农业教育、基础设施、产
品销售成为一般性服务支持的重点内容，如 2006 年的一般性服务支持估
计值中，产品销售支持估计值为 37 亿比索，农业教育为 25 亿比索，研发
为 17 亿比索，基础设施为 7 亿比索，其他为 15 亿比索。[①]

---

① OECD, *Producer and Consumer Support Estimates*：*Mexico*，*OECD database 1986 - 2007.* 根据有关数据计算。

第 五 章

墨西哥农业改革开放的积极影响

改革开放对墨西哥农业的积极影响集中表现在农业增产、出口增加和农民增收三个方面。按照农业增长的一般理论，农产品需求的增长是农业增长的根本内在动力。农业产出的三个基本决定因素是耕地面积、单位面积产量和农产品价格。在改革开放的影响下，耕地面积有所扩大，单位面积产量有所提高，农产品价格发生了预期的变化，经济作物的产品价格有较大幅度的上涨。种植结构发生了预期的调整，蔬菜、水果等经济作物的种植面积扩大，大麦、燕麦、大豆等基本作物的种植面积减少。在北美自由贸易协定的影响下，蔬菜、水果等农产品的出口大幅度增加。大量的土地、劳动力由种植基本作物转向种植经济作物，增加了农民的农业收入。

第一节　改革开放对农业增长的促进机制

扩大耕地面积，提高单位面积产量和农产品价格是增加农业产出的基本途径。改革开放顺应了农业增长的基本要求，促进了农业增长。

一　农产品需求增加是农业增长的主要内在动力

农产品需求包括国内消费需求和出口需求两部分，国内消费需求的增长是拉动农业增长的主要内部因素。

1. 国内农产品消费增长的主要表现

在农产品消费方面，有两个基本规律发挥着主导作用：一是随着人口的增长和国民收入水平的提高，对农产品的需求必然增加；二是不同种类的农产品，其需求弹性不同。一般情况下，谷物的收入需求弹性较低，其需求量往往随人口的增长而等比例地增长，即需求弹性为 1 左右，意味着人口每增长 1%，谷物的消费量也将会增加 1% 左右。水果、蔬菜以及肉、

蛋、奶等畜禽产品的需求弹性较高，其消费量的增长速度高于人口的增长
速度。

　　1980—2003 年墨西哥的人口由 6592 万人增加至 1 亿人左右，约增长
了 52%，人均国民收入（按美元可变价格计）由 2520 美元增至 6370 美
元。如表 5.1 所示，随着人口的增长，谷物的年均消费量由 1980—1985
年的 1283 万吨增至 2001—2003 年的 1791 万吨，增长了 40%；同期，水
果由 730 万吨增至 1207 万吨，增长了 65%；蔬菜由 313 万吨增至 604 万
吨，增长了 112%；肉类由 287 万吨增至 595 万吨，增长了 107%；禽蛋
由 62 万吨增至 163 万吨，增长了 163%；乳制品由 640 万吨增至 870 万
吨，增长了 36%。畜禽业的发展需要消耗大量谷物、饲料等农产品，因
此畜禽产品消费的增长意味着农产品间接消费的增长。

表 5.1　　　　1980—2003 年墨西哥农产品和畜禽产品年均消费量　　　单位：万吨

	1980—1985 年	1986—1990 年	1991—1995 年	1996—2000 年	2001—2003 年
谷物	1283	1440	1567	1675	1791
水果	730	773	879	1018	1207
蔬菜	313	397	430	540	604
肉	287	302	379	480	595
蛋	62	89	104	128	163
奶	640	613	671	751	870

　　资料来源：根据 FAO 统计数据计算。

　　玉米是墨西哥最主要的粮食作物，人均玉米消费量多达 280 公斤。
1990—2006 年墨西哥的玉米消费量大幅度增加，1990—1994 年的年均消
费量为 1846 万吨，1995—1999 年增至 2227 万吨，2000—2005 年增至
2596 万吨，[①] 2006 年的玉米消费量为 2840 万吨[②]。玉米消费量的增加主
要与人口增长和畜牧业的发展有关。如表 5.2 所示，2006 年的玉米消费
总量为 2840 万吨，其中：家禽和畜牧业的玉米消费量为 1460 万吨，约占
玉米消费总量的 51%；居民的消费量为 1060 万吨，约占消费总量的

①　SGARPA, *El Sector Agroalimentario Mexicano：Evolución，Retos y Perspectivas*, p. 13.

②　SIAP, *Situación Actual y Perspectivas del maíz en México 1996 – 2012*, p. 50.

37%；工业消费量为 320 万吨，约占消费总量的 11%。

表 5.2　　　　　2006 年墨西哥玉米消费量、总产量和进口量　　　　单位：万吨

一、玉米消费总量	2840
1. 居民消费	1060
（1）玉米面粉	370
（2）玉米饼	340
（3）农村地区居民直接消费	350
2. 工业消费	320
（1）玉米淀粉	270
（2）酒精	50
3. 家禽和畜牧业消费	1460
二、玉米总产量	2196
1. 白玉米产量	2064
2. 黄玉米产量	132
三、玉米进口量	758
1. 黄玉米	729
2. 白玉米	26
3. 其他	3

资料来源：SIAP，*Situación Actual y Perspectivas del maíz en México 1996 – 2012.*

2. 自由贸易使农产品出口需求增加

同美国相比，墨西哥的蔬菜、水果等农产品拥有比较优势。在自由贸易条件下，墨西哥出口到美国的蔬菜、水果等农产品大幅度增加，成为墨西哥农业增长的主要外因。如表 5.3 所示，1985—2005 年蔬菜产量由 527 万吨增至 1050 万吨，增长了 99%；出口量则由 142 万吨增至 378 万吨，增长了 166%，出口量占国内产量的比重由 27% 升至 36%。同期，水果产量由 928 万吨增至 1524 万吨，增长了 94%；出口量则由 54 万吨增至 219 万吨，增长了 305%，出口量占国内产量的比重由 6% 升至 14%。

表5.3　　　　　　　　1985—2005 年墨西哥蔬菜、水果的产量和出口量

	1985 年	1990 年	1995 年	2000 年	2005 年
蔬菜产量（万吨）	527	648	690	968	1050
蔬菜出口量（万吨）	142	154	244	310	378
出口量占国内产量的比重（%）	27	24	35	32	36
水果产量（万吨）	928	937	1166	1331	1524
水果出口量（万吨）	54	74	107	163	219
出口量占国内产量的比重（%）	6	8	9	12	14

资料来源：根据 FAO 统计数据计算。

二　改革开放顺应了农业增长的要求

为了满足国内消费增长和出口增加的需要，土地、劳动力等生产要素需要在基本作物和经济作物之间进行重新配置，改革开放为生产要素的重新配置提供了便利，主要表现在以下三个方面。

1. 允许并鼓励农民根据市场需求调整种植结构

改革开放以前，无论是自耕农还是村社社员，都不能随意调整种植结构。为了保障玉米、小麦、大豆等基本作物的供给，对这些农产品实施"统购统销"制度，并在农业投入方面给予财政补贴和金融支持。如果自耕农或村社社员将用于种植基本作物的耕地用于种植经济作物，不仅得不到政府的农业补贴，还会受到经济制裁。改革开放以后，农民可以自主决策种植结构，鼓励农民根据市场需求种植效益较高的经济作物。由于经济作物的投入较大，墨西哥农业部制定了专项政策，用以支持农民转产。

2. 新的农业支持政策在一定程度上带动了农业投资

"农村联盟"是重要的农业支持政策，增加农业投资、提高农业生产力是该项政策的主要目标。如表5.4 所示，1996—2006 年在该项政策的带动下，农业投资由 1996—1998 年间的年均 92 亿比索增至 2002—2006年间的年均 144 亿比索。联邦政府和农民是投资的主要来源，1996—1998年联邦政府的年均投资额为 30 亿比索，2002—2006 年增至 74 亿比索；农民的投资略有增加，由 1996—1998 年的年均 44 亿比索增至 2002—2006年的年均 50 亿比索。

表 5.4　　　　　　　　1996—2006 年"农村联盟"的投资来源

单位：亿比索（按 2005 年比索不变价格计）

	1996—1998 年	1999—2001 年	2002—2006 年
联邦政府投资	30	40	74
州政府投资	18	20	20
农民	44	48	50
合计	92	108	144

资料来源：SAGARPA, *Evaluación Alianza para el Campo 2006*：*Programa de Desarrollo Rural*, México, septiembre de 2007. 根据第 24 页表 2 的数据计算。

3. 允许村社社员自由流动

改革开放以前，村社社员不允许完全脱离土地，否则将面临失去土地的危险。同时，也不允许村社社员雇佣劳动力在自己的土地上从事农业生产。改革开放以后，允许村社社员自由流动，同时鼓励他们扩大生产规模，雇佣劳动力。

三　生产要素的重新配置有助于增加农业产出，提高农民收入

在影响农业产出的三大基本决定因素——耕地面积、单位面积产量和农产品价格中，耕地是稀缺程度较高的生产要素，在一定的时间和空间范围内不可能无限制地扩大耕地面积，因此提高单位面积产量和农产品价格，允许农民自由流动是实现农业增产、农民增收的主要措施和手段。

1. 种植结构调整是增加农业产出的重要措施

墨西哥的耕地资源相对有限，且以干旱、半干旱的山地为主，因此通过调整农作物种植结构，将土地由产量和价格较低的基本作物转向种植产量和价格较高的经济作物，可以明显提高农业产出。

墨西哥的主要农作物分为 6 大类，即粮食作物、油料作物、工业原料作物、饲料作物、水果和蔬菜。粮食和油料作物为基本作物，其他 4 类为经济作物，不同作物种植面积的 GDP 边际效应，差异较大。种植面积的 GDP 边际效应是指某类作物种植面积增加 1% 为其带来的 GDP 增长幅度。选取的代表性作物如图 5.1 所示，粮食作物种植面积的 GDP 边际效应最低，仅为 0.9%，即粮食作物的种植面积增加 1%，其 GDP 仅增加 0.9%；蔬菜种植面积的 GDP 边际效应最高，为 6%；其他几类作物由高到低分别为水果 3.8%、饲料作物 2.1%、工业原料作物 1.7%、油料作物 1.1%。

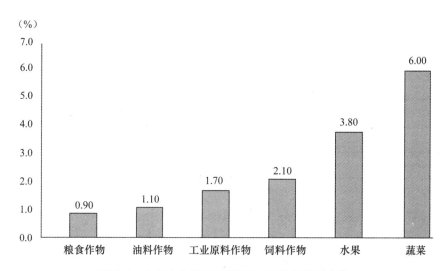

图 5.1　主要农作物种植面积的 GDP 边际效应①

资料来源：根据 SIAP 的统计数据（1995—2005 年）测算。

2. 种植经济作物有助于提高农民收入水平

1999—2006 年安东尼奥·乌内兹·诺德（Antonio Yúnez Naude）、萨尔瓦多·冈萨雷斯·安德莱得（Salvador Gonzalez Andrade）等墨西哥学者②，在韦拉克鲁斯州、普埃布拉州、米却肯州、墨西哥州、哈利斯科州、科利马州、格雷罗州、坎佩切州等 8 个州选择了 10 个有代表性的、收入水平较低的村社进行了长期跟踪研究，用多部门投入—产出分析法分析农业生产活动对农民收入的影响及其减贫效果。

研究结果表明，无论是对非贫困家庭还是贫困家庭而言，经济作物的产出效应明显高于基本作物。如表 5.5 所示，对于非贫困家庭而言，每 1 比索的经济作物生产投入能够产出 1.59 比索的产值，给农民增加 0.48 比

①　选取的代表性作物为：玉米（粮食作物）、大豆（油料作物）、甘蔗（工业原料作物）、鳄梨和柠檬（水果）、西红柿和青椒（蔬菜）。

②　Antonio Yúnez Naude，Salvador Gonzalez Andrade，"Efectos Multiplicadores de las Actividades Productivas en el Ingreso y Pobreza Rural en México"，*El Trimestre Económico*，vol. LXXV（2），num. 298，abril-junio de 2008，pp. 349 – 377.

索的收入；每 1 比索的基本作物生产投入则仅产出 0.99 比索的产值，给农民增加 0.29 比索的收入。对于贫困家庭而言，每 1 比索的经济作物生产投入能够产出 1.66 比索的产值，给农民增加 0.41 比索的收入；每 1 比索的基本作物生产投入能够产出 1.07 比索的产值，给农民增加 0.28 比索的收入。这表明：第一，贫困家庭的农业产出效应明显高于非贫困家庭，增加农业投入可以有效地增加贫困家庭的农业收入，从而提高其收入水平；第二，将生产要素从基本作物转向经济作物能够有效地增加农业产出，提高农民的收入水平。

表 5.5　　　　　　　　农作物的产出效应、收入效应　　　　　　单位：比索

	基本作物	经济作物
非贫困家庭		
产出效应	0.99	1.59
收入效应	0.29	0.48
贫困家庭		
产出效应	1.07	1.66
收入效应	0.28	0.41

资料来源：Antonio Yúnez Naude，Salvador Gonzalez Andrade，"Efectos Multiplicadores de las Actividades Productivas en el Ingreso y Pobreza Rural en México"，*El Trimestre Económico*，vol. LXXV (2)，num. 298，abril-junio de 2008，pp. 349 – 377. 根据 Cuadro 2 和 Cuadro 3 的数据整理。

3. 劳动力由农业部门向非农业部门转移有助于增加农民的收入

农业份额下降规律，即随着经济增长和发展，农业占 GDP 的比重趋于下降，是一个普遍规律。这一规律表明，随着农业份额的下降，农业部门的就业比重必须相应地下降，才能增加农民的收入。美国著名发展经济学家刘易斯认为，由农业社会向工业社会转变的过程中，农村的剩余劳动力源源不断地向城市流动，直到农村的剩余劳动力全部转移出来。另一位美国著名发展经济学家托达罗依据发展中国家普遍存在农村人口流入城市和城市失业同步增长的现实，对刘易斯模型提出了批评意见并指出，由于技术进步使资本有机构成提高，工业部门创造的就业机会总是不能满足劳动力完全转移的需要，因此应该大力发展农村经济，在农村和农业部门创造就业机会，提高农民的收入水平。

墨西哥的农业占 GDP 的比重已降至较低的水平，1995 年为 4.5%，2003 年为 3.0%，即 1995—2003 年农业的 GDP 比重下降了 1.5 个百分点。与此同时，在允许农民自由流动的情况下，农村劳动力大量流出农业部门而转入非农业部门，特别是农村地区的非农业生产领域。1995 年在农村地区的 960 万劳动力中，约有 520 万人从事农业生产，约占全国就业总人数的 15.5%；2003 年在农村地区的 920 万劳动力中，约有 400 万人从事农业生产，约占就业总人数的 9.8%。[①] 也就是说，1995—2003 年从事农业生产的劳动力减少了约 120 万人，其占全国经济自立人口的比重下降了 5.7%，这就在宏观层面为提高农民的收入水平提供了较大的空间。

在农村地区的就业方面，从农业部门转移出来的劳动力主要流向制造业、服务业等部门。1995—2003 年制造业的就业人数由 105 万人增至 170 万人，增加了 65 万人；服务业由 132 万人增至 145 万人。建筑业、纺织服装业和食品饮料业是吸收农村劳动力较多的制造业行业，2003 年这三大行业的就业总数为 124 万人，约占农村地区就业总数的 13.5%。此外，还有部分劳动力转向畜牧业、林业和渔业，1995—2003 年其就业人数由 86 万人增至 112 万人。同期，农业部门的平均工资水平有所下降，由 7.79 比索/时降至 6.76 比索/时，而制造业和服务业的平均工资水平则分别由 11.78 比索/时提高至 12.35 比索/时和由 13.94 比索/时提高至 14.13 比索/时[②]。非农业部门就业人数增加、工资水平提高，是非农业劳动收入增加的主要来源。

在农业部门内部，随着经济作物种植面积的扩大，大量从事农业生产的劳动力由种植基本作物转向种植经济作物。1991 年墨西哥约有 240 万户农民从事玉米种植[③]，2004 年减至 187 万户[④]，减少了 50 多万户。与玉米种植的情况相反，自 20 世纪 90 年代以来，中部和北部地区经济作物种植面积的扩大每年吸引着上百万农业工人前往寻找就业机会。农业工人主

---

① Consejo Nacional de Población, *XII Censo General de Población y Vivienda 2000*；*II Conteo de Población y Vivienda 2005*. 根据有关的数据计算。

② Dorte Verner, "Activities, Employment, and Wages in Rural and Semi-Urban Mexico", *World Bank Policy Research Working Paper 3561*, April 2005.

③ Alain de Janvry, Elisabeth Sadoulet, Gustavo Gordillo de Anda, "NAFTA and Mexico's Maize Producers", *World Development*, Vol. 23, No. 8, pp. 1349 – 1362, 1995.

④ SIAP, *Situación Actual y Perspectivas del maíz en México 1996 – 2012*, p. 48.

要沿着三条线路从南部农村地区向北部农村地区流动。第一条是太平洋沿岸线路，在水果、甘蔗等作物的收获季节，数十万农业工人由南部地区到太平洋沿岸各州寻找就业机会。太平洋沿岸的索诺拉州、锡那罗亚州的蔬菜生产，需要全年雇用农业工人。第二条是中北部线路，农业工人主要从事棉花、苹果以及蔬菜（集中在每年 8 月至次年 1 月）等农作物的种植、管理和收获。第三条是墨西哥湾沿岸线路，除 7—9 月外，在每年的其他月份，甘蔗、棉花、柑橘、咖啡等农作物生产需大量劳动力。[1]

第二节　资源配置和农产品价格发生了预期的变化

改革开放以来，土地资源的配置发生了预期的调整，大量的土地资源由种植基本作物转向种植经济作物，谷物、油料等基本作物的种植面积大幅度减少，而工业原料作物、饲料作物、蔬菜、水果等经济作物的种植面积有不同程度的增加。土地资源配置的调整引起了作物种植结构的重大变化。与此同时，农产品的价格也发生了预期的变化，玉米、小麦等粮食作物的价格出现了下降趋势，而水果、蔬菜等农产品的价格有不同幅度的上升。种植结构和农产品价格的变化引起了农业产值结构的重大变化。

一　土地资源重新配置，经济作物的种植面积大幅度增加

自 20 世纪 80 年代中期以来，基本作物的种植面积减少，经济作物的种植面积增加。1985—1989 年，基本作物的年均种植面积约为 1492 万公顷，2003—2007 年减至 1117 万公顷，减少了 370 多万公顷；同期，经济作物的年均种植面积由 526 万公顷增至 1052 万公顷，增加了 526 万公顷。[2] 如图 5.2 所示，1985—2007 年基本作物的种植面积占总种植面积的比重持续下降，由 78% 左右降至 51% 左右；而经济作物所占的比重持续上升，由 22% 左右升至 49% 左右。自 2003 年以来，基本作物和经济作物各自的种植面积占总种植面积的比重基本保持稳定。这意味着，自 1985 年以来，全国约有 28% 的耕地（500 多万公顷）由种植基本作物转向种植经济作物。

---

① Dorte Verner, "Activities, Employment, and Wages in Rural and Semi-Urban Mexico", *World Bank Policy Research Working Paper 3561*, April 2005。

② 根据 SIAP 各有关年度的统计资料计算。

为了进一步说明土地资源的配置情况，表5.6选取了15种主要农作物，考察其1985—1989年、2003—2007年两个时期的种植面积变化情况。这15种农作物是玉米、小麦、水稻、大豆、菜豆、高粱、青贮饲料、咖啡、甘蔗、西红柿、青椒、芒果、甜橙、鳄梨和柠檬，其中前6种属基本作物，后9种属经济作物。

如表5.6所示，在基本作物中，除玉米和高粱的种植面积保持稳定外，其他几种作物的年均种植面积均出现了不同程度的减少，如小麦由115万公顷减至64万公顷，水稻由21万公顷减至7万公顷，大豆由41万公顷减至9万公顷，菜豆由216万公顷减至182万公顷。6种基本作物的种植总面积由1395万公顷减至1263万公顷，减少了132万公顷。9种经济作物的种植面积均有不同程度的增加，青贮饲料的年均种植面积由63万公顷增至216万公顷，增加了2倍多；咖啡的年均种植面积由68万公顷增至80万公顷，甘蔗由62万公顷增至71万公顷，西红柿由9万公顷增至13万公顷，青椒由11万公顷增至15万公顷，甜橙由21万公顷增至34万公顷，芒果由12万公顷增至21万公顷，鳄梨由9万公顷增至12万公顷，柠檬由8万公顷增至14万公顷。9种经济作物的种植总面积由263万公顷增至476万公顷，增加了213万公顷。

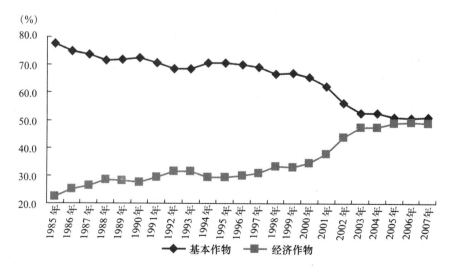

图5.2 1985—2007年基本作物和经济作物的种植面积占总种植面积的比重

资料来源：根据SIAP统计数据制作。

表 5.6　　　　　　　1985—1989 年、2003—2007 年主要农作物的
　　　　　　　　　　年均种植面积　　　　　　　　　单位：万公顷

基本作物			经济作物		
	1985—1989 年	2003—2007 年		1985—1989 年	2003—2007 年
玉米	806	809	青贮饲料	63	216
小麦	115	64	咖啡	68	80
水稻	21	7	甘蔗	62	71
大豆	41	9	西红柿	9	13
菜豆	216	182	青椒	11	15
高粱	196	192	甜橙	21	34
			芒果	12	21
			鳄梨	9	12
			柠檬	8	14
小计	1395	1263	小计	263	476

资料来源：根据 SIAP 的统计数据计算。

　　土地资源的重新配置引起了农作物种植结构的变化。需要事先指出的是饲料作物，自 20 世纪 80 年代中期以来，随着畜牧业的发展，饲料作物的种植面积大幅度扩大，大量土地用于青稞玉米、青稞高粱、青稞燕麦以及苜蓿等青贮饲料的种植。严格来说，饲料作物不属于农作物的范畴，只是从土地资源配置的角度来看，大量土地放弃种植农作物而转向种植饲料作物。

　　在将饲料作物不作为农作物考虑的情况下，墨西哥的主要农作物可以划分为五大类，即谷物、油料作物、工业原料作物、水果和蔬菜。改革开放以来，谷物的种植面积保持稳定，油料作物的种植面积有较大幅度减少，而工业原料作物、水果和蔬菜的种植面积有不同程度的增加。如表 5.7所示，1981—2007 年谷物的年均种植面积一直在 1000 万公顷以上，占农作物种植总面积的比重也一直稳定在 63% 以上。1981—1990 年油料作物的年均种植面积为 124 万公顷，占作物种植总面积的 7.8%，2001—2007 年减至 52 万公顷，所占的比重降至 3.2%；同期，工业原料作物的年均种植面积由 138 万公顷增至 160 万公顷，水果由 73 万公顷增至 112 万公顷，蔬菜由 39 万公顷增至 63 万公顷。

表 5.7　　　　　　1981—2007 年墨西哥农作物的种植结构

	1981—1990 年	1991—1995 年	1996—2000 年	2001—2007 年
农作物种植面积（万公顷）				
谷物	1008	1011	1064	1022
油料作物	124	81	74	52
工业原料作物	138	152	159	160
水果	73	88	104	112
蔬菜	39	49	56	63
农作物种植面积的比重（%）				
谷物	63.3	63.6	63.9	63.3
油料作物	7.8	5.1	4.4	3.2
工业原料作物	8.7	9.6	9.6	9.9
水果	4.6	5.6	6.2	7.0
蔬菜	2.5	3.1	3.4	3.9

注：工业原料作物为可可、咖啡和甘蔗。

资料来源：根据 FAO 的统计数据计算。

二　国内农产品价格发生了预期的变化

从理论上讲，农产品贸易自由化和市场化改革将会使墨西哥主要出口农产品的价格上升，进口农产品的价格下降，实际情况与理论预期基本一致。

生产者价格是指生产部门的生产者出售商品的价格。各类商品生产出来以后，一般要经过流通领域才能最终进入消费领域。生产者价格是商品离开生产领域进入流通领域和消费领域时的最初价格，它在很大程度上影响着后续环节的价格水平，从而在价格体系中起着决定作用。玉米、小麦、西红柿、青椒、鳄梨、柠檬 6 种农产品是墨西哥的主要农产品，其中玉米、小麦是主要进口农产品，西红柿、青椒、鳄梨、柠檬是主要出口农产品，这 6 种农产品的生产者价格变化基本上能够反映墨西哥国内农产品生产者价格的变化情况。

1. 进口农产品价格下降，出口农产品价格上升

玉米、小麦等主要进口农产品的国内生产者实际价格和美元价格出现了较大幅度的下降。如表 5.8 所示，按 2005 年比索不变价格计，1995—

1997 年玉米的生产者平均实际价格为 4645 比索/吨，2004—2006 年降至 1750 比索/吨，降幅超过 60%；美元价格由 123 美元/吨降至 88 美元/吨；小麦的比索价格由 4739 比索/吨降至 1625 比索/吨，降幅约为 66%，美元价格由 181 美元/吨降至 150 美元/吨。同期，西红柿、青椒、鳄梨、柠檬等主要出口农产品的生产者实际价格和美元价格均表现出了上升趋势，西红柿的比索价格升幅为 29%，美元价格为 27%，青椒的两个价格升幅分别为 46% 和 22%，鳄梨分别为 94% 和 90%，柠檬则分别高达 104% 和 96%。

表 5.8　　1995—1997 年、2004—2006 年墨西哥部分农产品生产者价格变化情况

农产品	价格	1995—1997 年	2004—2006 年	变化值（%）
玉米	名义价格（比索/吨）	1230	1762	43
	实际价格（比索/吨）	4645	1750	−62
	美元价格（美元/吨）	123	88	−28
小麦	名义价格（比索/吨）	1333	1653	24
	实际价格（比索/吨）	4739	1625	−66
	美元价格（美元/吨）	181	150	−17
西红柿	名义价格（比索/吨）	2444	4570	87
	实际价格（比索/吨）	3506	4530	29
	美元价格（美元/吨）	327	416	27
青椒	名义价格（比索/吨）	2673	4904	83
	实际价格（比索/吨）	3377	4938	46
	美元价格（美元/吨）	363	444	22
鳄梨	名义价格（比索/吨）	2590	7221	179
	实际价格（比索/吨）	3708	7190	94
	美元价格（美元/吨）	345	656	90
柠檬	名义价格（比索/吨）	529	1845	249
	实际价格（比索/吨）	907	1849	104
	美元价格（美元/吨）	85	167	96

资料来源：根据 FAO 的农产品价格统计数据计算。

2. 农产品生产者名义价格全面上升

玉米、小麦、西红柿、青椒、鳄梨、柠檬等 6 种农产品的生产者平均

名义价格均出现了大幅度上升。如表 5.8 所示，从 1995—1997 年到
2004—2006 年，玉米的生产者平均名义价格由 1230 比索/吨升至 1762 比
索/吨，上升了 43%；小麦由 1333 比索/吨升至 1653 比索/吨，上升了
24%；西红柿由 2444 比索/吨升至 4570 比索/吨，上升了 87%；青椒由
2673 比索/吨升至 4904 比索/吨，上升了 83%；鳄梨由 2590 比索/吨升至
7221 比索/吨，上升了约 180%；柠檬由 529 比索/吨升至 1845 比索/吨，
上升了近 250%。

3. 农产品的生产者相对价格大幅度上升

我们用农产品生产者价格指数与工业制成品生产者价格指数的比值来
分析农产品生产者的相对价格变化情况。二者的比值越接近于 1，说明
工、农业产品的生产者价格差距越小；小于 1 时，数值越小，说明二者的
价格差距越大，相对于工业制成品而言，农产品的价格较低；大于 1 时，
数值越大，说明农产品生产者价格指数越高，相对于工业制成品而言，农
产品的价格较高。

根据墨西哥国家经济和地理统计局的统计，以 2003 年的生产者价格
指数为 100，1983 年农产品生产者价格指数为 0.37，工业制成品的生产
者价格指数为 0.57，二者的比值约为 0.78，这意味着农产品价格低于工
业制成品价格；1992 年前者的生产者价格指数为 28，后者为 23，二者的
比值为 1.22，这意味着前者的价格水平高于后者。[①]

如图 5.3 所示，1981—1988 年农产品生产者价格指数与工业制成品
生产者价格指数的比值为 0.6—0.8，前者的价格水平低于后者。1989 年
以后（除 2000—2003 年外），二者的比值基本上大于 1。这意味着，改革
开放以后，相对于工业制成品而言，农产品的价格上升速度较快、幅度较
大，发生了有利于农产品的相对价格变化。

1988—1992 年市场化改革放开了农产品的价格，使农产品价格以较
快的速度上涨，农产品价格指数与工业制成品的价格指数之比由 0.75 左
右迅速升至 1.2 以上。1993 年以后，在农产品贸易自由化的影响下，玉
米等谷物的进口量大幅度增加，在一定程度上降低了国内同类农产品的价
格，使两个指数之比有所下降，但大部分年份的比值仍高于 1.0。因此，
从总体上看，改革开放使农产品的价格水平超过了工业制成品。

---

① 根据 INEGI 统计数据计算。

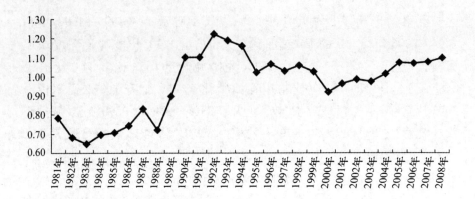

图 5.3　1981—2008 年墨西哥农产品、工业制成品生产者价格指数的比值变化

资料来源：根据 INEGI 的统计数据制作。

有学者认为，自 20 世纪 70 年代末 80 年代初以来，随着农产品贸易的增加，墨西哥主要进口农产品（如玉米等）的国内生产者实际价格和美元价格就已经出现了下降趋势①。北美自由贸易协定加速了墨西哥国内农产品价格与美国价格的一致性趋向，如北美自由贸易协定生效之前，墨西哥的胡萝卜价格需 49 个月才可将国内价格调整为国际价格，协定生效后这一调整时间缩短到 26 个月，黄瓜价格的调整时间从 41 个月缩短到 27 个月，西红柿价格从 21 个月缩短到 12 个月，柑橘价格从 48 个月缩短到 21 个月，等等。②

三　农业产值结构发生重大变化，经济作物的产值比重达到 3/4 左右

按 2005 年比索不变价格计，农业部门的 GDP 由 1990—1994 年的年均 1407 亿比索增至 2000—2006 年的年均 1928 亿比索。

表 5.9 将全部农作物分为基本作物和经济作物两组，基本作物包括谷物、干豆类作物和油料作物 3 大类，经济作物包括水果、蔬菜、饲料作物、工业原料作物、装饰用作物、块茎类作物、香料及药用植物和其他作物 8 大类。在全部农作物中，谷物、水果、蔬菜、饲料作物和工业原料作

---

① Antonio Yunez-Naude, Fernando Paredes Barceinas, "Lessons from NAFTA: The Case of Mexico's Agricultural Sector", World Bank, December, 2002.

② Antonio Yunez-Naude, Fernando Paredes Barceinas, "The Mexico Agriculture after Ten Years of NAFTA Implementation", Central Bank of Chile, Working Paper, No. 227, November, 2004.

物是主要农作物，1990—1994 年和 2000—2006 年，这 5 大类农作物的产值占农业 GDP 的比重分别为 87.4% 和 88.6%。

从两组农作物的增长情况来看，经济作物的 GDP 增长幅度较大。从 1990—1994 年到 2000—2006 年，经济作物的年均 GDP 由 959 亿比索增至 1448 亿比索，增加了 489 亿比索，其占农业 GDP 的比重由 68.2% 升至 75.1%；基本作物的年均 GDP 由 448 亿比索增至 480 亿比索，仅增加了 32 亿比索，其占农业 GDP 的比重由 31.8% 降至 24.9%。

从各类农作物的产值增长情况来看，饲料作物的年均产值增长幅度最大，由 1990—1994 年的 173 亿比索增至 2000—2006 年的 311 亿比索，增加了 138 亿比索，增长幅度为 79.8%；其次是蔬菜，其年均产值由 219 亿比索增至 358 亿比索，增长幅度为 63.5%；再次是水果，由 263 亿比索增至 386 亿比索，增长了 46.8%；工业原料作物由 243 亿比索增至 285 亿比索，增长了 17.3%；谷物由 330 亿比索增至 369 亿比索，仅增长了 11.8%。

表 5.9　　　1990—1994 年、2000—2006 年墨西哥农业 GDP

	农业 GDP（亿比索/年）		构成（%）	
	1990—1994 年	2000—2006 年	1990—1994 年	2000—2006 年
农业 GDP	1407	1928	100.0	100.0
基本作物	448	480	31.8	24.9
谷物	330	369	23.5	19.1
经济作物	959	1448	68.2	75.1
水果	263	386	18.6	20.0
蔬菜	219	358	15.6	18.6
饲料作物	173	311	12.3	16.1
工业原料作物	243	285	17.3	14.8

资料来源：SAGARPA, *Evolución de algunos indicators del secor agroalimentario en México*, *antes y después del TLCAN*, Febrero de 2007.

在农业 GDP 的构成方面，1990—1994 年谷物占 23.5%，2000—2006 年降至 19.1%，下降了 4.4 个百分点；同期，工业原料作物的比重由 17.3% 降至 14.8%，下降了 2.5 个百分点；而饲料作物、蔬菜和水果的产值比重却有不同幅度的上升，分别提高了 3.8 个百分点（由 12.3% 升至 16.1%）、3.0 个百分点（由 15.6% 升至 18.6%）和 1.3 个百分点（由 18.7% 升至 20.0%）。2000—2006 年水果的年均产值为 386 亿比索，超过谷物的产值（369 亿比索），水果的产值比重（20%）超过了谷物（19.1%），居第一位，其后依次为谷物、蔬菜、饲料作物和工业原料作物。

发展经济作物需要具备较好的农业生产条件，如气候、土质、灌溉设施等。墨西哥只有部分州适合发展经济作物，因此随着经济作物的发展和农业产值结构的变化，一半以上的农业产值集中到锡那罗亚州、米却肯州、韦拉克鲁斯州、哈利斯科州、索诺拉州、恰帕斯州、奇瓦瓦州和墨西哥州 8 个州。2007 年这 8 个州的农业产值约为 1515 亿比索，占全国农业 GDP 的 56%。[1]

经济作物的产值占农业 GDP 的比重高达 3/4 以上。在数百种经济作物中，青椒、西红柿、咖啡、甘蔗、芒果、鳄梨、柠檬、甜橙、高粱[2]、青贮饲料等 10 种作物较为重要，其产值占农业 GDP 的比重在 20 世纪 80 年代前半期约为 25%，2002—2007 年升至 40% 左右。[3]

在长期的农业生产中，锡那罗亚州、米却肯州、韦拉克鲁斯州、哈利斯科州、索诺拉州、恰帕斯州、奇瓦瓦州和墨西哥州等 8 个州逐渐成为主要经济作物的主产区。如表 5.10 所示，锡那罗亚州是墨西哥最大的青椒和西红柿主产区，其青椒的种植面积约占全国种植面积的 42.7%，产量占全国总产量的 66.2%；西红柿种植面积占全国种植面积的 45.7%，产量占全国的 64.6%。恰帕斯州是咖啡、甘蔗等的主产区，其中咖啡产量占全国咖啡总产量的 38.9%，甘蔗产量占全国总产量的 35.6%。韦拉克鲁斯州是甜橙、芒果等的主产区，其中甜橙的种植面积和产量各占全国种植面积和产量的一半左右。米却肯州是鳄梨、柠檬的主产区，其中鳄梨的种植面积占全国种植面积的 85.3%，产量占全国的 87.2%。塔毛利帕斯州是高粱主产区，种植面积占全国种植面积的 80.1%，产量占 80.6%。

---

① 根据 SIAP 统计数据计算。

② 高粱是一种谷物，但墨西哥的高粱主要用作饲料和酿造啤酒的原料，因此将它作为经济作物。

③ 根据 SIAP 统计数据计算。

表5.10　　　　　　　　　墨西哥主要经济作物的主产区

作物品种	主产区（州）	种植面积（万公顷）	占全国种植面积的比重（%）	产量（万吨）	占全国产量的比重（%）
青椒	锡那罗亚	1.7	42.7	51.3	66.2
西红柿	锡那罗亚	3.2	45.7	82.0	64.6
咖啡	恰帕斯	25.0	31.3	56.3	38.9
甘蔗	恰帕斯	25.3	35.7	1814.4	35.6
甜橙	韦拉克鲁斯	15.9	46.8	204.2	49.5
鳄梨	米却肯	9.9	85.3	88.5	87.2
芒果	锡那罗亚	2.7	15.1	35.8	21.1
	韦拉克鲁斯	2.5	14.0	16.2	9.5
柠檬	米却肯	3.7	24.8	40.2	21.5
	科利马	3.0	20.1	56.7	30.6
高粱	塔毛利帕斯	62.4	80.1	206.4	80.6

资料来源：SIAP 的统计数据。

在一些经济作物的主产区，还形成了一批专业化程度很高的经济作物生产县（市）。在锡那罗亚州，罗萨里奥市（Rosario）是全国最大的芒果生产市，2007 年的芒果种植面积为 11462 公顷，约占全市耕地总面积的29.5%，收获芒果 15 万吨，销售收入 1.7 亿比索，占全县农业产值的1/4；埃斯圭那帕市（Escuinapa）是最大的青椒生产市，2007 年收获青椒21.9 万吨，绝大部分出口到美国，少部分出口荷兰、日本等国家，实现销售收入 12 亿多比索，占全县农业产值的 70.6%。在米却肯州，普那维斯塔市（Buenavista）是柠檬生产市，2007 年的柠檬种植面积为 12814 公顷，约占全市耕地面积的 48%，收获柠檬 10.7 万吨，实现销售收入 3.1亿比索，占全市农业生产总值的 72%；佩里班市（Periban）是鳄梨生产市，2007 年的鳄梨种植面积为 13380 公顷，约占全市耕地面积的 74.9%，收获鳄梨 13 万吨，销售收入 13.5 亿比索，约占全市农业生产总值的 84.4%。①

①　SIAP 统计数据。

第三节　农业增产、出口增加、农民增收

改革开放以来，墨西哥农业部门的增长速度明显加快。如图 5.4 所示，1982—1988 年农业部门的 GDP 年均增长率仅为 0.6%，1988—1994 年为 1.6%，1995—2000 年为 1.8%，2001—2006 年为 2.5%。按 2005 年比索不变价格计，农业 GDP 由 1990—1994 年的年均 1407 亿比索增至 2000—2006 年的年均 1928 亿比索。[①]

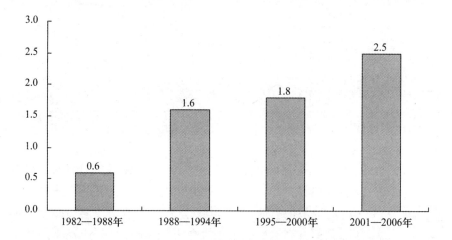

图 5.4　1982—2006 年墨西哥农业部门 GDP 年均增长率

资料来源：（1）1982—1988 年和 1988—1994 年的数据，Salomón Salcedo，"Impactos diferen-ciados de las reformas sobre el agromexicano: productos, regions y agents"，*Serie Desarrollo Productivo*，No. 57，Red de Desarrollo Agropecuario de Unidad de Desarrollo Agrícola División de Desarrollo Producti-vo y Empresarial，CEPAL，Santiago de Chile，agosto de 1999.

（2）1995—2000 年和 2001—2006 年的数据，CEPAL，*Anuario estadístico de América Latina y el Caribe*. 1999 年、2004 年和 2007 年的数据，根据各年度统计数据计算。

一　农作物种植面积有所扩大，产量有较大幅度增加

改革开放以后，农作物种植面积有所扩大。如图 5.5 所示，1986—

---

①　SAGARPA，*Evolución de algunos indicators del secor agroalimentario en México*，antes y después del *TLCAN*，Febrero de 2007.

1991 年农作物的年均种植面积为 1995 万公顷，1992—1997 年增至 2069 万公顷，1998 年以后基本保持在 2160—2180 万公顷。同 20 世纪 80 年代中后期相比，1998 年以来的年均种植面积增加了 150 万公顷左右。

在种植面积有所扩大的同时，农作物产量有较大幅度增加。如表 5.11 所示，1986—1991 年谷物的年均产量为 2303 万吨，2004—2007 年增至 3147 万吨，增长了近40%；水果的年均产量由 948 万吨增至 1514 万吨，增长了约60%；蔬菜由 620 万吨增至 1109 万吨，增长了近80%。

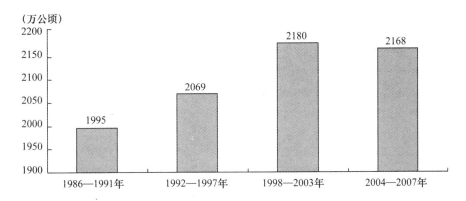

图 5.5　1986—2007 年墨西哥农作物年均种植面积

资料来源：根据 SIAP 的统计数据计算。

表 5.11　　　　1986—2007 年墨西哥谷物、水果、蔬菜年均产量　　　单位：万吨

	1986—1991 年	1992—1997 年	1998—2003 年	2004—2007 年
谷物	2303	2719	2929	3147
水果	948	1145	1342	1514
蔬菜	620	700	998	1109

资料来源：根据 FAO 统计数据计算。

二　玉米产量有较大幅度增加

玉米是墨西哥最重要的农作物，全国 40% 以上的耕地用于种植玉米，玉米产量占粮食总产量的 70% 左右。改革开放以来，玉米产量也有较大幅度增加。如表 5.12 所示，1990—1993 年玉米的年均产量为 1599 万吨，1994—1998 年增至 1804 万吨，2004—2007 年达到 2019 万吨。2007 年的

产量高达 2352 万吨[①]，创历史新高。

1994—1998 年玉米产量的增加在很大程度上是因为种植面积的扩大，但此后在种植面积有所减少的情况下玉米产量继续增加，其根本原因是单位面积产量的提高，全国的玉米单位面积产量由 1994—1998 年的 2.3 吨/公顷提高至 2004—2007 年的 2.8 吨/公顷，单位面积产量约提高了 22%。

在墨西哥，用于种植玉米的耕地 85% 左右为雨养田。1990—1993 年种植玉米的雨养田年均面积为 666 万公顷，1994—1998 年增至 748 万公顷，2004—2007 年又减至 669 万公顷。雨养田缺乏灌溉设施，在很大程度上"靠天吃饭"，致使 10% 以上的雨养田没有收成，如 2004—2007 年平均每年约有 84 万公顷雨养田绝收，约占种植面积的 12%。同时，雨养田的玉米产量较低，1990—1993 年年均单位面积产量为 1.8 吨/公顷，2004—2007 年为 2.1 公顷/吨，仅增加了 0.3 吨/公顷。

表 5.12　　　　　　　　1990—2007 年墨西哥年均玉米种植状况

	1990—1993 年	1994—1998 年	2004—2007 年
种植面积（万公顷）	798	891	808
收获面积（万公顷）	723	770	723
无收获面积（万公顷）	74	121	84
产量（万吨）	1599	1804	2019
单位产量（吨/公顷）	2.2	2.3	2.8
雨养田			
种植面积（万公顷）	666	748	669
收获面积（万公顷）	597	651	588
未收获面积（万公顷）	69	97	81
产量（万吨）	1081	1143	1241
单位产量（吨/公顷）	1.8	1.8	2.1
水浇地			
种植面积（万公顷）	132	144	139
收获面积（万公顷）	127	140	135
产量（万吨）	518	672	920

---

① SIAP 统计数据。

续表

	1990—1993 年	1994—1998 年	2004—2007 年
单位产量（吨/公顷）	4.1	4.8	6.8
春夏季			
种植面积（万公顷）	726	780	693
收获面积（万公顷）	656	688	613
产量（万吨）	1373	1429	1569
单位产量（吨/公顷）	2.1	2.1	2.6
秋冬季			
种植面积（万公顷）	58	112	115
收获面积（万公顷）	54	103	110
产量（万吨）	181	385	593
单位产量（吨/公顷）	3.3	3.7	5.4

资料来源：根据 SIAP 统计数据制作。

1990—1993 年，用于种植玉米的灌溉田（水浇地）年均面积为 132 万公顷，2004—2007 年为 139 万公顷。灌溉田的单位面积产量有较大幅度的提高，由 1990—1993 年的 4.1 吨/公顷提高至 2004—2007 年的 6.8 吨/公顷，增加了 2.7 吨/公顷。1990—1993 年灌溉田的玉米产量为 518 万吨，约占玉米总产量的 32.3%；2004—2007 年为 920 万吨，占总产量的 45.6%。

墨西哥有两个玉米收获季节，即春夏季和秋冬季。对于大部分地区而言，每年的 4—10 月是雨季，是种植玉米的最佳时间。因此，绝大部分玉米是春夏季玉米，且用于种植玉米的耕地绝大部分是雨养田。1990—1993 年春夏季玉米的年均种植面积为 726 万公顷，年均产量为 1373 万吨，单位面积产量为 2.1 吨/公顷；1994—2007 年为 693 万公顷，年均产量为 1569 万吨，单位面积产量为 2.6 吨/公顷。

绝大部分秋冬季玉米是利用灌溉田种植的。自 20 世纪 90 年代以来，秋冬季玉米的种植面积和产量不断增加，1990—1993 年的年均种植面积为 58 万公顷，年均产量为 181 万吨，单位面积产量为 3.3 吨/公顷；2004—2007 年增至 115 万公顷，年均产量为 593 万吨，单位面积产量为 5.4 吨/公顷。

尽管墨西哥全境都种植玉米，但一半以上的产量集中在哈利斯科州、锡那罗亚州、墨西哥州、恰帕斯州、米却肯州等 5 个州。1996—2006 年这 5 个州的年均玉米产量为 1065 万吨，约占全国年均产量的 55%，其中哈利斯科州占 15.4%，锡那罗亚州占 14.4%，墨西哥州占 9.9%，恰帕斯州占 9%，米却肯州占 6.5%。哈利斯科州、墨西哥州、恰帕斯州、米却肯州是春夏季玉米的主产区，而锡那罗亚州则是秋冬季玉米的主产区，其产量约占全国秋冬季玉米总产量的 75%—80%。[1]

墨西哥的玉米分为白玉米和黄玉米两大类，白玉米是墨西哥的主要粮食，长期以来一直以种植白玉米为主，如 2006 年的白玉米产量为 2064 万吨，占玉米总产量（2196 万吨）的 94%。80% 以上的白玉米在春夏季种植和收获，70%—80% 的黄玉米在秋冬季种植和收获。

墨西哥政府的农业补贴、贷款担保等支持政策为增加玉米产量发挥了重要作用。在农业补贴方面，影响较大的是种植补贴计划和目标收入计划两项政策。1998—2005 年种植补贴计划的玉米补贴累计约 500 亿比索，平均每年约 62 亿比索，年均受益种植面积 770 多万公顷，约占玉米种植总面积的 90% 左右，平均每年有 200 多万户农民受益。1999 年以后，受益面积和受益人数趋于减少，主要是因为玉米种植面积和农民数量有所减少，但是单位面积的补贴金额却呈现出增加趋势，1998 年平均每公顷的补贴金额为 615 比索，2005 年增至 910 比索。目标收入计划于 1996 年将玉米纳入补贴范围，1998 年的补贴金额仅为 0.8 亿比索左右，2005 年增至 22 亿比索左右。目标收入计划只对部分州的农民进行补贴，并且不同州的补贴标准不同。例如，针对 2005—2006 年的秋冬季玉米，只对南加利福尼亚州、纳亚里特州、新莱昂州、圣路易斯波多西州、锡那罗亚州、索诺拉州、塔毛利帕斯州和韦拉克鲁斯州等 8 个州的玉米种植农民提供补贴。韦拉克鲁斯州的农民每销售 1 吨玉米，补贴 150 比索。南加利福尼亚州、纳亚里特州、新莱昂州、圣路易斯波多西州等 4 个州的补贴标准为 200 比索/吨，索诺拉州和塔毛利帕斯州为 250 比索/吨，锡那罗亚州为 350 比索/吨。[2] 在贷款担保方面，1998—2005 年农业信托基金向种植玉米的农民提供的贷款担保稳步增加，由 27 亿比索增至 73 亿比索，见表 5.13。

①　SIAP, *Situación Actual y Perspectivas del maíz en México 1996 – 2012*, pp. 30 – 31.

②　Ibid. , p. 71.

表 5.13　　　　　　　　　　　墨西哥的玉米支持政策

		1998 年	2002 年	2005 年
种植补贴计划	补贴额（亿比索）	45	60	62
	受益面积（万公顷）	732	687	681
	受益人（万人）	212	197	195
目标收入计划	补贴额（亿比索）	0.8	14	22
农业信托基金	贷款担保额（亿比索）	27	44	73
补贴、贷款担保合计（亿比索）		73	118	157
占玉米产值的比重（%）		27.3	40.7	51.5

资料来源：（1）SIAP, *Situación Actual y Perspectivas del Maíz en México 1996 - 2012*, pp. 62 - 71.

（2）目标收入计划补贴额数据，OECD, *Agricultural and fishery policies in Mexico: recent achievements, continuing the reform agenda*, 2006, p. 193.

墨西哥政府对玉米的支持力度是很大的，如表 5.13 所示，仅种植补贴计划、目标收入计划和农业信托基金的担保三项，其 1998 年的合计金额为 73 亿比索，占当年玉米总产值的 27.3%；2005 年增至 157 亿比索，占玉米总产值的 51.5%。这些补贴和支持对于稳定玉米种植面积、增加玉米产量发挥了重要作用。

三　农产品贸易大幅度增长，基本实现了农产品贸易平衡

1982—1993 年农产品的贸易额由 36.2 亿美元增至 80 亿美元，其中出口额由 22 亿美元增至 30 亿美元，仅增加了 8 亿美元；在谷物进口大幅度增长的影响下，进口额由 15 亿美元增至 50 亿美元，增长了 2 倍多[①]。1994—2008 年墨西哥的农产品贸易额由 95 亿美元增至 311 亿美元，增长了 2 倍多；出口额由 34 亿美元增至 133 亿美元，增长了近 3 倍；进口额由 61 亿美元增至 178 亿美元，增长了近 2 倍。[②]

北美自由贸易协定的实施是墨西哥农产品贸易快速增长的主要原因。如图 5.6 所示，20 世纪 80 年代前半期，墨西哥的农产品贸易几乎处于停

---

① FAO 统计数据。

② Instituto Nacional de Estadística y Geografía（INEGI），*Boletín de Información Oportuna del Sector Alimentario*, Número 275, octubre de 2008.

滞状态，1986—1993 年农产品贸易缓慢增长。北美自由贸易协定自 1994
年 1 月 1 日起正式生效，墨西哥同美国、加拿大之间的大部分农产品当即
实现了自由贸易，墨西哥的农产品贸易额开始大幅度增加。

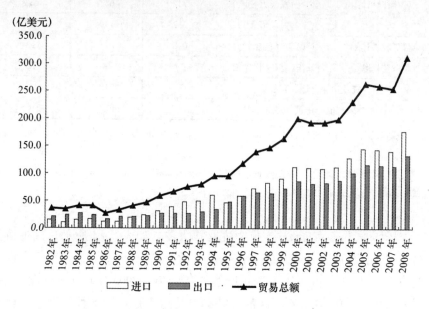

图 5.6　1982—2008 年墨西哥农产品贸易增长趋势

资料来源：（1）1982—2005 年的数据来源：FAO 的农产品贸易统计。
（2）2006—2008 年的数据：INEGI 统计数据。

如表 5.14 所示，在北美自由贸易协定生效前夕的 1990—1993 年，墨
西哥向美国、加拿大的年均农产品出口额为 24.8 亿美元，约占农产品年
均出口总额的 88.9%，其中向美国的出口额为 24.6 亿美元，约占总额的
88.2%；来自这两个国家的年均进口额为 30.5 亿美元，约占农产品年均
进口总额的 71.3%，其中来自美国的进口额为 29.1 亿美元，约占总额的
68%。2003—2005 年墨西哥向美国、加拿大的农产品年均出口额增至
87.8 亿美元，约占农产品年均出口总额的 86.3%，其中向美国的年均出
口额为 86.5 亿美元，约占出口总额的 85%；来自这两个国家的年均进口
额为 101.4 亿美元，约占农产品年均进口总额的 78.7%，其中来自美国
的年均进口额为 92.4 亿美元，约占年均进口总额的 71.7%。

表 5.14　　　　　　　1990—1993 年、2003—2005 年墨西哥与
美国、加拿大农产品贸易

出口	年均出口额（亿美元）		构成（%）	
	1990—1993 年	2003—2005 年	1990—1993 年	2003—2005 年
美国	24.6	86:5	88.2	85.0
加拿大	0.2	1.3	0.7	1.3
小计	24.8	87.8	88.9	86.3
其他	3.0	13.9	12.1	13.7
合计	27.8	101.7	100.0	100.0
进口	年均进口额（亿美元）		构成（%）	
美国	29.1	92.4	68.0	71.7
加拿大	1.4	9.0	3.3	7.0
小计	30.5	101.4	71.3	78.7
其他	12.3	27.5	28.7	21.3
合计	42.7	128.9	100.0	100.0

资料来源：OECD, *Agricultural and Fisheries Policies in Mexico*: *Recent Achievement*, *Continuing the Reform Agenda*, p.46, OECD Publishing, 2006.

在北美自由贸易协定的影响下，墨西哥的农产品贸易发生了两大明显变化。

第一，农产品贸易结构发生了预期的变化，蔬菜和水果成为最主要的出口农产品。

1982—2005 年蔬菜和水果的出口额由 5.1 亿美元增至 50.6 亿美元，增长了 9 倍，占农产品出口总额的比重由 33% 升至 50% 左右。2005 年墨西哥向美国出口的五大主要蔬菜是西葫芦、青椒、黄瓜、洋葱和西红柿，西葫芦的出口额约为 2 亿美元（占美国西葫芦进口总额的 95%），青椒约为 2.6 亿美元（占 99%），黄瓜约为 1.3 亿美元（占 89%），洋葱约为 2.1 亿美元（占 77%），西红柿约为 8.2 亿美元（占 72%）；五大主要水果是柠檬、草莓、西瓜、木瓜和鳄梨，柠檬的出口额约为 1.6 亿美元（占美国柠檬进口总额的 90%），草莓约为 0.9 亿多美元（占 98.4%），西瓜约为 0.94 亿美元（占 90%），木瓜约为 0.62 亿美元（占 75%），鳄梨约为 1.56 亿美元（占 67%）。[①] 这 10 种农产品的对美出口总额约为 22

① FAO 统计数据。

亿美元，占农产品出口总额的 1/4 左右。

在对美出口的带动下，墨西哥成为蔬菜、水果的生产大国。2007 年墨西哥的甜橙产量约为 414 万吨，是世界第三大生产国；柠檬产量为 203 万吨，是世界第一大生产国；芒果产量为 186 万吨，是世界第四大生产国；鳄梨为 115 万吨，是世界第一大生产国；木瓜为 90 万吨，是世界第二大生产国；青椒为 208 万吨，是世界第三大生产国；等等。[①]

在墨西哥的农产品进口方面，100% 的玉米、94% 的大豆、74% 的小麦、99% 的高粱、99% 的棉花来自美国。这几大类农产品的进口约占农产品进口总额的 65%。[②]

第二，基本实现了农产品贸易平衡。

在农产品贸易中，谷物和油料作物是墨西哥贸易逆差的主要来源，蔬菜、水果和工业原料作物是贸易盈余的主要来源，其中绝大部分盈余来自蔬菜。

如表 5.15 所示，1990—2005 年农产品贸易基本处于平衡状态。1990—1994 年年均贸易盈余为 0.12 亿美元，1995—1999 年为 3.07 亿美元，2000—2005 年为 -1.82 亿美元。自北美自由贸易协定正式生效以来，蔬菜贸易盈余的大幅度增加是实现农产品贸易基本平衡的主要原因，

表 5.15　　　　　　1990—2005 年农产品年均贸易盈余状况　　　　单位：亿美元

	1990—1994 年	1995—1999 年	2000—2005 年
农产品贸易盈余	0.12	3.07	-1.82
蔬菜	9.71	16.68	23.76
水果	2.60	4.68	5.47
工业原料作物	3.41	6.93	2.33
谷物	-4.84	-9.98	-14.59
油料作物	-5.89	-10.99	-13.37
饲料作物	-4.13	-3.41	-4.61
其他	-0.75	-0.83	-0.81

资料来源：SAGARPA, *Evolución de algunos indicators del secor agroalimentario en México*, *antes y después del TLCAN*, Febrero de 2007.

　　[①]　SAGARPA, *Evolución de algunos indicators del secor agroalimentario en México*, *antes y después del TLCAN*, Febrero de 2007.

　　[②]　Ibid. .

1990—1994 年，蔬菜的年均贸易盈余为 9.71 亿美元，1995—1999 年增至 16.68 亿美元，2000—2005 年增至 23.76 亿美元。

自 20 世纪 80 年代以来，谷物、油料作物、蔬菜和水果占农产品贸易总额的 80% 以上，谷物和油料作物是主要进口农产品，蔬菜和水果是主要出口农产品，1980—1984 年这四大类农产品的年均贸易额为 21.8 亿美元，2000—2006 年增至 88.6 亿美元。只要谷物、油料作物的贸易逆差和蔬菜、水果的贸易顺差基本实现了平衡，就能基本实现农产品贸易平衡。如表 5.16 所示，20 世纪 80 年代前半期，蔬菜、水果的贸易盈余较少，谷物、油料作物的贸易逆差较多，1980—1984 年这四大类农产品的年均贸易盈余约为 –10 亿美元，占年均贸易总额的比重高达 –45.9%。1985—1989 年蔬菜、水果的贸易盈余有所增加，谷物、油料作物的逆差则基本稳定，四大类农产品的年均贸易逆差缩小至约 3 亿美元，占年均贸易总额的比重降至 –14.6%；1990—1994 年年均贸易逆差减至 2.4 亿美元，占年均贸易总额的比重进一步降至 –8.9%。

表 5.16　　　　1980—2006 年谷物、油料作物和蔬菜、水果的贸易
总额及贸易盈余　　　　　　　　　单位：亿美元

	1980—1984 年	1985—1989 年	1990—1994 年	1995—1999 年	2000—2006 年
①年均贸易额	21.8	20.6	37.0	61.4	88.6
②年均贸易盈余	–10.0	–3.0	–2.4	–2.2	–0.6
②/①（%）	–45.9	–14.6	–8.9	–3.6	–0.7

资料来源：根据 FAO 的农产品贸易统计数据计算。

北美自由贸易协定正式生效后，谷物、油料作物的贸易逆差和蔬菜、水果的贸易盈余均大幅度增加，但是四大类农产品的贸易却基本实现了平衡。1995—1999 年四大类产品的年均贸易逆差减至 2.2 亿美元，占年均贸易总额的比重降至 –3.6%；2000—2006 年，年均贸易逆差仅为 0.6 亿美元，占年均贸易总额的比重仅为 –0.7%。

随着墨、美两国农产品贸易的迅猛增长，墨、美两国形成了三条水果、蔬菜产业链。第一条是以美国得克萨斯州与墨西哥东北部为轴线并波及墨西哥东部、中部和南部的热带水果和反季节蔬菜产业链；第二条是美国亚利桑那州与墨西哥锡那罗亚州、索诺拉州之间的产业链；第三条是美

国加利福尼亚州与墨西哥下加利福尼亚州之间的产业链。

第一条产业链的规模最大，几乎覆盖墨西哥全境和美国的大部分州。得克萨斯州是美国热带农产品和冬季蔬菜、水果的主产区。早在 20 世纪初，随着经济发展和人口增长，得克萨斯州的农产品日益不能满足国内消费。20 世纪 30 年代，得克萨斯州的农业企业开始到墨西哥北部、东北部地区从事反季节水果、蔬菜的种植。50 年代以来，这条产业链波及的区域不断扩大，几乎蔓延到墨西哥全境；另外，在这条产业链中，农业生产的专业化程度不断提高，反季节蔬菜是最主要的农产品，其中西红柿是最大宗的农产品。

20 世纪 60—90 年代初，由于受美国限制农产品进口政策的制约，各条产业链上的墨、美两国企业采取了多种措施和手段，使蔬菜和水果的贸易量缓慢增长，1961—1991 年的 31 年间，墨西哥对美国的蔬菜、水果出口额由 0.46 亿美元增至 15.32 亿美元。[1] 北美自由贸易协定生效以后，在这几条产业链的带动下，墨西哥对美国的蔬菜、水果出口迅猛增长，2001 年的出口额为 34.3 亿美元，2006 年达到 57 亿美元。自 20 世纪 90 年代中期以来，美国冬季消费的水果和蔬菜，65% 来自墨西哥；墨西哥出口的水果、蔬菜，98% 销往美国。[2]

四　农村地区的家庭货币收入明显增加

墨西哥关于农村的定义有狭义和广义两种，前者将人口少于 2499 人的居民点定义为农村，后者将 4999 人以下的居民点定义为农村。按照狭义农村概念，根据 2000 年的普查统计，墨西哥的农村地区约有 2560 万人，分布在 196350 个居民点，其中：1—49 人的居民点 133164 个，占 67.8%；50—99 人的有 15415 个，占 7.9%；100—499 人的有 33778 个，占 17.2%；500—999 人的有 8698 个，占 4.4%；1000—1999 人的有 4481 个，占 2.3%；2000—2499 人的有 814 个，占 0.4%。[3]

---

[1]　María del Carmen del Valle Rivera, *El Desarrollo Agrícola y Rural del Tercer Mundo en el Contexto de la Mundialización*, PYV, México D. F., 2004, p. 235.

[2]　Instituto Nacional de Estadística y Geografía (INEGI), *Boletín de Información Oportuna del Sector Alimentario*, Número 275, octubre de 2008.

[3]　SAGARPA, *El Sector Agroalimentario Mexicano: Evolución, Retos y Perspectinas*, p. 61, septiembre de 2006.

　　按照收入的形式，家庭收入可简化为货币收入和非货币收入两部分。随着经济和社会的发展，货币收入是体现家庭收入水平的主要指标。自1994年以来，货币收入在农村家庭总收入中所占的比重不断增加，而非货币收入的比重持续下降。1994—2004年货币收入的比重由71.6%升至81.3%，而非货币收入的比重则由28.4%降至18.7%。[①]

　　自20世纪90年代初以来，农村地区的家庭货币收入明显增加，如表5.17所示，1992年农村地区的家庭平均货币收入不足1.5万比索，虽然在1996—1998年有所减少，但在2000年以后增至1.7万比索左右。1992—2005年农村地区的家庭平均货币收入年均增长率为1.12%，而城市地区的家庭平均货币收入年均增长率却为－0.29%，因此城乡收入差距趋于缩小，二者的平均货币收入之比由1992年的39.0%上升至2004年的49.5%。

表5.17　　　　　1992—2005年墨西哥农村地区家庭平均货币收入

（按2004年比索不变价格计）

年份	农村平均	城市平均	农村/城市（%）
1992	14650	37605	39.0
1994	14990	38957	38.5
1996	12556	27801	45.2
1998	11465	29126	39.4
2000	17099	34862	49.0
2002	16857	34231	49.2
2004	17428	35176	49.5
2005	16930	36230	46.7
年均增长率（%）	1.12	－0.29	

　　资料来源：SACARPA，*Evolución de algunos indicators del secor agroalimentario en México，antes y después del TLCAN*，Febrero de 2007.

---

　　① SAGARPA，*El Sector Agroalimentario Mexicano：Evolución，Retos y Perspectinas*，p.62，septiembre de 2006.

　　导致农村地区家庭货币收入增长的直接原因是收入构成发生了很大变化，非农业劳动报酬和转移支付成为货币收入的主要来源。如表 5.18 所示，1994—2004 年非农业劳动报酬收入是货币收入增加的第一大来源，其占农村家庭货币收入的比重由 44.3% 升至 54.9%，增长了 10.6 个百分点，其中非农业工资收入所占的比重由 26.5% 升至 36.3%；第二大来源是公共转移支付，其所占的比重由 2.1% 升至 7.9%，增长了 5.8 个百分点；第三大来源是境外侨汇收入，由 2.7% 升至 4.1%，增长了 1.4 个百分点。农业收入的比重有所减少，由 29.8% 降至 17.3%，下降了 12.5 个百分点，其中：农业生产收入由 19.4% 降至 9.1%；农业工资收入由 10.4% 降至 8.2%。其他收入略有下降，由 12.0% 降至 11.2%。

　　表 5.19 说明了墨西哥中西部农村地区家庭平均货币收入的变化情况。1994—2004 年中西部地区农村家庭平均货币收入由 7649 比索增至 10711 比索，增加了 3062 比索，其中公共转移支付增加 1711 比索，非农业工资收入增加 963 比索，侨汇收入增加 851 比索。与此相反，农业收入减少了 325 比索，国内私人转移支付减少了 113 比索，其他收入减少了 27 比索。

表 5.18　　　　　　　　1994 年和 2004 年农村家庭货币收入构成　　　　　　单位:%

	1994 年	2004 年
非农劳动收入	44.3	54.9
其中：工资收入	26.5	36.3
农业收入	29.8	17.3
其中：农业生产收入	19.4	9.1
工资收入	10.4	8.2
转移支付	13.9	16.6
其中：公共转移支付	2.1	7.9
境外侨汇收入	2.7	4.1
国内私人转移支付	9.1	4.6
其他收入	12.0	11.2

　　资料来源：SAGARPA, *El Comportamiento del Ingreso Rural en México 1994 – 2004*, Cuadro II.1, abril 2006.

表 5.19   1994 和 2004 年中西部地区农村家庭平均货币收入构成

（按 2004 年比索不变价格计）

	1994 年	2004 年	增减
1. 非农劳动收入	6888	7526	638
工资收入	2958	3921	963
2. 农业收入	3930	3605	−325
3. 转移支付	562	1300	738
侨汇收入	281	1132	851
国内私人转移支付	281	168	−113
公共转移支付	99	1810	1711
4. 其他收入	100	73	−27
5. 总收入	7649	10711	3062

资料来源：Secretaria de Agricultura Ganaderia, Desarrollo Rural, Pesca y Alimentacion, *El Comportamiento del Ingreso Rural en México 1994－2004*, Cuadro II. 4, bril 2006.

非农业劳动收入是农村地区家庭货币收入增加的主要来源，而非农就业的增加则是非农劳动收入增加的直接原因。改革开放以前，农村地区的劳动力，特别是村社社员被束缚在土地上，如村社社员必须连续耕种其分得的土地，如果连续两年不能耕种其土地，则村社将收回其土地另行分配。土地私有化改革将农村地区的劳动力，特别是村社社员，从土地束缚中解放出来，允许他们永久性地离开土地而从事非农业生产劳动。因此，农业改革开放使农村地区的非农业就业有较大幅度的增加。如表 5.20 所示，1995—2003 年从事农业种植业的劳动力占农村地区就业总人口的比重由 53.8% 降至 43.4%，下降了 10.4 个百分点，而从事制造业的劳动力所占的比重增加了 7.5 个百分点，从事畜牧业、林业和渔业的增加了 3.2 个百分点，从事服务业的增加了 2.0 个百分点。

表 5.20   1995 年和 2003 年墨西哥农村地区就业结构   单位:%

	1995 年	2003 年	变化值
就业结构	100.0	100.0	
农业种植业	53.8	43.4	−10.4
畜牧业、林业和渔业	9.0	12.2	+3.2

续表

	1995 年	2003 年	变化值
采掘业	0.7	0.1	-0.6
制造业	11.0	18.5	+7.5
其中：建筑业	4.6	6.8	+2.2
纺织、服装行业	2.3	3.3	+1.0
食品、饮料行业	1.4	3.4	+2.0
零售业	11.7	10.0	-1.7
服务业	13.8	15.8	+2.0

资料来源：Dorte Verner, "Activities, Employment, and Wages in Rural and Semi-Urban Mexico", *World Bank Policy Research Working Paper 3561*, April 2005.

随着农村地区家庭货币收入的增加，农村地区的贫困人口也有所减少。墨西哥 2/3 左右的贫困人口居住在农村地区，墨西哥政府将贫困人口分为三类：第一类为食品型贫困人口，其收入不足以购买满足最低生存标准所需的食品；第二类为发展型贫困人口，其收入水平能够满足食品消费，但不能满足医疗和教育需求；第三类为资产型贫困人口，其收入水平能够解决食品、医疗和教育等需要，但还不能满足居住、交通等需要，如住所内没有供水、排水、电、通信等基础设施，没有能力购买机动车等交通工具。

2000 年墨西哥社会发展部将日均收入少于 15.4 比索（按 2000 年的年均汇率计算，约合 1.6 美元）的人口界定为食品型贫困人口，日均收入少于 18.9 比索（约 2 美元）的为发展型贫困人口，少于 28.1 比索（约 3 美元）的为资产型贫困人口。[①] 如表 5.21 所示，受 1995 年金融危机的影响，贫困人口占墨西哥农村地区总人口的比重有较大幅度的提高，1992—1996 年，食品型贫困人口所占的比重由 35.6% 升至 52.4%，发展型贫困人口（含食品型贫困人口，下同）由 41.8% 升至 60.2%，资产型贫困人口（含前两类贫困人口，下同）由 65.0% 升至 80.8%。2000 年以后，随着货币收入的增加，农村地区的贫困人口有较大幅度的减少。

[①] Secretaría de Desarrollo Social, *Medición de la pobreza Variantes metodológicas y estimación preliminar*, México, julio de 2002.

2000—2004 年，食品型贫困人口由 1619 万人减至 1094 万人，其占农村人口的比重由 42.4% 降至 27.6%；发展型贫困人口由 1909 万人减至 1417 万人，所占比重由 50.1% 降至 36.1%；资产型贫困人口由 2646 万人降至 2256 万人，所占比重由 69.3% 降至 57.4%。[①]

表 5.21　　　　1992—2004 年贫困人口占农村地区总人口的比重　　　单位:%

	1992 年	1996 年	2000 年	2004 年
食品型贫困	35.6	52.4	42.4	27.6
发展型贫困	41.8	60.2	50.1	36.1
资产型贫困	65.0	80.8	69.3	57.4

资料来源：（1）1992 年、1996 年和 2000 年的数据来源：Secretaría de Desarrollo Social, *Evolución y características de la pobreza en Méxicoen la última década del siglo XX*, México, agosto 2002, p. 19.

（2）2004 年的数据来源：SACARPA, *Evolución de algunos indicators del secor agroalimentario en México, antes y después del TLCAN*, Febrero de 2007, p. 65.

[①]　SACARPA, *Evolución de algunos indicators del secor agroalimentario en México, antes y después del TLCAN*, Febrero de 2007, p. 65.

第 六 章

墨西哥农业改革开放的消极影响

改革开放以来，虽然农业 GDP 的增长率超过了人口增长率，且呈现出加速增长的趋势，但从较长的历史时期以及同其他发展中国家的比较来看，墨西哥的农业 GDP 增长速度较慢。1990—2005 年墨西哥农业增加值[①]的年均增长率为 1.7%[②]，低于同期 GDP 的年均增长率（3.0%[③]）；在此期间，巴西农业增加值的年均增长率为 4.1%，智利和中国为 3.7%，阿根廷为 2.7%[④]。

农业生产的增长速度相对较慢表明，改革开放给农业部门带来了一些消极影响，主要表现在四个方面。第一，农业投资不足。墨西哥农业改革开放的一个主要目的是希望将大量的私人投资和贷款引向农业生产领域，借此促进农业以较高的速度增长。但在实际过程中，政府部门大幅度减少农业开支，银行等金融机构的农业贷款也大幅度下降，而国内外的私人投资却没有大量流入农业部门，致使农业增长速度相对较慢。第二，不公平竞争不利于增加农民的收入。墨、美两国的不对称性使两国间的农业竞争不利于墨西哥。同时，无论是墨、美两国间的农产品贸易还是墨西哥国内的农产品市场，市场垄断程度均较高，大部分农产品销售收入被批发和零售环节分配，农民只得到一小部分，不利于使农业成为有利可图的行业，不利于提高农民的收入水平。第三，美国玉米的大量进口使墨西哥的玉米种植面积有所减少。由于美国玉米与墨西哥玉米之间存在着一定程度的替

---

① 墨西哥、巴西、智利、中国、阿根廷的农业增加值是指农业、畜牧业、渔业和林业的增加值。

② 根据 SIAP 的统计数据计算。

③ 根据 INEGI 的统计数据计算。

④ World Bank, *World Development Report 2008*: *Agriculture for Development*, Oct. 2007, Washington D. C.

代关系，因此美国玉米的大量进口不仅抑制着墨西哥国内玉米生产者价格的提高，而且使墨西哥的玉米种植面积减少了 1/8 左右，使种植玉米的农民数量减少了 50 多万户。第四，农民收入差距扩大。墨西哥一半以上的农民是自给型农民，拥有的土地不足 5 公顷，耕地数量有限，主要种植玉米、菜豆等粮食作物且主要用于自己的消费，农产品销售收入较为有限；政府提供的农业补贴，特别是种植补贴计划等货币收入补贴，以耕地面积为基础进行发放，致使这部分农民的补贴收入较少。在市场垄断程度较高且土地占有严重不均的情况下，绝大部分农民不能充分分享农业增长和政府支持的收益，农民的收入差距扩大。

第一节　农业增长速度相对较慢

1990—2005 年，墨西哥农业增加值的年均增长率为 1.7%，低于同期 GDP 的年均增长率，也低于巴西、智利、中国、阿根廷等其他发展中国家同期的农业增加值增长速度。农业投资不足和农业贷款大幅度减少是导致农业增长速度相对较慢的两大主要原因。

一　农业投资不足

政府的农业投资减少，私人投资没有大量流入农业部门，导致农业投资不足，农业部门的投资比重远低于其产值比重是投资不足的主要表现。

1. 墨西哥政府削减农业直接投资

改革开放以前，墨西哥政府是农业投资主体，大量公共投资集中在农业部门，这是农业生产快速增长的一个重要原因。20 世纪 50 年代是墨西哥农业现代化的高峰期，绝大部分农业投入来自政府。如图 6.1 所示，1950—1959 年政府投入占农业投资的 66%。60 年代以后，随着粮食自给的实现和进口替代工业化进入资本密集型的重化工业阶段，政府的投资重点全面转向工业领域，农业投资逐渐减少。1960—1969 年政府投入占农业投资的比重降至 46%，70 年代降至 39%，80 年代进一步降至 36%。

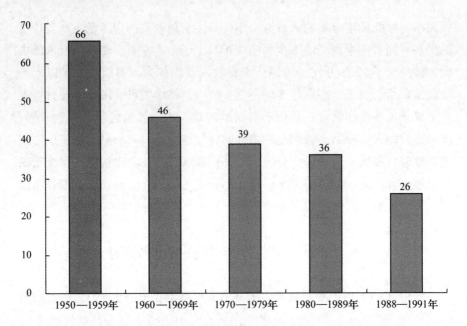

图 6.1　1950—1991 年墨西哥政府的农业直接投入占农业投资的比重

资料来源：NAFINSA，*La Economia Mexicana en Cifras*，México D. F，1992，pp. 68 – 70.

改革开放以来，墨西哥联邦政府大幅度削减包括农业在内的各个领域的财政开支，政府的农业投资有较大幅度的减少，1988—1991 年政府投入占农业投资的比重降至 26%。按比索不变价格计，1988—1994 年政府部门的农业投资至少减少了 50%。

自 80 年代中期以来，在改革的过程中，墨西哥政府取消了大部分农用物资的补贴，这是政府削减农业投入的重要措施，直接导致了政府部门农业投入的大幅度减少。

1988 年以前，特别是在 1982—1985 年间，尽管墨西哥陷入了严重的债务危机，但墨西哥政府的农业投入仍占农业投资的 39%[①]左右，基本维持在 70 年代的水平上，主要用于肥料、水、电力、种子、农用拖拉机等农用物资的补贴。

1982—1988 年最重要的补贴是肥料补贴。墨西哥国有化肥公司是国有垄断企业，负责生产和按补贴价格销售农用肥料。一方面，随着耕地面

---

① NAFINSA，*La Economia Mexicana en Cifras*，México D. F，1992，pp. 68 –70.

积的扩大和肥料需求的增长，1973—1989 年该企业的肥料产量增长了 1 倍，年均增长率为 6% 左右。另一方面，肥料的补贴价格大大低于国际市场价格，如 1987 年复合肥的销售价格为同类产品国际市场价格的 47%，尿素为 42%，磷肥为 36%，等等。在这种情况下，化肥公司是墨西哥政府的第二大补贴机构，其补贴占 GDP 的 0.3% 左右，仅次于国民生活必需品公司。1989 年，墨西哥政府取消了肥料补贴，将化肥公司进行了私有化，1990 年墨西哥政府完全退出了化肥的生产和销售领域。肥料补贴的取消和化肥公司的私有化使肥料价格迅猛上涨，1988—1994 年的上涨幅度近 300%。[①]

20 世纪 80 年代末 90 年代初，取消了种子和农机补贴。负责良种培育、生产和推广的国有企业 PRONASE，大部分被解散，只保留了玉米和菜豆两种作物的技术服务职能。在农用机械方面，墨西哥政府主要向两家农机生产企业提供财政补贴，由其以较低的价格向农民供应拖拉机等农用机械，1984—1988 年平均每年销售 9500 多台拖拉机。农机补贴取消后，农用拖拉机的销售量大幅度下降，1995—1997 年的年均销售量仅为 3500 多台。1995 年以后，各类农用机械的使用量也几乎没有增长，如 1995 年的使用量为 32.4 万台，2006 年为 32.5 万台[②]。

长期以来，农业用水一直是水资源政策的重点补贴对象。20 世纪 50 年代，水利设施建设占政府支出的 10% 以上。60 年代以后，随着大型水利工程的完工，水利投资的重点转向小型灌溉工程、已有设施的维护以及农业用水的补贴等方面。改革开放以前，农民支付的灌溉用水水费仅占运行和维护水利设施成本的 20% 左右。自 80 年代初开始，墨西哥政府对水资源管理体制进行改革，一方面，除大型的流域性水利设施外，所有的中小农田水利设施实行"承包制"，按灌溉区域将农田水利设施"承包"给当地的农民或农业生产组织，同时将收费权和维护的责任一同下放给农民，由农民自行管理。另一方面，政府大幅削减了水利投入和农业用水补贴。如表 6.1 所示，1995—2003 年墨西哥政府的水利设施投入呈现出不断减少趋势，按 2003 年比索不变价格计，年均水利设施投入由 1995—

①　OECD, *Agricultural and Fisheries Policies in Mexico*：*Recent Achievement*, *Continuing the Reform Agenda*, p. 76, OECD Publishing, 2006.

②　FAO 统计数据。

1997 年的 67 亿比索减至 2001—2003 年的 31 亿比索，而每年的农业用水补贴约为 70 亿比索。

表 6.1　　　1995—2003 年墨西哥政府的水利设施投入和农业用水补贴

	水利设施投入（亿比索）	农业用水补贴（亿比索）
1995—1997 年	67	67
1998—2000 年	47	70
2001—2003 年	31	69

资料来源：Vicente Fox Quesada, *Quinto Informe de Gobierno*, Anexo estadístico, 01.09, 2005.

墨西哥政府对农业政策的改革与调整使农业投资占联邦政府财政支出的比重大幅度下降。1974—1975 年农业投资占联邦政府财政支出的 20%，1977 年达到 23.9%。[1] 80 年代，在债务危机和财政改革的影响下，农业投资占联邦政府财政支出的比重由 1980 年的 16.6% 降至 1986 年的 9.2%。[2] 90 年代以来，农业投资占联邦政府财政支出的比重更是降至 0.5% 以下。如表 6.2 所示，1995—2006 年农业投资占联邦政府财政支出的比重仅为 0.3% — 0.5%。

表 6.2　　　　　　1995—2006 年联邦政府的财政支出和农业投资

单位：亿比索，%

	财政支出	农业投资	农业投资占财政支出的比重
1995 年	16431	81	0.5
1996 年	22621	99	0.4
1997 年	29966	115	0.4
1998 年	36260	137	0.4
1999 年	46291	173	0.4
2000 年	58440	204	0.3
2001 年	63789	222	0.3
2002 年	69153	280	0.4

①　陈芝芸：《墨西哥农业的兴衰及前景分析》，《农业经济问题》1980 年第 6 期。
②　陈芝芸：《当前墨西哥的农业危机和政府的对策》，《世界农业》1991 年第 1 期。

续表

	财政支出	农业投资	农业投资占财政支出的比重
2003 年	77463	309	0.4
2004 年	84307	332	0.4
2005 年	91949	428	0.5
2006 年	106557	470	0.4

资料来源：（1）联邦政府财政支出的数据来源为墨西哥中央银行统计数据；

（2）联邦政府的农业投资数据来源为 INEGI 统计数据。

90 年代中期以来，按比索可变价格计，墨西哥联邦政府的农业投资大幅度增长，由 1995 年的 81 亿比索增至 2006 年的 470 亿比索，增长了4.8 倍。如果按 1994 年比索不变价格计，则政府的农业投资增长幅度较为有限。如图 6.2 所示，1995—1997 年的年均投资额为 55 亿比索，2004—2006 年为 110 亿比索左右。

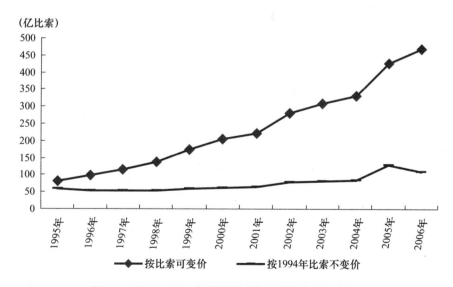

图 6.2　1995—2006 年墨西哥联邦政府的农业投资额

资料来源：根据 INEGI 的统计数据计算。

2. 私人投资没有大量流入农业部门

改革开放激发了农民的生产积极性，同时"农村联盟"等政府的农业支持政策也带动了每年数十亿比索的私人农业投资，但是在农村"二元"结构状况下，自给型农民收入水平较低，投资能力较为有限；而对于主要从事商品农业的农民而言，由于受市场风险、资金、自然条件等因素的制约而不愿意进行长期的农业投资。如表 6.3 所示，按 1993 年比索不变价格计，1988—2006 年私人年均农业投资额仅为 20 亿—30 亿比索。

表 6.3　　　　　　　　1988—2006 年年均私人农业投资额　　　　　单位：亿比索

1988—1994 年	22
1995—1998 年	23
1999—2003 年	28
2004—2006 年	30

资料来源：（1）INEGI, *Sistema de Cuentas Nacionales de México*：*Cuentas de bienes y servicios 2003 - 2006*, México, 2008.

（2）INEGI, *Sistema de Cuentas Nacionales de México*, *Cuentas de Bienes y Servicios 1988 - 1999*, México, 2000.

　　与此同时，农业部门也没有吸引大量外资的流入。如表 6.4 所示，1998—2007 年流入墨西哥的外国直接投资（FDI）累计达 2028 亿美元，而流入农业部门的仅 5.56 亿美元，占总量的 0.27%。

表 6.4　　　　　　1998—2007 年流入墨西哥农业部门的外国直接投资

	FDI（亿美元）	农业部门 FDI（亿美元）	农业部门 FDI 占 FDI 总额的比重（%）
1998 年	84	0.29	0.35
1999 年	138	0.83	0.60
2000 年	180	0.92	0.51
2001 年	297	0.64	0.21
2002 年	237	0.93	0.39
2003 年	162	0.12	0.07
2004 年	236	0.21	0.09
2005 年	228	0.10	0.04

	FDI（亿美元）	农业部门 FDI（亿美元）	农业部门 FDI 占 FDI 总额的比重（%）
2006 年	196	0. 22	0. 11
2007 年	270	1. 31	0. 48
累计	2028	5. 56	0. 27

资料来源：Secretaría de Economía, *Dirección General de Inversión Extranjera*, Reporteador de los flujos de inversión extranjera directa en México, Julio de 2008.

3. 农业部门的投资比重低于产值比重

一般情况下，一个经济部门的投资额占全国投资总额的比重，即投资比重，与其产值比重（该经济部门占 GDP 的比重）应基本相等，或其投资比重略高于产值比重。如表 6.5 所示，长期以来，农业部门的投资比重一直低于农业产值比重，二者之差为 -2%——-5%。

表 6.5　　　1980—2006 年部分年份农业部门的投资比重和产值比重　　单位:%

	投资比重	产值比重
1980 年	3. 2	6. 6
1985 年	2. 3	7. 1
1990 年	2. 0	6. 5
1995 年	- 0. 9	4. 2
2000 年	0. 8	3. 8
2006 年	0. 6	3. 1

资料来源：（1）CEPAL，"Información Básica del Sector Agropecuario：Subregión Norte de América Latina y el Caribe，1980 -2000"，LC/MEX/L. 506，21 de diciembre de 2001.

（2）INEGI，*Sistema de Cuentas Nacionales de México*：*Cuentas de bienes y servicios 2003 - 2006*，México，2008.

（3）INEGI，*Sistema de Cuentas Nacionales de México*，*Cuentas de Bienes y Servicios 1988 - 1999*，México，2000.

改革开放以后，在政府部门大幅度削减农业投资的同时，国内外的私人投资不仅没有填补投资空白，而且在金融危机和美国经济衰退的影响下还急剧减少。如图 6.3 所示，改革开放初期，1989—1992 年虽然政府部门已经开始削减农业投资，但由于墨西哥经济刚刚走出债务危机，出现了恢复性增长繁荣，农产品的国内需求和出口需求旺盛，带动了私人投资增加，年均农业投资增长率高达 24.6%。1993—1996 年墨西哥政府已削减了大部分农业投资，当时北美自由贸易协定刚刚签订，农民对来自美国的农业竞争充满忧虑，投资积极性大大降低，再加上 1994 年底又爆发了金融危机，使私人农业投资急剧减少，年均投资增长率为 -135%。1997—1999 年为恢复性增长阶段，但农业投资增长率仍为负值。2000—2002 年受美国经济衰退的影响，墨西哥经济也陷入衰退之中，农产品出口下降，经济前景不明，私人农业投资的年均下降幅度高达 380%。

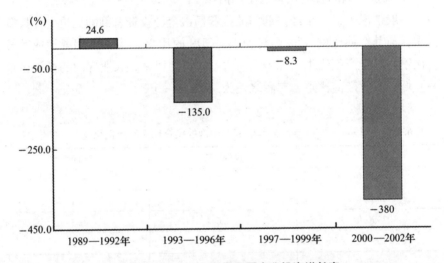

图 6.3　1989—2002 年墨西哥农业投资增长率

　　资料来源：（1）CEPAL，"Información Básica del Sector Agropecuario：Subregión Norte de América Latina y el Caribe，1980 - 2000"，LC/MEX/L. 506，21 de diciembre de 2001.

　　（2）CEPAL，"Información Básica del Sector Agropecuario：Subregión Norte de América Latina y el Caribe，1990 - 2003"，LC/MEX/L. 656，18 de marzo de 2005.

　　改革开放将增加农业投资的责任交给了农民和私人，在原本就投资不足的情况下，私人投资却因市场风险、资金和自然条件等因素的制约而大幅度减少，严重影响了农业增长速度。

二　农业贷款减少

农业贷款补贴的取消和金融部门的改革使金融机构发放的农业贷款大

幅度减少。墨西哥政府为了增加农业贷款而实施了一系列的政策措施，收效甚微。土地私有化改革以及允许农民用土地作为贷款抵押，也没有激发金融机构发放农业贷款的积极性。

1. 农业贷款减少的主要表现

（1）贷款额大幅度减少

如表6.6所示，按1994年比索不变价格计，1983—1987年在债务危机的影响下，农业贷款有所减少，但每年的贷款额仍保持在200亿—300亿比索。1988—1995年农业贷款呈逐年增加势头，由207亿比索增至508亿比索。1995—2008年农业贷款大幅度下降，由508亿比索减至64亿比索，也就是说，按1994年比索不变价格计，2008年的农业贷款额仅为1995年的12.5%左右。

表6.6　　　　　　　　　1983—2008年墨西哥农业贷款　　　单位：亿比索计，%

	农业贷款额	农业贷款占贷款总额的比重	农业贷款增长率
1983 年	260	6	−25
1984 年	295	7	13
1985 年	296	6	0
1986 年	228	4	−23
1987 年	200	3	−13
1988 年	207	6	4
1989 年	285	7	38
1990 年	356	9	25
1991 年	337	7	−5
1992 年	392	7	16
1993 年	426	7	9
1994 年	505	6	19
1995 年	508	6	0.6
1996 年	414	5	−18
1997 年	362	5	−13
1998 年	335	5	−7
1999 年	234	4	−30

续表

	农业贷款额	农业贷款占贷款总额的比重	农业贷款增长率
2000 年	191	4	−18
2001 年	171	4	−10
2002 年	132	3	−23
2003 年	110	2	−16
2004 年	95	2	−13
2005 年	77	1	−19
2006 年	59	1	−24
2007 年	57	1	−3
2008 年	64	1	13

资料来源：Banco de México, *Estadísticas：Financiamiento e información financiera de intermediarios financieros*，www. banxico. gob. mx.

（2）农业贷款占贷款总额的比重大幅度下降

1998 年以前的大部分年份里，农业贷款占全部贷款的比重基本保持在 5% 以上，个别年份（如 1990 年）高达 9%。1999 年以来，农业贷款所占的比重持续下降，2005—2008 年仅为 1% 左右。

（3）农业贷款处于负增长状态

1983—2008 年，农业贷款的实际年均增长率（按 1994 年比索不变价格计）为 −2.0% 左右。

（4）政策性金融机构几乎退出了农业信贷市场

如表 6.7 所示，1995 年以来，商业银行和政策性金融机构发放的农业贷款呈逐年减少趋势，商业银行由 525 亿比索减至 354 亿比索，政策性金融机构由 161 亿比索减至 4 亿比索。

1995—2003 年政策性金融机构提供的农业贷款占农业贷款总额的比重呈不断上升趋势，由 23% 升至 43%。但 2005 年以来，政策性金融机构几乎退出了农业贷款领域。2008 年政策性金融机构发放的农业贷款为 4 亿比索左右，占农业贷款总额的比重仅为 1%，而商业银行的比重为 99%，商业银行几乎成为农业贷款的唯一来源。

表 6.7 1995—2008 年商业银行和政策性金融机构的农业贷款

单位：亿比索，%

	商业银行		政策性金融机构	
	农业贷款额	比重	农业贷款额	比重
1995 年	525	77	161	23
1996 年	544	72	208	28
1997 年	566	71	226	29
1998 年	608	72	241	28
1999 年	559	81	133	19
2000 年	452	73	165	27
2001 年	403	69	185	31
2002 年	279	59	197	41
2003 年	239	57	178	43
2004 年	245	65	132	35
2005 年	246	96	9	4
2006 年	241	96	10	4
2007 年	281	99	4	1
2008 年	354	99	4	1

资料来源：Banco de México, *Estadísticas*：*Financiamiento e información financiera de intermediarios financieros*，www. banxico. gob. mx.

2. 农业贷款补贴的取消和金融体制改革是农业贷款减少的重要原因

1988 年以前，由于有政府的财政补贴，农业贷款的实际利率为负值。例如，1982—1988 年农业贷款的年均名义利率为 55% 左右，而农业贷款的年均实际利率则为 - 17% 左右。1989 年，墨西哥政府取消了农业贷款补贴，使农业贷款的实际利率急剧上升，如 1989 年的名义利率为 48%，实际利率为 23% [1]。

在取消农业贷款补贴的同时，墨西哥政府对金融体制进行了重大改革，主要措施有金融自由化、利率市场化，等等。政策性金融机构也在改革之列。长期以来，特别是自 1975 年以来，农业信托基金和农村发展银

---

[1] Banco de México, *Estadísticas*：*Financiamiento e información financiera de intermediarios financieros*，www. banxico. gob. mx. 根据 1982—1988 年的统计数据计算。

行一直是最主要的农业信贷机构。前者隶属于墨西哥银行，主要向农民提供贷款担保，同时负责与财政部共同制定农业贷款政策，如编制年度农业贷款计划、核定贷款额度、确定贷款利率，等等。后者依靠财政部的财政支持，特别是农业贷款补贴，负责向农民直接发放贷款。

农业信托基金的改革主要是调整业务领域，减少亏损。农业贷款补贴取消后，农业信托基金的业务主要集中在贷款担保方面。为了减少亏损，农业信托基金逐渐将服务对象集中到高收入农民群体。如表 6.8 所示，2000—2005 年农业信托基金的担保金额有所增加，而受益人却大幅度减少，由 153 万人减至 103 万人，同时低收入农民占受益人的比重由 47% 降至 38%，高收入农民由 53% 升至 62%。

表 6.8　　　　　2000—2005 年农业信托基金的担保额及受益人

	担保金额（亿比索）	受益人（万人）	低收入农民比重（%）	高收入农民比重（%）
2000 年	259	153	47	53
2001 年	267	141	49	51
2002 年	317	165	42	58
2003 年	352	77	31	69
2004 年	460	78	34	66
2005 年	496	103	38	62

注：低收入农民：收入水平低于最低工资 3 倍的农民；高收入农民：收入水平高于最低工资 3 倍的农民。

资料来源：INEGI, *El sector alimentario en México*, Serie de estadísticas sectoriales, México, 2006.

对农业贷款影响较大的是农村发展银行的改革。1990—2002 年农村发展银行发放的农业贷款，违约率高达 60% 左右，亏损严重，难以为继。2003 年墨西哥政府被迫关闭农村发展银行，将其并入农村金融公司，与农业信托基金相互配合，共同向农民提供贷款担保服务，所不同的是农村金融公司可以直接向农民发放贷款。与农业信托基金的情况类似，农村金融公司的贷款业务也逐渐向耕地条件较好的农民倾斜。如表 6.9 所示，2000—2006 年，一方面，农村金融公司的农业贷款数量趋于减少；另一方面，贷款向灌溉田倾斜，灌溉田的比重由 26% 升至 56%，而雨养田的比重则由 74% 降至 44%。同时，农村金融公司的贷款受益人也有限，如 2004 年只有 4.6 万多农民获得了农村金融公司的贷款①。

表6.9　　　　　　　　　2000—2006 年农村金融公司的农业贷款

	贷款额 （亿比索）	受益耕地面积 （万公顷）	灌溉田比重 （%）	雨养田比重 （%）
2000 年	125	223	26	74
2001 年	126	152	46	54
2002 年	98	183	34	66
2003 年	17	30	34	66
2004 年	93	273	59	41
2005 年	127	356	67	33
2006 年	73	266	56	44

资料来源：Secretaría de Hacienda y Crédito Publico. 根据其统计数据计算。

农业贷款补贴的取消和金融自由化改革是农业贷款减少的主要原因，从供给和需求两个方面加大了农业贷款的成本，抑制了农业信贷的增长，使大部分农民难以获得贷款。墨西哥农村金融体系呈平行四边形结构，如图 6.4 所示，商业银行是农业贷款的主要来源，而商业银行主要向商品型农民提供贷款，因此能够获得这部分贷款的只有少部分商品型农民。政策性金融机构是农民获得贷款的第二大来源，近几年来，尽管这些金融机构直接发放的农业贷款数量非常有限，但它们是主要的贷款担保机构，凭借其担保，农民可以从商业银行获得贷款。政策性金融机构的主要服务对象是中小型农民和农民组织（特别是村社），这部分农民的商品化程度介于商品型农民和自给型农民之间，具有较高的收入增长潜力和贷款偿还能力。对于自给型农民这一最大的农民群体而言，其贷款来源则主要是政府项目，即通过政府的诸多援助计划和社会发展项目来获得贷款支持。但是，政府项目的投入在财政约束的制约下数量较为有限，因此自给型农民能够获得的贷款非常少。

---

① FINRURAL, "Informe de autoevaluación", México D. F, 2005.

对于中小型农民和农民组织而言，政策性金融机构提供的贷款担保具有重要的金融支持作用。2003—2006 年担保的乘数效应不断提高，由 9.7 提高至 15.6，2003 年每 1 比索的贷款担保，可以使农民获得 9.7 比索的贷款，2006 年则可以获得 15.6 比索的贷款。[1] 但是，政策性金融机构提供担保的贷款，就其分配情况来看，集中度很高，商品型农民是主要受益人。如表 6.10 所示，2003—2006 年通过墨西哥农业部的农村金融促进计划（担保计划）共提供了 168 亿比索的农业贷款，获得贷款最多的是锡那罗亚州，为 46 亿比索，其后依次为韦拉克鲁斯州 22 亿比索、下加利福尼亚州和奇瓦瓦州各 16 亿比索，这 4 个州共获得约 100 亿比索，占贷款总额的 59.5%；获得贷款较少的 4 个州为新莱昂州、阿瓜斯卡连特州、科阿韦拉州和尤卡坦州，除新莱昂州获得了约 3 亿比索的贷款外，其他 3 个州没有得到贷款，4 个州仅得到 3 亿比索的贷款，占总额的 1.8%。获得贷款较多的 4 个州均为商品农业较为发达的州，而获得贷款较少的 4 个州则均以自给型农业为主。

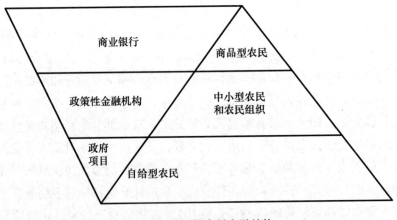

图 6.4　墨西哥农村金融结构

① Universidad Nacional Autónoma de México, *Evaluación Externa del Programa de Apoyo para Acceder al Sistema Financiero Rural*（*PAASFIR*）*2005 - 2006*, Facultad de Economía, UNAM, Septiembre de 2006.

表 6.10　　　　　　2003—2006 年 PAASFIR 担保贷款的分配情况

	贷款额（亿比索）	比重（%）
	168	100.00
获得贷款较多的 4 个州		
锡那罗亚州	46	
韦拉克鲁斯州	22	
下加利福尼亚州	16	
奇瓦瓦州	16	
小计	100	59.5
获得贷款较少的 4 个州		
新莱昂州	3	
阿瓜斯卡连特州	0	
科阿韦拉州	0	
尤卡坦州	0	
小计	3	1.8

资料来源：Universidad Nacional Autónoma de México, *Evaluación Externa del Programa de Apoyo para Acceder al Sistema Financiero Rural（PAASFIR）2005 - 2006*, Facultad de Economía, UNAM, Septiembre de 2006.

第二节　不公平竞争不利于增加农民的收入

在北美自由贸易协定框架内，墨西哥和美国之间的农产品市场基本实现了一体化，但是墨、美两国的不对称性使两国间的农业竞争不利于墨西哥。特别是美国的农业支持水平远高于墨西哥，使墨西哥农业承受着来自美国农业的不公平竞争。同时，在市场经济条件下，无论是两国间的农产品贸易还是墨西哥国内农产品市场，市场垄断程度均较高，大部分农产品销售收入被批发和零售环节分配，农民只得到一小部分，不利于使农业成为有利可图的行业，不利于提高农民的收入水平。

一　墨、美两国的不对称性

墨、美两国不对称性主要表现在以下几个方面。

在经济发展水平方面，美国 1993 年的 GDP 是墨西哥的 16 倍，人均国民生产总值（GNP）是墨西哥的 6 倍。2003 年即北美自由贸易协定生

效 10 年后，前者的 GDP 是后者的 17 倍，前者的人均 GNP 是后者的 6
倍。① 在农业 GDP 方面，1993 年美国的农业 GDP 为 1328 亿美元，是墨西
哥（242 亿美元）的 5.5 倍；2003 年前者（1091 亿美元）是后者（256
亿美元）的 4 倍。② 在农产品出口方面，1993 年美国的农产品出口额为
478 亿美元，是墨西哥（36 亿美元）的 13 倍；2003 年前者（623 亿美
元）是后者（86 亿美元）的 7 倍。③

在经济制度方面，在签订北美自由贸易协定以前，美国就一直奉行自
由市场的农业政策，而墨西哥则不然。尽管墨西哥自 20 世纪 80 年代中期
开始进行新自由主义改革，但政府对农业部门的干预程度仍然较高，农业
部门的市场化、自由化程度较低。因此，北美自由贸易协定生效后，墨西
哥必须按照美国的自由市场模式改革和调整农业政策，其政治成本相对
较高。

在农业生产方面，墨西哥的土地资源相对有限，且土质较差，全国约
有 2200 万公顷永久性耕地，其中 94% 属干旱或半干旱土地，只有 550 万
公顷水浇地，每个农业工人耕种 4.3 公顷耕地，农民人均耕地 1.2 公顷。
美国有 1.91 亿公顷永久性耕地，是墨西哥的近 8 倍，大部分土地地处温
带且不需灌溉，每个农业工人耕种 104 公顷耕地，每户农民拥有 25 公顷
耕地。墨西哥只有 7% 的农民使用现代农业生产技术，每公顷玉米的产量
仅为美国的 1/3—1/2，玉米的生产成本是美国的 1.2 倍，等等。

农业部门在墨、美两国的地位也不对称。如表 6.11 所示，尽管墨、
美两国农业部门的产值比重都较低，但墨西哥农业部门的就业比重和食品
消费占总消费的比重却较高。1997—1999 年墨西哥的农业部门吸纳了 1/5
以上的就业人员，而美国只有 2.7% 的劳动力在农业部门就业；墨西哥的
食品消费占总消费的比重为 22.1%，而美国的这一比重仅为 7.4%。这表
明，农业部门仍是墨西哥的一个重要经济部门，墨西哥的农业部门对北美
自由贸易协定的影响较为敏感。

---

① World Bank, Data & Research：Key Statistics, www. worldbank. org.
② World Bank, Data & Research：Key Statistics, www. worldbank. org. 根据世界银行的统计
数据计算。
③ FAO, *FAOSTAT*, http：//faostat. fao. org.

表 6.11   墨西哥、美国的农业地位比较   单位:%

	墨西哥	美国
农业部门的 GDP 比重		
1992—1994 年	6.2	1.7
1997—1999 年	4.9	1.5
农业部门的就业比重		
1992—1994 年	25.7	2.8
1997—1999 年	20.9	2.7
食品消费占总消费的比重		
1992—1994 年	22.5	8.1
1997—1999 年	22.1	7.4

资料来源: Vicente Fox, *3er Informe de Gobierno*, 2003.

在农业支持方面,美国的农业支持水平远高于墨西哥。如表 6.12 所示,1987—2006 年美国的年均农业"生产者支持估计值"为 375 亿美元,这意味着美国的消费者和纳税人平均每年向美国的农民转移支付 375 亿美元;在此期间,墨西哥的年均农业"生产者支持估计值"为 48 亿美元,仅为美国的 13%。美国对农业的支持力度呈逐渐加大趋势,1987—1993 年的年均农业"生产者支持估计值"为 344 亿美元,1994—2000 年增至 381 亿美元,2001—2006 年为 404 亿美元。墨西哥的情况有所不同,1987—1993 年,其年均农业"生产者支持估计值"为 47 亿美元;在农业改革和 1995 年金融危机的影响下,1994—2000 年的农业支持水平有所下降,减至 39 亿美元;2001 年以后,农业支持水平有所提高,2001—2006 年的年均农业"生产者支持估计值"增至 60 亿美元。

二 农产品市场的垄断程度较高

墨、美两国间农产品贸易的垄断程度很高,且美国企业居主导地位。在美国向墨西哥的农产品出口方面,两国间的谷物贸易被少数几家美国企业垄断。美国是世界上最大的谷物出口国,其 80% 的玉米出口、65% 的大豆出口被 3 家企业控制,60% 的谷物生产、收购、储运和销售被 4 家企业控制。在墨西哥向美国的农产品出口方面,美国和墨西哥的企业主导着墨、美农业产业链。在这些产业链上,几家美国企业居主导地位,它们制定了严格的水果、蔬菜质量标准和种植规范，控制着产品在美国的销售渠道；在收入分配方面，3/4 左右属美国方面，墨西哥方面得到 1/4。

表 6.12　　　　　　　1987—2006 年墨西哥、美国的年均农业
"生产者支持估计值"　　　　　单位：亿美元

	1987—1993 年	1994—2000 年	2001—2006 年	1987—2006 年
墨西哥	47	39	60	48
美国	344	381	404	375

资料来源：OECD，Agricultural policy：statistics，根据有关数据计算。

墨西哥国内的农产品市场垄断程度也较高。墨西哥城的农产品批发中心是一个较为典型的垄断型农产品交易市场，其蔬菜和水果的批发量约占全国的 10%，墨西哥城的 1/3。该中心被 6 家企业垄断，掌握着数万个中小型农产品供应商、批发商、经销商以及大型超市等。在蔬菜和水果的加工领域，全国有 500 多家企业，但最大的 30 家占全部加工量的 90% 左右。

在玉米等粮食市场，改革开放以前，国民生活必需品公司是最大的国有垄断企业，独家经营粮食购销。国民生活必需品公司撤销后，绝大部分粮食的购销集中到少数几家私人企业手中。以玉米为例，自 20 世纪 60 年代初以来，墨西哥的玉米价格经历了"统购统销"、"双轨制"和市场机制三种定价机制。1994 年以前，墨西哥国内的玉米市场实行"统购统销"制，由国民生活必需品公司负责实施，以较高的价格向农民收购玉米，以较低的价格向玉米用户出售玉米，这种体制一直延续到 1998 年上半年。1994—1998 年，墨西哥的玉米市场存在着"双轨制"，即国民生活必需品公司的"统购统销"制和北美自由贸易协定的自由贸易制，但以前者为主，如 1994—1996 年国民生活必需品公司的玉米收购量约占国内玉米总产量的 58%。事实上，自北美自由贸易协定正式生效起，墨西哥就向美国玉米开放了国内市场，15 年的过渡期和设定的进口配额形同虚设。1999 年以后，随着粮食流通市场化改革的完成，玉米的定价机制也实现了市场化。

在改革开放过程中，国民生活必需品公司在玉米市场上的垄断地位逐渐转移到少数几家私人企业手中。墨西哥 90% 以上的玉米为白玉米，用白玉米制作的玉米饼是墨西哥最主要的食品之一，玉米饼加工业是墨西哥食品工业中规模最大的产业，约有 1 万多家企业，其白玉米的用量约占全国总产量的 1/4 左右。在制作玉米饼前，需将白玉米加工成玉米面粉，因此，控制了玉米面粉的加工和销售，就基本上控制了整个玉米饼产业。墨西哥 3 家最大的玉米面粉加工企业拥有高达 90% 的市场占有率，即：玛赛加（Maseca，69%）、明萨（Minsa，25%）和茵萨农业（Agroinsa，6%）。由于垄断程度较高，玉米的批发价和零售价大幅度上涨。2003—2007 年玉米的批发价由 3080 比索/吨上涨至 5560 比索/吨，每吨上涨了 2480 比索，上涨幅度为 80.5%。同期，玉米零售价格由 4680 比索/吨上涨至 6740 比索/吨，每吨上涨了 2060 比索，涨幅为 44%。[①] 玉米价格的上涨通过以玉米为主要原料的食品，传递给了消费者。玉米饼是墨西哥的传统食品，更是中低收入家庭的主要食品。1999—2008 年玉米饼的价格由 3 比索/公斤上涨至 9 比索/公斤，涨幅为 200%。中低收入家庭，特别是城市中低收入家庭，对玉米饼等以玉米为主要原料的食品价格上涨较为敏感，引发了多起抗议玉米饼价格上涨的游行示威活动。这种因玉米饼价格上涨而引发的社会动荡称为"玉米饼危机"。

在市场垄断程度较高的情况下，农产品的生产者价格与零售价格之间的差距较大，大部分销售收入被批发、零售等环节分配，农民只得到一小部分。表 6.13 选择了柠檬、西红柿和玉米 3 种作物作一简要介绍。墨西哥是世界第一大柠檬生产国，2008 年柠檬的全国平均零售价为 12.47 比索/公斤，而生产者价格为 3.53 比索/公斤，生产者价格占零售价格的比重为 28%。墨西哥是世界第一大西红柿出口国，每年出口 100 万吨左右，约占全球西红柿出口总量的一半。2008 年西红柿的全国平均零售价为 8.22 比索/公斤，而生产者价格为 1.14 比索/公斤，生产者价格占零售价格的比重仅为 14%。玉米的情况略好一点，其 2008 年的全国平均生产者价格为 2.48 比索/公斤，约占零售价（6.74 比索/公斤）的 37%。

---

① SIAP 统计数据，www. siap. sagarpa. gob. mx.

表6.13　　　　　　2008 年墨西哥部分农产品的全国平均价格

单位：比索/公斤，%

	生产者价格	批发价	零售价	生产者价格占零售价的比重
柠檬	3.53	5.97	12.47	28
西红柿	1.14	3.65	8.22	14
玉米	2.48	5.56	6.74	37

资料来源：SIAP 统计数据。

第三节　玉米种植面积有所减少

关于北美自由贸易协定对玉米生产的影响，国外有许多研究。20 世纪 90 年代初，在北美自由贸易协定生效前后，不少国外学者认为，美国廉价玉米的大量进口，将会使墨西哥的玉米种植面积大幅度减少，70 万—80 万主要从事玉米种植的农民将被迫放弃玉米种植，玉米价格的下降将会使墨西哥农村地区的贫困人口增加。[1]

21 世纪初，在北美自由贸易协定生效 10 周年前后，学者们重新评估了北美自由贸易协定对墨西哥农业的影响，并进行了激烈的争论。有的学者认为，北美自由贸易协定引起了墨西哥国内玉米生产者价格的下降，加剧了农村地区，特别是小型和中型农民的贫困。[2] 也有的学者认为，早在北美自由贸易协定生效前，墨西哥国内玉米价格已经开始下降，墨西哥农村地区的贫困问题加剧，其主要原因是墨西哥政府的政策因素，而不应过

---

[1]　Levy Santiago and Sweder van Wijnbergen. "Maize and the Free Trade Agreement between Mexico and the United States", *World Rank Economic Revielv*, Vol. 6, No. 3, 1992, pp. 481 – 502.

Robinson, Sherman, Mary Burtisher, Raul Hinojosa-Ojeda and Karen Thierfelder, "Agricultural Policies and Migration in a United States-Mexico Free Trade Area: A Computable General Equilibrium Analysis", Department of Agricultural and Resource Economics, WP 617, University of California, Berkeley, 1991.

[2]　Audley, John J., Demetrios G. Papademetriou, Sandra Polaski, and Scott Vaughn, "NAFTA's Promise and Reality: Lessons from Mexico for the Hemisphere", Washington DC: Carnegie Endowment for International Peace, 2004.

于指责北美自由贸易协定。[①]

笔者认为，美国玉米与墨西哥玉米之间没有激烈的竞争关系，但存在一定程度的替代关系，美国玉米的大量进口抑制着墨西哥国内玉米生产者价格的上涨，使墨西哥的玉米种植面积有所减少。

一 美国玉米的进口量大幅度增加

墨西哥100%的玉米进口来自美国。根据 FAO 的统计，1980—1993年墨西哥的年均玉米进口量为253万吨左右。在此期间，1983年的玉米进口量最多，为469万吨；1993年的进口量较少，仅为21万吨。

北美自由贸易协定正式生效后，墨西哥的玉米进口量大幅度增加，如表6.14所示，1994年的玉米进口量达到275万吨，2007年增至790万吨，增长了190%。根据北美自由贸易协定的规定，1994—2008年为玉米贸易的过渡期，在此期间实行"关税配额制"，墨西哥的玉米进口配额逐年增加，配额外的进口关税逐年降低。1994年的进口配额为250万吨，2007年增至367万吨；配额外的进口关税，1994年为197美元/吨，2007年降至17美元/吨。1994—1995年，进口配额的规定在一定程度上抑制了进口增长速度，如1994年的实际进口量为275万吨，仅超过配额25万吨；1995年的进口量为269万吨，超过配额11万吨。但是，墨西哥政府对于超过配额部分的进口没有征收关税，这极大地刺激了玉米的进口，使玉米进口量急剧增加，1996年达到584万吨。2008年1月墨、美之间的玉米贸易实行完全自由化。在过渡期间，由于墨西哥政府没有征收配额外进口关税，玉米进口的关税损失累计近31亿美元。

---

① Yúnez-Naude, Antonio, "Lessons from NAFTA: The Case of NAFTA's Agricultural Sector", Mimeographed, Office of the Chief Economist for Latin America and the Caribbean, The World Bank, Washington DC, 2002.

Yúnez-Naude, Antonio, and Fernando Barceinas Paredes, "Mexican Agriculture after Ten Years of NAFTA Implementation." Mimeographed. Paper prepared for the Carnegie Endowment for International Peace, Washington DC, 2003.

Puyana, Alicia, and José Romero. "Evaluación integral de los impactos e instrumentación del capítulo agropecuario del TLCAN", Mimeographed. FLACSO and El Colegio de México, Mexico City, 2004.

表 6.14   北美自由贸易协定框架内墨西哥的玉米进口

	进口配额 （万吨）	实际进口量 （万吨）	超过配额量 （万吨）	配额外进口关税 （美元/吨）	应征关税 （亿美元）
1994 年	250	275	25	197	0.5
1995 年	258	269	11	189	0.2
1996 年	265	584	319	181	5.8
1997 年	273	252	0	173	0
1998 年	281	521	240	164	3.9
1999 年	290	555	265	156	4.1
2000 年	299	535	237	139	3.3
2001 年	308	617	310	121	3.7
2002 年	317	551	234	104	2.4
2003 年	326	576	250	87	2.2
2004 年	336	552	216	69	1.5
2005 年	346	572	226	52	1.2
2006 年	356	758	402	34	1.4
2007 年	367	790	423	17	0.7
2008 年	自由贸易	配额外进口关税合计（亿美元）			30.9

资料来源：（1）进口配额及配额外关税：北美自由贸易协定第七章。

（2）实际进口量：FAO 的农产品贸易统计。

（3）根据"应征关税＝超过配额量×配额外进口关税"计算。

二 进口玉米对国产玉米的替代

墨西哥生产的玉米 90% 以上为白玉米，而主要用作饲料和工业原料的黄玉米则严重不足。墨西哥从美国进口的玉米，95% 以上为黄玉米，主要用作饲料和工业原料。这意味着，从美国进口的黄玉米与墨西哥生产的白玉米之间没有激烈的竞争关系，但在饲料和工业原料方面二者之间存在着替代关系。如前所述，2006 年墨西哥国内的白玉米产量约为 2064 万吨，其中 1060 万吨用于居民消费，剩余的 1000 多万吨主要用于饲养家禽和牲畜，少部分用于玉米淀粉加工和酒精酿造等工业。墨西哥从美国进口了 758 万吨玉米，其中黄玉米 729 万吨，占进口总量的 96%；白玉米仅 26 万吨，占进口总量的 3.4%。

这种替代关系主要在两个方面影响着墨西哥的玉米生产。一方面，美国黄玉米的大量进口抑制着墨西哥国内玉米生产者价格的上涨。墨西哥白玉米的营养成分高于从美国进口的黄玉米，更适于用作家禽和牲畜的饲料，但是白玉米的生产成本较高，国内的价格也相对较高。当墨西哥白玉米的生产者价格过高时，墨西哥国内的畜牧业和工业部门将会选择从美国进口更多的黄玉米，以替代国内的白玉米，从而在一定程度上抑制了白玉米生产者价格的上涨。

另一方面，使墨西哥的玉米种植面积有所减少，1994—2006 年玉米种植面积减少了 1/8 左右。如图 6.5 所示，1991—1994 年玉米种植面积大幅度增加，由 770 万公顷左右增至约 920 万公顷，增加了 150 万公顷。玉米种植面积扩大的主要原因是墨西哥政府对玉米种植的双重支持政策。第一重是国民生活必需品公司继续执行玉米收购政策，且其玉米收购量在 20 世纪 90 年代前半期达到顶峰。国民生活必需品公司的玉米收购量占国内玉米总产量的比重，1970—1976 年为 43.03%，1977—1982 年为 49.52%，1983—1988 年为 49.61%，1989—1993 年为 57.82%，1994—1996 年为 58.10%。[①] 第二重是 PROCAMPO。PROCAMPO 从 1994 年秋冬季开始对种植玉米的农民进行现金补贴，补贴标准为春夏季 350 比索/公顷，秋冬季 330 比索/公顷。这两重支持政策，前者意味着农民的玉米销售有充分的市场保障，后者意味着种植玉米可获得政府的现金补贴收入。

1994 年以后，随着美国玉米进口量的增加，墨西哥的玉米种植面积有所减少，1994—2006 年减少了 139 万公顷左右，美国玉米的大量进口是导致玉米种植面积减少的直接原因。根据 SIAP 的统计，1994 年的玉米种植面积约为 920 万公顷，玉米产量为 1824 万吨，单位面积产量为 1.98 吨/公顷，玉米消费量约为 2080 万吨；国内玉米产量不能满足消费需求，约有 256 万吨的缺口，从美国进口的 275 万吨玉米恰好弥补了这个缺口。

假设 1994 年的种植面积保持不变，随着单位面积产量的提高，国内玉米产量能够基本满足国内的消费需求。例如，2006 年玉米平均单位面积产量为 3 吨/公顷，按 1994 年 920 万公顷的种植面积计，则玉米产量可以达到 2760 万吨，而 2006 年的消费量为 2840 万吨，仅缺口 80 万吨左右。

实际上，1994—2006 年墨西哥的玉米消费量和进口量都增加了，种

---

①　Yúnez-Naude A. y F. Barceinas, "Efectos de la desa~ ~'·n de la CONASUPO en el comercio y los precios de los cultivos básicos", *Estudios Económicos*, Vol. 15, No. 2, 2000, pp. 189 – 227.

（万公顷）

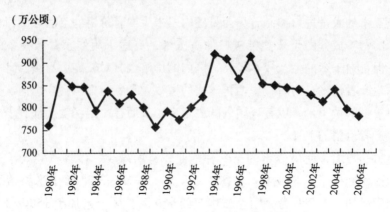

图 6.5 1980—2006 年墨西哥的玉米种植面积

资料来源：根据 SIAP 的统计数据制作。

植面积却减少了。消费量由 2080 万吨增至 2840 万吨，增加了 740 万吨左右；进口量由 275 万吨增至 758 万吨，增加了 483 万吨；种植面积由 920 万公顷减至 781 万公顷，减少了 139 万公顷。按 3 吨/公顷的单位面积产量计，减少了 139 万公顷就意味着少生产 417 万吨玉米，而实际进口量增加了 483 万吨，减少的产量与增加的进口量大体相符。

三 玉米进口对农民的影响

根据土地数量，可以将种植玉米的农民分为小型农民、中型农民和大型农民三类。如表 6.15 所示，土地不足 5 公顷的小型农民约有 159 万户，占总户数的 85%，其中不足 1 公顷的有 52.5 万户，1—2 公顷的 52.2 万户，2—5 公顷的 54.4 万户。小型农民所生产的玉米，大部分供自己消费，少量的剩余产品在当地市场销售。他们基本上使用较为落后的传统耕作方法，几乎不使用化肥、良种和农业机械，属典型的自给型农民。

拥有 5—50 公顷土地的为中型农民，约有 27.2 万户，约占 14.6%，其中拥有土地 5—10 公顷的 20.1 万户，10—18 公顷的 4.5 万户，18—50 公顷的 2.6 万户。中型农民主要根据事先签订的玉米购销合同进行生产，普遍使用化肥、良种、农业机械等，也能够获得一定数量的贷款。

拥有 50 公顷以上土地的为大型农民，约有 5900 户，仅占总户数的 0.3%，其中拥有 50—100 公顷的 4400 户，100 公顷以上的 1500 户。大型农民的现代化和商品化程度最高，得到的农业补贴和获得的贷款最多。

美国玉米的大量进口对农民的负面影响主要表现在两个方面。一是种植玉米的农民数量有所减少。1991 年墨西哥约有 240 万户农民从事玉米种植[1]，2004 年减至 187 万户，减少了 53 万户，其中绝大部分是小型农民。二是对中型和大型农民的冲击较大。对于中型和大型农民而言，由于其绝大部分玉米用于销售，且在饲料和工业两个领域与美国玉米存在着竞争和替代关系，玉米进口的不利影响较大，种植规模越大，影响程度越高。在进口玉米的制约下，玉米价格不能上涨，种植面积不能扩大，使这部分农民有明显的压抑感，这是中大型玉米种植农民成为反对北美自由贸易协定的主要力量的原因。

表 6.15　　　　　　2004 年墨西哥按土地数量划分的玉米种植农

耕地数量	农民数量（万户）	比重（%）
1 公顷以下	52.50	28.1
1—2 公顷	52.20	27.9
2—5 公顷	54.40	29.1
5—10 公顷	20.10	10.8
10—18 公顷	4.50	2.4
18—50 公顷	2.60	1.4
50—100 公顷	0.44	0.2
100 公顷以上	0.15	0.1
总计	186.9	100.0

资料来源：SIAP, *Situación Actual y Perspectivas del maíz en México 1996 - 2012*, p. 48.

第四节　农村地区的收入差距扩大

反映农村地区收入分配差距的基尼系数，1989 年为 0.453，2000 年增至 0.553，此后虽有所下降，但 2006 年的基尼系数仍为 0.466[2]。1994—2004 年收入水平最低的 40% 家庭，其收入占农村家庭总收入的比重由 20.1% 降至 18.1%，而收入水平最高的 10% 家庭所占的比重由

①　Alain de Janvry, Elisabeth Sadoulet, Gustavo Gordillo de Anda, "NAFTA and Mexico's Maize Producers", *World Development*, Vol. 23, No. 8, pp. 1349 - 1362, 1995.

②　ECLAC, *Social Panorama of latin America 2007*, May 2008, Santiago, Chile, p. 335.

27.0% 升至 31.2% 。[①]

　　表 6.16 用十分法按收入水平将农村地区的家庭分为 10 组，每组的家庭数量占农村地区家庭总数的 10%。第 1 组为收入水平最低的家庭，按 1993 年比索不变价格计，其平均货币收入由 1992 年的 4328 比索增至 2002 年的 5900 比索，增加了 1572 比索；第 10 组为收入水平最高的家庭，其平均货币收入由 93868 比索增至 185856 比索，增加了 91988 比索。1992 年第 10 组家庭的平均收入是第 1 组家庭的 22 倍，2002 年增至 32 倍。

表 6.16　　　1992 年和 2002 年按十分法分组的农村家庭平均货币收入　　　单位:%

十分法	1992 年 平均收入	2002 年 平均收入
第 1 组	4328	5900
第 2 组	7768	10672
第 3 组	10672	14336
第 4 组	13444	18240
第 5 组	16616	22568
第 6 组	20648	27540
第 7 组	25584	33936
第 8 组	33108	43448
第 9 组	43816	61204
第 10 组	93868	185856

　　资料来源：INEGI, *Encuesta Nacional de Ingresos y Gastos de los Hogares*, tercer trimestre 1992 – 2002.

一　收入增长的来源

　　改革开放以来，农村家庭的货币收入普遍有所增加，非农劳动收入、农业生产收入和转移支付收入是农村家庭货币收入的主要来源，这 3 项收入约占农村家庭货币总收入的 90%。但是，不同组的农村家庭，其货币收入增长的来源不同。

---

① ECLAC, *Social Panorama of latin America 2007*, May 2008, Santiago, Chile, p. 326.

表 6. 17 选取了第 1 组、第 5 组和第 10 组农村家庭，对其货币收入构成的变化情况进行分析。1994—2004 年第 1 组家庭货币收入的比重仅增长了 5 个百分点（由 55% 增至 60%），货币收入增长的来源只有 1 个，即转移支付，转移支付的比重由 14.4% 升至 25.7%，而其他收入的比重均出现了不同幅度的下降，如非农劳动收入由 21.7% 降至 19.5%（其中工资收入由 21.5% 降至 17.7%），农业收入由 17.7% 降至 14.7%，等等。

在第 5 组家庭的收入构成中，货币收入的比重由 65.8% 升至 79.8%，增加了 14 个百分点，导致货币收入增加的主要来源有两个，即非农劳动收入（由 33.9% 升至 45.8%）和转移支付（由 12.9% 升至 19.4%）；资产收入虽然所占的比重很低，但也略有增长，所占的比重由 0.1% 升至 0.5%。

在第 10 组家庭的收入构成中，货币收入的比重由 78.6% 升至 85.9%，增加了 7.3 个百分点，导致货币收入增加的主要来源有 3 个，即非农劳动收入（由 32.9% 升至 41.1%）、转移支付（由 9.6% 升至 17.7%）和资产收入（由 1.3% 升至 2.7%）。

表 6. 17　　　1994 年、2004 年第 1 组、第 5 组和第 10 组农村家庭的
货币收入构成　　　　　　　　　　　　　　单位：%

	第 1 组		第 5 组		第 10 组	
	1994 年	2004 年	1994 年	2004 年	1994 年	2004 年
全部收入	100.0	100.0	100.0	100.0	100.0	100.0
1. 货币收入	55.0	60.0	65.8	79.8	78.6	85.9
1.1 非农劳动收入	21.7	19.5	33.9	45.8	32.9	41.1
其中：工资收入	21.5	17.7	32.5	44.1	30.1	38.2
1.2 农业收入	17.7	14.7	18.8	14.1	33.8	24.3
1.3 资产收益	1.1	0.2	0.1	0.5	1.3	2.7
1.4 转移支付收入	14.4	25.7	12.9	19.4	9.6	17.7
1.5 其他收入	0.2	0.0	0.1	0.0	1.0	0.1
2. 非货币收入	45.0	40.0	34.2	20.2	21.4	14.1

资料来源：SAGARPA, *El Sector Agroalimentario Mexicano*: *Evolución*, *Retos y Perspectinas*, septiembre de 2006, p. 63.

二 土地占有不均是导致收入差距扩大的一个主要原因

在货币收入的三大主要来源中，有两个与土地有关，即农业生产收入

和公共转移支付。如表 5.18 所示，在 2004 年的农村家庭货币收入构成中，农业收入占 17.3%，公共转移支付占 7.9%。

农业收入和公共转移支付均与土地拥有量正相关。拥有的土地越多，农业的商品化程度相应的越高，农业生产的货币收入越高，例如：拥有土地不足 5 公顷的农民属自给型农民，绝大部分农产品用于满足自己的消费；而拥有 5 公顷以上土地的农民，其绝大部分农产品用于销售，以取得货币收入。墨西哥的主要农业支持政策与土地面积挂钩，土地数量越多，获得的公共转移支付越多，如种植补贴计划根据基本作物的种植面积向农民直接发放现金补贴，2006 年的春夏收获季节的补贴标准为 963 比索/公顷，种植面积不足 1 公顷的农民最多可以获得 963 比索的现金补贴，而种植面积为 10 公顷的农民则可以获得 9630 比索的补贴，仅种植补贴计划的补贴收入一项，后者就是前者的 10 倍。

土地占有不均是农村家庭收入差距扩大的一个重要原因。如表 6.18 所示，1995—2004 年拥有土地不足 1 公顷的家庭，其平均收入由 2428 比索增至 7224 比索，增加了 4796 比索；而拥有 1—5 公顷土地的家庭增加了 11672 比索，拥有 5—10 公顷土地的家庭增加了 33000 比索，拥有 10—45 公顷土地的家庭增加了 8 万多比索。拥有 45 公顷以上土地的家庭，虽然增加的收入不足 5 万比索，但是其收入水平最高，由 31 万多比索增至 36 万多比索。

表 6.18　　　　1995 年和 2004 年不同土地规模家庭的平均货币收入　　单位：比索

	1995 年	2004 年	增加值
1 公顷以下	2428	7224	4796
1—5 公顷	8968	20640	11672
5—10 公顷	26080	59080	33000
10—45 公顷	64904	145260	80356
45 公顷以上	315964	364992	49028

资料来源：Grupo de Economistas y Asociados, *Estudio Sobre la Evaluación del Desempeño del Programa de Apoyos Directos al Campo* (*PROCAMPO*): *Ciclo Agrícola OI 2004/2005 y PV 2005*, Informe Final, p.104, Diciembre 15, 2005.

　　土地私有化改革引起了一定规模的土地兼并，土地主要以租赁或购买的方式从小型农民向中、大型农民转移，加剧了土地占有不均问题。

　　土地租赁在改革前就已普遍存在，但属非正规行为。改革使土地租赁合法化，如表6.19所示，1992—2000年约有10%的农民为了扩大生产规模而承租土地，约有15%的农民将土地出租出去。

　　为了对土地租赁行为作进一步的分析，我们将全部农民划分为自耕农和村社社员两大类，而村社社员又被分为有土地证的社员和无土地证的社员两部分。1992—2000年自耕农在土地承租方面较为积极，有16%的自耕农承租土地，只有9%的出租土地；村社社员在土地出租方面较为活跃，有16%的社员出租土地，只有9%的承租土地。在有土地证的社员中，承租土地的占11%，出租土地的占14%；在无土地证的社员中，承租土地的占6%，出租土地的占18%。

表6.19　　　1992—2000年村社社员和自耕农参与土地市场的比重　　　单位:%

	全部农民	自耕农	村社社员		
			全部社员	有土地证	无土地证
土地租赁					
承租土地	10	16	9	11	6
出租土地	15	9	16	14	18
土地买卖					
购买土地	5	11	4	3	4
出售土地	4	5	4	5	3

　　资料来源: World Bank, Mexico："Land Policy：A Decade after the Ejido Reform", Report No. 22187 - ME, June 15, 2001.

　　在土地买卖方面，自耕农仍是积极参与者。1992—2000年有11%的自耕农购买了土地，5%的出售了土地；在村社社员中，购买土地和出售土地的各占4%。70%以上的土地出售者是占地5公顷以下的农民。绝大部分被出售的土地是大中型城市周边的土地，这些土地的出售价格较高，主要用于城市建设。[1] 这意味着，只有少部分土地真正进入了农村地区的

----

　　① World Bank, Mexico："Land Policy：A Decade after the Ejido Reform", Report No. 22187 - ME, June 15, 2001.

土地销售市场，在全部农民中，只有 5% 购买了土地，4% 出售了土地。

不同耕地规模的家庭比重变化能够反映土地兼并情况。根据墨西哥第七次和第八次农业普查的有关数据计算，截至 2003 年，全国 80% 左右的农民聚居点完成了土地改革，80% 左右的农民获得了土地证。如表 6.20 所示，1991—2003 年拥有土地不足 2 公顷的农民占农民总数的比重由 34.3% 降至 29.5%，下降了 4.8 个百分点，减少了约 18.3 万户；拥有 2—5 公顷土地的农民由 25.2% 降至 24.2%，下降了 1 个百分点，减少了约 3.6 万户；与此相反，拥有 5—20 公顷土地的农民所占的比重由 31.2% 升至 36.1%，上升了 4.9 个百分点，增加了约 18.4 万户；拥有 20—50 公顷的农民由 5.4% 升至 6.2%，上升了 0.8 个百分点，增加了约 3 万户；拥有 50 公顷以上的农民由 3.9% 升至 4.0%，上升了 0.1 个百分点，增加了近 4000 户。这意味着，土地主要从小型农民向中、大型农民转移。

表 6.20　　1991 年和 2003 年不同耕地规模的家庭比重及其变化情况

	1991 年（%）	2003 年（%）	变化值（%）	户数（万户）
2 公顷以下	34.3	29.50	−4.8	−18.3
2—5 公顷	25.2	24.20	−1.0	−3.6
5—20 公顷	31.2	36.10	4.9	+18.4
20—50 公顷	5.4	6.20	0.8	+3.0
50 公顷以上	3.9	4.00	0.1	+0.4

资料来源：根据 INEGI，*VII Censos Agropecuarios 1991* 和 *VIII Censos Agropecuarios 2007* 中的有关数据计算。

在一定程度上，农业生产单位的数量变化也能反映土地兼并情况。墨西哥农业部将直接从事农业生产的农民、农业企业等定义为农业生产单位，其中绝大部分是农民家庭，少部分是农业企业。我们可以将生产单位近似地看作是农户。1991—2003 年生产单位的数量由 332 万个减至 262 万个，减少了 70 万个。[①]

1991 年墨西哥约有 377 万户农民（102 万户自耕农，275 万户村社社

---

① SAGARPA，*El Sector Agroalimentario Mexicano：Evolución，Retos y Perspectinas*，septiembre de 2006，p. 13.

员），而生产单位的数量为332万个，这意味着约有45万户农民没有直接从事农业生产。自1992年起，墨西哥政府终止了土地分配，从土地私有化的角度，只向377万户农民核发土地证。2003年，生产单位数量减至262万个，同1991年时的情况相比，在自己的土地上从事农业种植业的农民又减少了70万户。根据表6.19中的数据可知，1992—2000年有15%的农民将土地出租出去，约有56万户；4%的农民出售了土地，约有15万户，二者合计约有71万户。由此我们可以认为，1991—2003年所减少的70万个生产单位，在很大程度上是通过土地出租或土地出售而减少的农民。在耕地面积有所扩大的情况下（由20世纪80年代后期的1900万公顷扩大至21世纪初的2180万公顷，增加了280万公顷），生产单位数量的减少意味着经营规模的扩大，而耕地面积的扩大是经营规模扩大的基本前提。

第七章

墨西哥农业改革开放的经验教训

墨西哥农业的市场化改革和对外开放既产生了积极的效果，也带来了一些不利的影响。从经济全球化的角度看，改革开放符合时代发展的要求，是应该予以肯定的。从农业增长和农民增收的角度看，一方面，农业基本保持了稳定增长，农民的收入也普遍有所增加；另一方面，农业增长速度相对较慢，农民收入差距扩大。据此，我们可以总结以下几点经验教训。

第一节　要处理好农业开放与农业支持的关系

农业开放是双向的，既包括国内农产品市场对外开放，也包括其他国家的农产品市场对本国的开放，其基本动因是：在农业资源分布极为不平衡的前提下，通过适当的制度安排来配置各国的农业资源，达到优化资源配置，提高国民福利的目的。为了达到各国间优化农业资源配置的效果和目的，要求各国的农业制度彼此协调。

墨西哥的农业开放有两大突出特点。

一　以农业的对外开放推动内部的农业改革

墨西哥于1986年加入"关税及贸易总协定"，1992年签订北美自由贸易协定，1995年作为创始成员国加入世界贸易组织，多边或双边贸易规则是墨西哥农业开放的基本制度框架。例如：加入"关税及贸易总协定"后，大力度地削减进口许可证等非关税贸易壁垒，代之以关税制度，并以较大的幅度降低关税税率；世界贸易组织成立后，按照有关要求和规定，制定农产品关税和农业补贴减让表，绝大部分农产品执行较低水平的最惠国关税税率；等等。

北美自由贸易协定是对墨西哥农业开放影响最大的双边贸易协定，按照该协定的规定，墨、美两国间60%以上的农产品自1994年1月1日起实现贸易自由化，剩余农产品分5年、10年和15年3种情况逐步实现自由贸易。2008年墨西哥、美国、加拿大3国之间完全实现了农产品自由贸易。北美自由贸易协定是墨西哥农业改革开放的主要制度框架，特别是墨、美两国协调农业政策的基本制度框架。

农业开放推动了农业政策改革，将过去的农业保护政策改变为农业支持政策。世界贸易组织的《农业协定》将农业支持政策分为4大类，即"黄箱措施"、"绿箱措施"、"蓝箱措施"和出口补贴措施。"黄箱措施"是指对生产和贸易具有明显扭曲作用的政策，如政府对农产品价格的直接干预和补贴（包括对种子、肥料、灌溉等农用物资的补贴）、农产品销售贷款补贴，等等。每个成员国必须削减其"黄箱措施"，并向世界贸易组织提交削减计划表。"绿箱措施"是指对生产者不具有价格支持作用的农业政策，对农产品贸易和农业生产不会产生或仅有微小的扭曲影响，成员国无须承担约束和削减义务，如农业科研、病虫害控制、农民培训、技术推广和咨询服务、农产品检验检疫服务、农产品销售服务、农业基础设施建设、粮食安全储备补贴、粮食援助补贴、与生产脱钩的收入补贴、农业保险、自然灾害救济、农业生产结构调整补贴、农业环境保护补贴、地区援助补贴，等等。"蓝箱措施"是指按固定面积和产量以及按固定牲畜头数给予的补贴，成员国可以免予减让且无上限约束。出口补贴是指为农产品出口提供的补贴，是最容易产生贸易扭曲的政策措施，要求成员国限期削减该类补贴，并禁止用其他方式提供出口补贴。

早在世界贸易组织成立以前，墨西哥就已经开始了农业政策的调整，取消了绝大部分"黄箱措施"，如取消种子、化肥等农用物资的补贴，取消国民生活必需品公司对大部分基本作物的价格干预和补贴，等等。20世纪90年代以来，墨西哥实施的绝大部分农业支持政策和措施属"绿箱措施"，如种植补贴计划、农产品市场销售支持和服务、"农村联盟"等，只保留了灌溉补贴、目标收入计划等少量"黄箱措施"。

二　开放的速度快，几乎是"一步到位"

从1986年加入"关税及贸易总协定"，启动农业开放进程，到1994年北美自由贸易协定生效，进入全面贸易自由化阶段，仅仅用了8年左右的时间。

　　这样的特点决定了墨西哥农业的改革开放是在一种"内外交困"的形势下进行的。首先，在北美自由贸易协定框架内，墨、美两国的农业政策显然是不对称的。尽管墨西哥是一个发展程度相对较高的发展中国家，但农业仍是其弱势产业，需要政府的大力支持。作为世界第一大经济体，美国的农业支持水平和农业市场化程度明显高于墨西哥。因此，农业开放的制度安排给墨西哥提出了严峻的挑战，最突出的是要求墨西哥依照美国的高市场化农业政策改造其低市场化的农业政策。其次，急于完成发展模式的转换是农业改革开放的根本内因。1982 年债务危机的爆发迫使墨西哥进行剧烈的结构性改革与调整，减少政府干预，压缩财政开支，以及贸易自由化、私有化、市场化等，是改革的主要内容，农业改革是重要组成部分。债务危机使墨西哥政府认识到，必须用市场化的外向型发展战略取代干预性、高保护的进口替代工业化战略，农业也不例外。在长期的政府干预和高保护状态下，墨西哥农业陷入了长期的危机，并且农业补贴和投入成为政府的沉重负担。

　　墨西哥政府没有处理好农业开放与农业支持的关系。一方面农业长期处于危机状态，面对墨、美两国农业的不对称性，难以抵抗外部冲击，因此在开放条件下更加需要政府的支持；另一方面，农业改革使政府的农业支持力度大幅度下降。因此，改革开放初期，墨西哥政府将一个脆弱的农业，在缺少政府支持的状态下，在较短的时间内，推向了国际竞争，特别是与美国农业的竞争。快速的开放和剧烈的改革使墨西哥农业一度陷入混乱状态，如 20 世纪 80 年代末 90 年代初的"卖粮难"现象，等等。

　　对于大多数发展中国家而言，其农业发展水平低于墨西哥，农业资源条件不如墨西哥优越，例如：墨西哥农民的人均耕地面积为 1.2 公顷，是中国的 12 倍；2003—2005 年墨西哥农民的人均农业 GDP 为 3600 美元左右，约为中国的 10 倍；等等①。在经济全球化趋势不可逆转的国际大环境中，农业开放是大势所趋，但是农业开放的制度安排和规则留给发展中国家的政策调整空间较为有限，因此发展中国家要利用有限的时间和空

---

　　① World Bank, *World Development Report 2008*: *Agriculture for Development*, Washington DC, October, 2007.

间，积极、主动地调整国内农业支持政策，为农业开放创造一定的适应时间和条件。

第二节　农业支持优越于农业保护

"农业保护"是指政府通过直接干预和贸易保护为国内农业发展创造相对封闭的环境和条件，以达到增加国内农产品产量、增加农业生产者收入的目标。"农业支持"是指在国民经济运行过程中，政府通过制定和实施一系列农业支持政策，为农业发展创造良好的农业宏观调控环境，以达到增强农业综合实力，增加农民收入，使国民经济能够稳定、持续、协调、快速地发展。

农业保护具有普遍性，墨西哥也不例外。改革开放前，墨西哥政府通过国民生活必需品公司等国有企业直接干预基本作物的生产和价格，用进口许可证制度严格保护国内农产品市场。农业保护具有一定的积极作用，一度实现了农业的高速增长，也实现了粮食自给。但农业保护政策的负面效应也很大，其代价远大于收益，比较突出的弊端有：第一，农业支出是沉重的财政负担，在保护状态下，政府是农业投入的主要来源，甚至是唯一来源，政府投入一旦削减，农业生产就会马上陷入衰退，如果要想保持农业的持续增长就必须不断增加政府的农业投入；第二，资源配置效率低下，大部分生产要素和资源被强行配置到低效率生产领域；第三，农业保护使农产品国内价格高于世界市场价格，给消费者造成了福利损失；第四，抑制了农民的发展能力，特别是长期的农业保护在较大程度上会降低农民的市场反应和适应能力。

改革开放以来，墨西哥逐步用"农业支持"代替"农业保护"。目前，墨西哥的农业支持水平有较大幅度提高，居发展中国家前列。表7.1采用经济合作与发展组织的总量支持估计值来说明墨西哥农业支持水平。总量支持估计值有3个来源，即消费者转移支付、纳税人转移支付和预算支持，其基本含义是指通过农业支持政策的实施，农产品消费者、纳税人和政府部门向农业生产者提供的转移支付总量。如果估计值为正值，则意味着农业生产者是转移支付的接受者；如果是负值，则说明农业生产者是转移支付的付出者。总量支持估计值占农业 GDP 的比重越高，说明农业支持水平越高。

表 7.1 1986—2006 年墨西哥农业的总量支持估计值

	总量支持估计值（按比索可变价，亿比索）				占农业 GDP 的比重（%）
	总额	消费者转移支付	纳税人转移支付	预算支持	
1986 年	10	−4	15	−1	11.2
1987 年	26	0	26	0	12.3
1988 年	10	−32	44	−2	2.5
1989 年	89	38	56	−6	16.7
1990 年	161	109	68	−16	23.0
1991 年	265	196	76	−6	31.8
1992 年	312	224	95	−7	36.9
1993 年	361	255	116	−9	39.3
1994 年	311	166	170	−26	32.6
1995 年	−9	−117	118	−10	−0.7
1996 年	138	4	179	−45	7.2
1997 年	390	258	182	−51	17.7
1998 年	529	387	198	−56	20.7
1999 年	465	452	87	−73	17.0
2000 年	659	596	139	−76	23.5
2001 年	519	422	174	−78	17.0
2002 年	772	679	157	−65	25.3
2003 年	747	423	390	−67	22.2
2004 年	515	192	383	−60	13.6
2005 年	676	279	461	−64	17.8
2006 年	866	449	471	−54	21.2

资料来源：OECD1986—2006 年，墨西哥，统计数据。

　　改革开放初期的 1986—1989 年，农业支持水平较低。当时正值恶性通货膨胀，为了降低通货膨胀率，墨西哥政府采取了农产品价格管制政策，严格控制价格上涨，使农产品价格的上涨速度低于通货膨胀率，出现了农产品的销售价格低于生产成本的情况。在这种情况下，农民向消费者提供了转移支付，如 1988 年的消费者转移支付为 −32 亿比索。在此期间，政府以农业投入、生产补贴等方式向农民提供的纳税人转移支付是总量支持估计值的唯一正值来源。由于正处于剧烈变革时期，农业支持政策尚未实施，政府的农业支出大幅度削减，使农业支持水平急剧下降，总量支持估计值占农业 GDP 的比重由 1986 年的 11.2% 降至 1988 年的 2.5%。

1990 年以后，随着农业支持政策的实施，"农业保护"逐渐向"农业支持"过渡，农业支持水平不断提高。1990—1993 年在市场化改革的作用下，农产品价格迅速上升，农产品价格指数与工业制成品价格指数之比由 0.75 左右迅速升至 1.2 左右，农产品价格的上涨速度高于工业制成品。农产品价格提高后，消费者向农业生产者提供的转移支付逐渐增加，1990—2002 年消费者转移支付是总量支持估计值的主要来源，转移支付量由 109 亿比索增至 679 亿比索。与此同时，纳税人的转移支付也有较大幅度的增加，由 68 亿比索增至 157 亿比索。

2001 年墨西哥政府颁布了《农村可持续发展法》，此后几年依据该法建立了较为完整的农业支持政策体系，政府的农业支持力度不断加大。2003 年以后，随着政府增加了农业投入和农业补贴，纳税人转移支付成为总量支持估计值的主要来源，2003—2006 年纳税人转移支付累计量为1705 亿比索，高于消费者转移支付（1343 亿比索）。

长期以来，总量支持估计值中的预算支持一直是负值，表明农业生产者向政府提供了转移支付，即纳税。但税负非常有限，即使是税额最多的2001 年，也仅为 78 亿比索。这说明墨西哥的农业税负较轻。

墨西哥的农业支持实践表明，农业支持比农业保护较为有效。

一 农业支持能够有效地增加农民收入

增加农民收入是农业支持政策的普遍目标，墨西哥也不例外。通过农业政策调整，农产品消费者和纳税人向农民提供了越来越多的转移支付，这些转移支付是否能够有效地转化为农民的收入，提高农民的经济福利水平，是检验农业支持政策是否有效的重要标准之一。

OECD 的研究结果表明，自 1990 年以来，墨西哥农业支持政策的收入转化效率大幅度提高如图 7.1 所示。1990 年向农业部门每增加 100 比索的转移支付，其中仅有 30 比索能够转化为农民的收入，即收入转化效率仅为 30%。2004 年收入转化效率提高至 79% 左右，即向农业部门每增加 100 比索的转移支付，可以使农民增加 79 比索左右的收入。这意味着，1990—2004 年农业改革使墨西哥农业支持政策的收入转化效率提高了 1倍多。

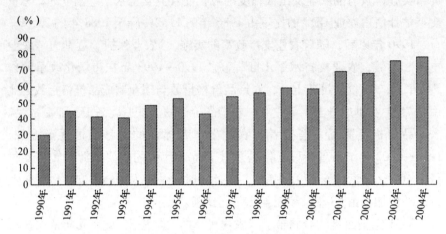

图 7.1　1990—2004 年墨西哥农业政策的收入转化效率

资料来源：OECD，*Agricultural and Fishery Policies in Mexico：Recent Achievements，Continuing the Reform Agenda*，2006，p. 105.

导致收入转化效率提高的主要原因是种植补贴计划、目标收入计划等农业支持政策的实施。1994 年开始实施的种植补贴计划和 2003 年开始实施的目标收入计划均以现金方式向农民提供转移支付，能够将转移支付直接转化为农民的收入，而市场价格支持政策在很大程度上不能直接转化为农民的收入。这表明，在诸多的农业支持政策中，以现金方式向农民提供转移支付是较为有效的农民增收措施。

二　能够改善国民的经济福利

改善国民的经济福利是农业支持政策的另一个主要目标。农民、农用物资供应商、农产品消费者和纳税人分享或分担农业改革的收益与成本。农民显然是农业改革的受益人。随着农业的增长与发展，农用物资供应商通过向农民提供投入物而分享改革的收益。农产品消费者和纳税人因向农民提供转移支付而分担改革的成本。如表 7.2 所示，按 2004 年比索不变价格计，1990—2004 年农民的经济福利收益在大部分年份里基本稳定在 200 亿—350 亿比索之间，其中 1994 年为 410 亿比索；农用物资供应商的经济福利虽然有所减少，由 20 世纪 90 年代初的 100 亿比索减至 40 亿比索，但仍然是受益者。

对于消费者和纳税人而言，由于分担了改革的成本而承受着福利损失，但其损失趋于减少。消费者的福利损失由 1993 年的 460 亿比索减至 2004 年的 110 亿比索，减少了 350 亿比索。纳税人的经济福利损失由 1994 年的 730 亿比索减至 2004 年的 225 亿比索，减少了 500 多亿比索。

表 7.2　　1990—2004 年墨西哥农业改革开放对国民经济福利的影响

单位：亿比索按 2004 年比索计不变价格

	1990 年	1993 年	1994 年	1999 年	2003 年	2004 年
农民	270	335	410	355	200	210
农用物资供应商	100	95	30	20	20	40
消费者	−210	−460	−60	−280	−190	−110
纳税人	−450	−500	−730	−290	−220	−225

资料来源：OECD，*Agricultural and Fishery Policies in Mexico：Recent Achievements，Continuing the Reform Agenda*，2006，p. 107.

总之，农民、农用物资供应商、农产品消费者和纳税人都从农业改革开放中获得了经济福利，只不过对于农民和农用物资供应商而言是净福利收益，而农产品消费者和纳税人则减少了福利损失。

第三节　家庭土地产权制度优越于集体土地产权制度

土地、资本和劳动力是三大生产要素。土地是三大生产要素之首，其稀缺程度最高，资本次之。对于大多数发展中国家而言，农村地区最丰富的生产要素是劳动力。同时，土地是农村社会稳定和农村经济发展的基础。因此，农业支持政策必须"落地"，否则很难有效地发挥积极作用，而土地产权制度则是农业支持政策"落地"的基本条件。

土地产权制度改革是墨西哥农业改革开放的一个重要基石。墨西哥是一个以私有制为基础的资本主义国家，但其宪法规定：土地属国家所有，政府有权将土地授予个人，形成私有资产。在 20 世纪的大部分时间里，墨西哥进行了大规模的土地分配，政府以两种形式将土地授予农民：一种是私人土地所有制，另一种是村社集体土地所有制。在长期的土地分配过程中，数以百万计的农民获得了土地，组建了近 3 万个村社，形成了

"一国两制"的土地占有格局。

　　墨西哥的土地分配是由资产阶级领导的，是 20 世纪发展中国家规模最大的土地分配之一，由于阶级局限性，土地分配很不彻底。尽管如此，村社土地制度较大程度地实现了"耕者有其田"这一社会目标，为 20 世纪 40— 60 年代的农业高速增长创造了前提条件。但这种制度也存在一些缺陷，主要有：第一，村社土地的产权主体不明确，虽然宪法和诸多法律规定村社拥有土地所有权，但村社是一群社员的集合概念，产权主体不明确；第二，土地产权不完整，产权是"权利束"，包括所有权、使用权、收益权、支配权、处置权等，社员只拥有使用权和收益权，而没有所有权、支配权和处置权，法律规定村社土地不得买卖、出租、抵押或以其他形式转让，因此村社土地仅仅是生产资料而不是财产；第三，村社土地制度是执政党的一个重要政治工具，通过土地分配和村社制度来获取大部分农民的政治支持。

　　墨西哥的土地私有化改革建立了以家庭为产权拥有单位的土地产权制度。这种产权制度有三个突出特点：第一，农民家庭成为独立的、法人化的产权主体，拥有完整的土地产权，即所有权、使用权、收益权、支配权和处置权；第二，农民家庭是合法的土地产权主体，政府和村民委员会是土地的管理者而不再是土地产权主体；第三，农民家庭成为独立的经济单位，拥有经营权和决策权，可以按照利益最大化原则对土地资源和劳动力进行合理、有效的配置和利用，允许和鼓励通过土地买卖、租赁、合作等方式扩大生产规模，雇佣劳动力，农民可以自由地脱离土地，从事非农生产活动。

　　舒尔茨在其《改造传统农业》一书中指出，不要建立大规模的农场，要通过所有权与经营权合一的、能适应市场变化的家庭农场来改造传统农业；要改变农业中低效率的不居住所有制形式，而实行居住所有制形式。要建立"所有权与经营权合一的、高效率的家庭农场"，家庭土地产权制度是一个较为有效的措施。

　　家庭土地产权制度也符合经济发展的一般规律。对于大多数发展中家的农民而言，土地具有生活保障和经济收入两大基本功能。在经济发展水平较低的阶段，土地的生活保障功能较为重要，农民几乎完全依靠土地来获取维持生存所需的食物，直到今天，根据世界银行的估计，全世界仍有8 亿多农民依靠农业来维持生存。随着经济发展水平不断提高，农民的收入来源日益多元化，土地的经济收入功能则较为重要，这时需要将土地作为生产要素进行配置，并参与收入分配。

从实际效果来看，家庭土地产权制度产生了一定的积极效果，如激发了农民的生产积极性，扩大了耕地面积，促进了农业增长；同时，也有消极影响，如仍有一半左右的农民将土地作为生活保障或社会保障，没有有效解决投资不足和贷款难的问题，等等。导致消极影响的因素主要有以下四个。

第一，制度因素。家庭土地产权制度还存在阻碍土地作为生产要素自由流动的因素。例如：社员将土地出售给村社以外的人员或机构时，需取得村社委员会2/3以上委员的同意；村社土地的私有化需征得2/3以上社员的同意；土地数量限额继续有效；如果村社以土地作为投入，则在合资企业中，外国投资者拥有的股份最高不可超过49%；等等。

第二，经济和社会因素。就业机会严重不足、农村社会保障体制不健全迫使自给型农民将土地作为生活保障或社会保障。正是因为土地和村社是大部分农民的保障，所以在土地私有化初期，村社社员反应冷淡，甚至引发了恰帕斯州的农民武装起义。20世纪90年代中期以后，许多地方政府为了推进改革进程，放弃了自愿原则，采取了一些逼迫手段和措施使绝大部分村社接受和完成土地私有化改革。尽管如此，对于大部分农民而言，虽然土地证增强了土地安全感，却不能改变他们的经济和社会处境，即四处打工的收入是主要货币收入来源，土地是基本的社会保障。由于非农业部门的就业机会不足，打工收入不稳定，因此作为基本保障的土地就不能有效地进入农村土地市场。

第三，土地占有因素。家庭土地产权制度有效地将农业支持政策与农民家庭连接起来，但是由于土地占有严重不均，使绝大多数农民家庭不能有效地受到支持。墨西哥实施的一系列较为重要的农业支持政策，特别是种植补贴计划等，都是以土地为基础的，如种植补贴计划以耕地面积为基础向农民支付现金补贴，目标收入计划则以农产品销售量向农民发放现金补贴，等等。就目标收入计划而言，虽然不与耕地面积直接挂钩，但与耕地面积有密切关系，因为只有拥有较多土地的农民才有可能产出较多的农产品，能够将大部分农产品用于销售，销售得越多，得到的补贴越多。绝大部分农民家庭的土地面积不足5公顷，得到的政府支持有限，一方面不利于其家庭收入水平的提高，另一方面不利于通过调整种植结构来增加农业收入。大部分村社社员的土地是雨养田，自然条件较差，主要用于种植玉米等基本作物以满足自己的消费，尽管将用于种植基本作物的土地转产水果、蔬菜等经济作物能够大幅度提高农民的收入，但转产成本较高，单靠农民的打工收入来调整种植结构是很困难的。

第四，市场因素。无论是在墨、美农产品贸易方面，还是在国内农产品市场方面，垄断程度均较高，绝大部分销售收入被批发、零售等环节分配，农民只得到一小部分。也就是说，通过价格机制由消费者提供给农业生产者的转移支付，只有一小部分能够被农民获得。而农民获得的消费者转移支付和纳税人转移支付却因土地占有严重不均，大部分被少数商品型农民获得，数量最多的自给型农民只获得一小部分。

附 录

附表 1　2006—2010 年墨西哥主要农作物年均种植面积、产量和产值

	种植面积（万公顷）	产量（万吨）	产值（亿比索）		种植面积（万公顷）	产量（万吨）	产值（亿比索）
谷物				蔬菜			
玉米	794.4	2442.4	688.1	青椒	9.1	170.1	82.1
高粱	193.7	659.3	152.4	西红柿	10.4	287.3	150
菜豆	162.7	111.2	101.8	土豆	6.1	167.5	78.7
小麦	84.5	421.4	155.1	干辣椒	5.4	6.9	29.6
大麦	32.3	78.1	25.5	洋葱	3.7	117.5	41.5
燕麦	10.5	14.8	3.1	西葫芦	2.8	43.1	16.8
水稻	5.2	22.4	8.1	西蓝花	2.3	30.9	11.3
小计	1283.3	3749.6	1134.1	黄瓜	1.8	50.2	14.7
油料作物				胡萝卜	1.5	38.6	8.3
籽棉	10.5	36.5	18.2	莴苣	1.4	29	6.7
大豆	8.8	15.3	7	仙人掌	1.2	68.3	15.4
红花	8.8	9.6	3.6	大蒜	0.5	5	4.3
芝麻	6	3.4	3.3	菜花	0.4	6.7	2
小计	34.1	64.8	32.1	芦笋	1.3	5.4	16.9
水果				小计	47.9	1026.5	478.3
甜橙	34.5	429.7	40.8	原料作物			
芒果	18.3	171.7	37.8	咖啡	79.7	141.5	55.4
柠檬	15.3	222.9	48.3	甘蔗	73.8	5109.1	203.9
鳄梨	12.2	116.2	124.6	龙舌兰	16.2	124.7	12.6
胡桃	8	8	29.6	椰子	13.6	22.8	12.6
香蕉	7.9	215.1	45.1	烟草	0.9	3.9	1.8

	种植面积 （万公顷）	产量 （万吨）	产值 （亿比索）		种植面积 （万公顷）	产量 （万吨）	产值 （亿比索）
苹果	6.1	51.2	27.2	小计	184		286.3
西瓜	5.6	118.8	24.1	饲料作物			
桃	4.6	19.1	11.8	青贮燕麦	73.1	670.4	36.1
菠萝	3	71.8	19.5	青贮玉米	49.9	1143.4	46.6
葡萄	2.8	26.6	34.6	青贮苜蓿	39.1	2081.2	102.4
甜瓜	2.5	57.9	17.1	青贮高粱	25.6	509.1	22.7
番石榴	2.2	28.5	11.7	小计	187.7	4404.1	207.8
木瓜	1.8	65.3	24.7	合计	1864.2		2700.1
柚子	1.8	42.5	49.8				
草莓	0.6	20.8	14.8				
小计	127.2	1666.1	561.5	全国总计	2176.9		2854.9

资料来源：Servicio de Información Agroalimentaria y Pesquera（SIAP），*Anuarios Agropecuarios 2010.* 综合有关数据计算。

附表 2   2006—2010 年墨西哥各州年均农作物种植面积和年均产值

	年均种植面积 （万公顷）		年均产值 （亿比索）
哈利斯科州	155.0	锡那罗亚州	277.0
恰帕斯州	142.8	米却肯州	268.0
韦拉克鲁斯州	142.8	哈利斯科州	209.0
塔毛利帕斯州	141.9	韦拉克鲁斯州	207.4
瓦哈卡州	135.0	索诺拉州	179.6
锡那罗亚州	129.9	恰帕斯州	153.9
萨卡特卡斯州	129.4	奇瓦瓦州	151.1
米却肯州	106.0	墨西哥州	143.0
瓜那华托州	104.8	瓜那华托州	138.1
奇瓦瓦州	104.4	塔毛利帕斯州	118.3
普埃布拉州	97.8	瓦哈卡州	103.5
墨西哥州	89.0	普埃布拉州	96.7
格雷罗州	85.5	萨卡特卡斯州	86.6

	年均种植面积 （万公顷）		年均产值 （亿比索）
尤卡坦州	75.2	格雷罗州	84.2
圣路易斯波多西州	74.4	下加利福尼亚州	82.8
杜兰戈州	72.1	圣路易斯波多西州	68.9
伊达尔戈州	58.0	纳亚里特州	60.6
索诺拉州	56.9	伊达尔哥州	51.2
纳亚里特州	38.2	杜兰戈州	50.9
新莱昂州	35.6	莫雷洛斯州	47.3
科阿韦拉州	28.6	科阿韦拉州	42.0
塔瓦斯科州	24.0	科利马州	38.3
特拉斯卡拉州	24.0	塔瓦斯科州	37.0
坎佩切州	23.0	新莱昂州	32.0
下加利福尼亚州	22.5	尤卡坦州	24.8
克雷塔罗州	16.9	南下加利福尼亚州	23.0
科利马州	16.2	特拉斯卡拉州	20.9
阿瓜斯卡连特斯州	15.5	克雷塔罗州	17.8
莫雷洛斯州	13.4	坎佩切州	16.6
金塔那罗奥州	12.1	联邦区	12.6
南下加利福尼亚州	3.6	金塔那罗奥州	10.1
联邦区	2.4	阿瓜斯卡连特斯州	1.7

资料来源：Servicio de Información Agroalimentaria y Pesquera（SIAP），*Anuarios Agropecuarios 2010.* 综合有关数据计算。

附表3　　　　　　　**1900—2010 年墨西哥的城市化率和人均 GDP**

	城市化率 （%）	人均 GDP （2005 年美元）		城市化率 （%）	人均 GDP （2005 年美元）
1900 年	28.3	1249	1978 年	64.9	5735
1910 年	28.7	1533	1979 年	65.6	6135
1921 年	31.2	1746	1980 年	66.3	6546
1930 年	33.5	1536	1981 年	66.9	6965
1940 年	35.1	1758	1982 年	67.4	6780

续表

	城市化率 （%）	人均 GDP （2005 年美元）		城市化率 （%）	人均 GDP （2005 年美元）
1950 年	42.6	2390	1983 年	67.9	6368
1951 年	42.8	2498	1984 年	68.4	6471
1952 年	43.1	2520	1985 年	69.0	6510
1953 年	42.4	2451	1986 年	69.4	6144
1954 年	43.6	2616	1987 年	69.9	6135
1955 年	43.8	2754	1988 年	70.4	6088
1956 年	44.1	2854	1989 年	70.9	6217
1957 年	44.4	2978	1990 年	71.4	6399
1958 年	44.7	3043	1991 年	71.8	6532
1959 年	44.9	3041	1992 年	72.2	6628
1960 年	50.8	3189	1993 年	72.6	6617
1961 年	51.6	3229	1994 年	73.0	6773
1962 年	52.4	3268	1995 年	73.4	6228
1963 年	53.3	3413	1996 年	73.6	6427
1964 年	54.1	3686	1997 年	73.9	6740
1965 年	54.9	3795	1998 年	74.2	6950
1966 年	55.7	3923	1999 年	74.5	7104
1967 年	56.6	4031	2000 年	74.7	7459
1968 年	57.4	4215	2001 年	75.0	7344
1969 年	58.2	4333	2002 年	75.4	7309
1970 年	59.0	4551	2003 年	75.7	7316
1971 年	59.8	4577	2004 年	76.0	7520
1972 年	60.5	4802	2005 年	76.3	7667
1973 年	61.3	5023	2006 年	76.6	7962
1974 年	62.0	5155	2007 年	76.9	8119
1975 年	62.8	5294	2008 年	77.2	8113
1976 年	63.5	5374	2009 年	77.5	7535
1977 年	64.2	5405	2010 年	77.8	7834

资料来源：（1）INEGI（Instituto Nacional de Estadística, Geografía e Informática），*Estadísticas históricas de México 2009.*

（2）World Bank，*World Development Indicators.*

附表 4　　　　　　　1900—2010 年墨西哥就业结构和产值结构　　　单位:%

	就业结构			产值结构		
	农业	工业	服务业	农业	工业	服务业
1900 年	68.0	15.7	16.3	29.0	12.0	59.0
1910 年	68.4	15.1	16.6	29.0	12.0	59.0
1921 年	79.2	11.5	9.3	35.0	15.0	50.0
1930 年	74.3	14.4	11.4	28.0	15.0	57.0
1940 年	68.2	12.7	19.1	22.3	19.0	58.7
1950 年	62.5	16.0	21.5	19.2	26.5	54.3
1951 年	61.8	16.3	21.9	18.7	26.9	54.4
1952 年	61.1	16.6	22.4	17.5	27.5	55.0
1953 年	60.3	16.9	22.8	17.4	27.0	55.6
1954 年	59.6	17.2	23.2	18.6	26.5	54.9
1955 年	58.8	17.5	23.7	18.7	27.0	54.3
1956 年	58.0	17.8	24.2	17.1	27.9	55.0
1957 年	57.2	18.1	24.7	17.2	27.9	54.9
1958 年	56.4	18.5	25.1	17.4	27.7	54.9
1959 年	55.6	18.8	25.6	16.4	29.1	54.5
1960 年	54.9	19.0	26.1	15.9	29.2	54.9
1961 年	53.9	19.3	26.8	15.5	29.3	55.2
1962 年	53.0	19.6	27.4	15.3	29.5	55.2
1963 年	52.0	19.9	28.1	14.9	30.0	55.1
1964 年	50.9	20.3	28.8	14.5	30.7	54.8
1965 年	49.9	20.6	29.5	13.7	26.8	59.5
1966 年	48.8	20.9	30.3	12.6	27.3	60.1
1967 年	47.7	21.3	31.0	12.3	28.2	59.5
1968 年	46.6	21.6	31.8	11.5	28.7	59.8
1969 年	45.4	22.0	32.6	10.9	29.2	59.9
1970 年	45.8	22.3	31.9	12.7	32.2	55.1
1971 年	46.8	22.1	31.1	12.6	31.1	56.3
1972 年	47.8	22.0	30.3	11.5	31.3	57.2
1973 年	48.7	21.8	29.5	12.1	31.2	56.7
1974 年	49.6	21.7	28.7	12.0	32.4	55.6

	就业结构			产值结构		
	农业	工业	服务业	农业	工业	服务业
1975 年	50.6	21.5	28.0	11.8	32.4	55.8
1976 年	51.4	21.3	27.2	11.2	32.1	56.7
1977 年	52.3	21.2	26.5	11.2	32.9	55.9
1978 年	53.2	21.0	25.8	10.9	32.7	56.4
1979 年	54.0	20.9	25.2	9.8	33.4	56.8
1980 年	55.0	20.7	24.3	9.0	33.6	57.4
1981 年	52.8	21.3	25.9	9.0	33.2	57.8
1982 年	50.4	22.0	27.6	8.1	33.4	58.5
1983 年	47.9	22.6	29.4	8.5	35.2	56.3
1984 年	45.3	23.3	31.4	9.4	34.9	55.7
1985 年	42.6	24.0	33.5	10.1	35.3	54.6
1986 年	39.6	24.7	35.7	10.3	34.9	54.8
1987 年	36.5	25.5	38.0	9.7	38.0	52.3
1988 年	33.3	26.2	40.5	7.9	32.1	60.0
1989 年	29.8	27.0	43.2	7.8	29.4	62.8
1990 年	26.1	27.8	46.1	7.8	28.4	63.8
1991 年	26.9	23.1	50.0	7.5	28.0	64.5
1992 年	27.5	22.0	50.5	6.7	28.1	65.2
1993 年	27.0	22.0	51.0	6.3	26.8	66.9
1994 年	25.5	22.0	52.5	6.0	26.8	67.2
1995 年	24.3	21.5	54.2	5.7	27.9	66.4
1996 年	22.7	22.5	54.8	6.3	28.4	65.3
1997 年	24.1	22.3	53.6	5.7	28.6	65.7
1998 年	20.0	24.7	55.3	5.3	28.6	66.1
1999 年	21.0	25.4	53.6	4.7	28.7	66.6
2000 年	18.0	26.8	55.2	4.2	28.0	67.8
2001 年	18.0	25.9	56.1	4.2	27.3	68.5
2002 年	17.9	24.8	57.3	3.9	26.5	69.6
2003 年	16.8	24.8	58.4	4.0	32.9	63.1
2004 年	16.5	24.8	58.7	3.9	34.1	62.0

续表

	就业结构			产值结构		
	农业	工业	服务业	农业	工业	服务业
2005 年	15. 5	25. 5	59. 0	3. 7	34. 0	62. 3
2006 年	15. 0	25. 6	59. 4	3. 7	35. 8	60. 5
2007 年	14. 2	25. 7	60. 1	3. 6	34. 9	61. 5
2008 年	13. 9	25. 5	60. 6	3. 6	36. 7	59. 7
2009 年	14. 2	25. 7	60. 1	3. 9	34. 2	61. 9
2010 年	13. 9	25. 5	60. 6	3. 9	34. 7	61. 4

资料来源：（1）INEGI（Instituto Nacional de Estadística, Geografía e Informática），*Estadísticas históricas de México 2009.*

（2）Dirección General de Estadística：*Anuario Estadístico de la República Mexicana*，1953，1955 – 1956，1957，1958 – 1959，1960 – 1961，1962 – 1963.

（3）World Bank，*World Development Indicators.*

（4）Victor Bulmer-Thomas etc. ，*The Cambridge Economic History of Latin America*，Cambridge University Press，2008.

主要参考文献

一 中文参考文献

1. 程国强：《农业贸易政策论》，中国经济出版社 1996 年版。

2. 卢国正等：《拉丁美洲国家贸易政策体系》，中国商务出版社 2006 年版。

3. 马俊如、孔德涌、金吾伦、刘钥：《全球化发展的特征与动因》，《中国软科学》2000 年第 1 期。

4. 李宗正等：《西方农业经济思想》，中国物资出版社 1996 年版。

5. 李小云：《当代国际农业发展理论与实践的若干思潮》，《农业现代化研究》1992 年第 5 期。

6. 钱忠好：《中国农村土地制度变迁和创新研究》，中国农业出版社 1999 年版。

7. 联合国粮农组织：《迈向 2010 年的农业》（中文版），罗马，1993 年 11 月。

8. 苏振兴主编：《拉美国家现代化进程研究》，社会科学文献出版社 2006 年版。

9. 苏振兴主编：《拉丁美洲的经济发展》，经济管理出版社 2000 年版。

10. 徐文渊主编：《走向 21 世纪的拉丁美洲》，人民出版社 1992 年版。

11. 张培刚主编：《发展经济学教程》，经济科学出版社 2001 年版。

12. 张培刚：《土地改革与经济发展》，《经济评论》1991 年第 2 期。

13. ［美］道格拉斯·诺思、［美］罗伯特·托马斯：《西方世界的兴起》，中译本，华夏出版社 1989 年版。

14. ［阿根廷］劳尔·普雷维什：《外围资本主义：危机与改造》，中译本，商务印书馆 1990 年版。

15. ［英］阿瑟·刘易斯：《经济增长理论》，中译本，商务印书馆 1997

年版。

16. ［英］迈克·托达罗：《经济发展》，中译本，中国经济出版社
    1999 年版。

17. ［美］西奥多·W. 舒尔茨：《改造传统农业》，中译本，商务印书馆
    1999 年版。

18. ［日］速水佑次郎、［美］弗农·拉坦：《农业发展的国际分析》，中
    译本，中国社会科学出版社 2000 年版。

二 英文参考文献

1. A. De Janvry, G. Gordillo, E. Sadoulet, "Mexico's Second Agrarian Reform: Household and Community Responses, 1990 – 1994". California, Center for U. S. – Mexican Studies, University of California, San Diego, La Jolla, 1997.

2. Antonio Yunez-Naude, "Lessons From NAFTA: The Case of Mexico's Agricultural Sector". Final Report to the World Bank, December 2002.

3. Ballance, R. H., "Mexican Agricultural Policies and Subsistence Farming", *American Journal of Economics & Sociology*, 1972, 31(3).

4. Banerjee, A., Gertler, P., M. Ghatak, "Empowerment and Efficiency: The Economics of Agrarian Reform", Mimeo, Department of Economics, MIT, 1999.

5. Benjamin Davis, "The Adjustment Strategies of Mexican Ejidatarios in the Face of Neoliberal Reform", *CEPAL Review*, No. 72, December 2000.

6. Carlos Basco, "Implications of the Shift in United States Farm Policy", *CEPAL Review*, No. 81, December 2003.

7. Carter, M. R., Yao Y. "Market Versus Administrative Reallocation of Agricultural Land in a Period of Rapid Industrialization", Washington DC, World Bank, Development Research Group, Rural Development, 1999.

8. Cecilia Gorriz, Jose Simas, *Irrigation Management Transfer in Mexico: Process and Progress*, World Bank, October 1995.

9. CEPAL:
   —*Foreign investment in Latin America and the Caribbean.* 1994—2008 年系列报告。
   —*Social Panorama of Latin America.* 1994—2008 年系列统计。

10. D. Verner, (2004). "Rural Poverty in Mexico During 1992 – 2002", World Bank, 2004.

11. David Barkin, Billie R. De Walt, "Sorghum and the Mexican Food Crisis", *Latin American Research Review*, 1988, 23(3).

12. Davis, B., *Innovative Policy Instruments and Evaluation in Rural and Agricultural Development in Latin America and the Caribbean*, Mimeo, 2003.

13. Deininger, K., Bresciani F., "Mexico's Ejido Reforms: Their Impacts on Factor Market Participation and Land Access", Mimeo, The World Bank, 2000.

14. Elisabeth Sadoulet, Alain de Janvry, Benjamin Davis, "Cash Transfer Programs With Income Multipliers: PROCAMPO in Mexico", FCND Discussion Paper No. 99. International Food Policy Research Institute, 2001.

15. Heath, J., "Evaluating the Impact of Mexico's Land Reform on Agricultural Productivity", *World Development*, 20(5), 1992.

16. Gary D. Thompson, Paul N. Wilson, "Ejido Reforms in Mexico: Conceptual Issues and Potential Outcomes", *Land Economics*, 1994, No. 70(November).

17. Gerard Bonnis, Wilfrid Legg, "The Opening of Mexican Agriculture", OECD Observer, 2000, 206(June/July).

18. James E. Anderson, Bannister Geoffrey, "The Trade Restrictiveness Index. An Application to Mexican Agriculture", Working Paper, International Trade Division, International Economics Department, World Bank, March, 1992.

19. James J. Biles, Bruce Pigozzi, "The Interaction of Economic Reforms, Socioeconomic Structure and Agriculture in Mexico", *Growth and Change*, 2000, 31(Winter).

20. James M. Cypher, *State and Capital in Mexico: Development Policy since 1940*, Westview Press, 1990.

21. Jeff Faux, "How NAFTA Failed Mexico", *The American Prospect*, Vol. 14, No. 7, July 3, 2003.

22. John Baffes, Meerman Jacob, "From Prices to Incomes: Agricultural Subsidisation Without Protection?", The World Bank, International Economics Department, Commodity Policy and Analysis Unit, Policy Research Working

Paper, June, 1997.

23. K. Deininger, F. Bresciani, "Mexico's Ejido Reforms: Their Impacts on Factor Market Participation and Land Access", World Bank, Mimeo, 2000.

24. Kevin Kennedy, *The First Decade of NAFTA: The Future of Free Trade in North America*, Transnational Publishers, Inc. December, 2003.

25. Lafourcade Oliver, Nguyen Vinh H. , Marcelo M. Giugale, *Mexico: A Comprehensive Development Agenda for the New Era*. World Bank, April 2001.

26. Laura Randall, Neil Harvey, *Changing Structure of Mexico*. New York, 1996.

27. Louise Cord, Quentin Wodon, "Do Mexico's Agricultural Programs Alleviate Poverty? Evidence from the Ejido Sector". Poverty Net Library, World Bank Group, 2001.

28. Martine Dirven, "Rural Non-farm Employment and Rural Diversity in Latin America". *CEPAL Review*, No. 83, 08/01/2004.

29. Max Spoor, "Two Decades of Adjustment and Agricultural development in Latin America and the Caribbean". CEPAL, November 2000.

30. McCarthy, N. , de Janvry, A. , Sadoulet E, "Land Allocation under Dual Individual-collective Use in Mexico". *Journal of Development Economics*, 56, 1998.

31. Michael W. Foley, "Privatizing the Countryside: The Mexican Peasant Movement and Neoliberal Reform", *Latin American Perspectives*, Issue 84, Vol. 22, No 1, 1995.

32. Nancy L. Johnson, "Tierra y Libertad: Will Tenure Reform Improve Productivity in Mexico's Ejido Agriculture?", *Economic Development and Cultural Change*, 2001, 49 (January).

33. Nora Lustig, *Mexico: The Remaking of an Economy*, 2nd ed. , Washington, D. C. , BrookingsInstitute Press, 1998.

34. Norbert Fiess, Daniel Lederman, "Mexican Corn: The Effects of NAFTA", *Trade Note*, September 24, 2004, World Bank Group.

35. OECD:

　　—Agricultural Policies in OECD Countries: Monitoring and Evaluation 2007.

　　—Trade, Agriculture and Development: Policies Working Together, December

2005.

36. Olinto, P. , "The Impact of the Ejido Reforms on Land Markets in Mexico" , in *Economic Adjustment and Institutional Reform : Mexicos Ejido Sector Responds* , Vol. II , The World Bank , Washington DC , 1999.

37. Raul Hernandez-Coss , *The U. S. -Mexico Remittance Corridor : Lessons on Shifting from Informal to Formal Transfer Systems* , World Bank , February 2005.

38. Steven B. Webb , Marcelo M. Giugale , *Achievements and Challenges of Fiscal Decentralization : Lessons from Mexico* , World Bank , June 2000.

39. Tom Barry , *Zapata's Revenge : Free Trade and the Farm Crisis in Mexico* , Boston : South End Press , 1995.

40. Varangis , P. , " Mexico-Food Marketing in Grains and Perishables " , World Bank , Washington DC , 2000.

41. World Bank :

—"Mexico : Rural Financial Markets " , Report No. 14599 – ME , August 25 , 1995.

—" Mexico : Rural Development in Marginal Areas " , Project Information Document , Project ID MX – 771 1 , Washington DC , 1997.

—" Mexico Ejido Reform : Avenues of Adjustment-Five Years Later " , Decision draft , Main Report , Washington DC , 1998.

—" Government Programs and Poverty in Mexico " , Volume I : Main Report , Report No. 19214 – ME , November 10 , 1999.

—" Indigenous Peoples and Poverty-Mexico " , Policy Note , Washington DC , 2000.

—"Mexico Water Policy Note" , Washington DC , 2000.

—" Mexico : Rural Development and Agriculture " , Policy note , Washington DC , 2000.

—"Rural Finance : Savings Mobilization Potential and Deposit Instruments in Marginal Areas" , Report No. 21286 – ME. Washington , D. C. , 2000.

—"Mexico : Land Policy-A Decade after the Ejido Reform " , Report No. 22187 – ME , June 15 , 2001.

—"Mexico : Country Assistance Strategy Progress Report" , Report No. 00000

– MX, Washington, D. C. , 2001.

42. Wayne Cornelius, Philip Martin, "The Uncertain Connection: Free Trade and Rural Mexican Migration to the United States", *in International Migration Review*, 1993.

43. W. A. Cornelius, D. Mhyre, "The Transformation of Rural Mexico: Reforming the Ejido Sector", Center for US-Mexican Studies, University of California, San Diego, La Jolla, 1998.

三　西文参考文献

1. A. De Janvry, G. Gordillo, E. Sadoulet, "Entre el control politico y la eficiencia: evolución de los derechos de propiedad agraria en Mexico", *Revista de la CEPAL*, No. 66, 1998.

2. Alejandro Schejtman, "Agroindustria y transformación productiva de la pequeña agricultura", *CEPAL Review*, No. 53, Agosto 1994.

3. Alfonso Macías, "Breve introspección a la agricultura y la agronomía en México", Colegio de Ingenieros Agrónomos de México, A. C. , México, 1993.

4. Andrés Rosenzweig, "El debate sobre el sector agropecuario mexicano en el Tratado de Libre Comercio de América del Norte", Serie Estudios Y Perspectivas, N.° 30, Marzo 2005, CEPAL.

5. Apoyos y Servicios a la Comercializacion Agropecuaria(ASERCA),
   —Coordinación General de apoyos a la Comercialización, Sintesis Ejecutiva 1995 – 2000.
   —Comercializacion Resultados Principales: Año Fiscal 2002 del 1° de Enero al 31 de Diciembre.
   —Comercializacion Resultados Principales: Año Fiscal 2003 del 1° de Enero al 31 de Diciembre.
   —Resultados al Cierre del Ejercicio Fiscal 2004.
   —Resultados al Cuarto Trimestre de 2005.
   —Informe al Tercer Trimestre del Ejercicio Fiscal 2006.
   —Informe al Tercer Trimestre del Ejercicio Fiscal 2007.
   —Informe al Cuarto Trimestre del Ejercicio Fiscal 2007.
   —Informe de Rendición de Cuentas de la Administración 2000 – 2006.

6. Barrón, Antonieta, *Evolución del empleo rural en México*, Universidad Nacional Autónoma de México, Facultad de Economía, 1998.

7. Bazdresch Parada, Carlos y David Mayer Foulkes, "Hacia un consenso para el crecimiento económico de México", *Economía*, UNAM. Vol. 3, No. 8, 2006.

8. Cámara de Diputados, *Plan Nacional de Desarrollo*, julio 4, 2006.

9. Carrillo Huerta, Mario Miguel, "El Sector Agropecuario Mexicano: Antecedentes recientes y perspectives", México D. F, Instituto Politécnico Nacional, 2001.

10. Centro de Estudios en Planeación Agropecuaria, "El empleo de mano de obra en las actividades productivas agropecuarias", SARHONU/CEPAL, México, 1993.

11. CEPAL:

    —*Anuario estadístico de América Latina y el Caribe.* 1980—2008 年系列统计.

    —"México: Crecimiento agropecuario, capital humano y gestión del riesgo", LC/MEX/L. 686, Octubre de 2005.

    —"México: Notas sobre el financiamiento rural y la política crediticia agropecuaria", LC/MEX/L. 825, Noviembre de 2007.

    —"Temas Prioritarios de Política Agroalimentaria y de Desarrollo Rural en México", LC/MEX/L. 783, 27 de junio de 2007.

    —"Información básica del sector agropecuario, Subregión norte de América Latina y el Caribe, 1980 – 1996", LC/MEX/L. 344/E, Enero de 1998.

    —Empleo e ingreso de las actividades rurales no agropecuarias de Centroamérica y México, Octubre 2003.

    —*Panorama 2005: El nuevo patrón de desarrollo de la agricultura en América Latina y el Caribe*, Septiembre 2005.

12. Comisión Nacional del Agua (1998), "Programa de transferencia de distritos de riego: avance", septiembre 30, 1998.

13. David Ibarra, "Problemas institucionales y financieros de la agricultura", *Comercio Exterior*, septiembre, 1995, Banco Nacional de Comercio Exterior, México.

14. Enrique Palacios, "El subsector riego y la transferencia de los distritos de

riego", Colegio de Postgraduados, Montecillo, Estado de México, México, 1998.

15. Fernando Rello, " Instituciones y pobrezas rurales en México y Centroamérica", Series Estudios y Perspectivas, No. 02, Julio de 2001, CE-PAL.

16. Financiera Rural, *Programa de Apoyo para Acceder al Sistema Financiero Rural*, Enero de 2006.

17. FIRA:

—"La Modernización del Riego", Boletín informativo, No. 303, Vol. XXXI, 1998, México.

—"El Mercado de Derechos de Agua en el Sector Rural de México", Boletín Informativo, No. 291, Vol. XXIX, 1997, México.

18. Frank Vogelgesang, "Los derechos de propiedad y el mercado de la tierra rural en América Latina", *CEPAL Review*, No. 58, Abril de 1996.

19. Héctor Croda, "La nueva ley agraria y oportunidades de inversión en el campo mexicano", Instituto de Proposiciones Estratégicas, A. C., México, 1992.

20. Héctor Lugo, "Modernización del sector agropecuario mexicano", Instituto de Proposiciones Estratégicas, A. C., México, 1990.

21. INCA Rural, " Programa elemental de asistencia técnica para apoyar la producción de granos básicos y otros cultivos: información básica y perspectivas de mejoramiento", México, 1998.

22. Instituto Nacional de Estadística, Geografía e Informática(INEGI)

—Sistema de Cuentas Nacionales de México: Oferta y Demanda Global y PIB Anual a Precios Constantes de 1980, Serie 1960 – 1993.

—Sistema de Cuentas Nacionales de México: Cuentas de Bienes y Servicios 1988 – 1999.

—Sistema de Cuentas Nacionales de México: Cuentas de Bienes y Servicios 1997 – 2002.

—Sistema de Cuentas Nacionales de México: Cuentas de Bienes y Servicios 1998 – 2003.

—Sistema de Cuentas Nacionales de México: Cuentas de Bienes y Servicios 2003 – 2006.

—Población rural y rural ampliada en México 2000.

—El Sector Alimentario en México, Edición 2000.

—El Sector Alimentario en México, Edición 2008.

—Boletín de Información Oportuna del Sector Alimentario, Número 275, 2008.

—VII Censo Agrícola, Ganadero y Forestal, 1991.

—VIII Censo Agrícola, Ganadero y Forestal, 2007.

—VII Censo Ejidal, 1991.

—VIII Censo Ejidal, 2001.

—IX Censo Ejidal, 2007.

—Encuesta Nacional de Ocupación y Empleo(ENOE)2010.

23. John Durston:

—"Aportes de la antropología aplicada al desarrollo campesino", *CEPAL Review*, N.º 60, Diciembre 1996.

—*El capital social campesino en la gestión del desarrollo rural*, CEPAL, 2002.

24. José Alberto Cuéllar Álvarez, "El efecto del TLCAN sobre las importaciones agropecuarias estadounidenses provenientes de México", Series Estudios y Perspectivas, N.º 31, Mayo 2005, CEPAL.

25. Liberio Victorino, Aníbal Quispe, "La educación agrícola hoy", *Ciencia y Desarrollo*, 141, 1998, Julio-agosto, CONACYT, México.

26. Luis Téllez, *La modernización del sector agropecuario y forestal*, Fondo de Cultura Económica, México, 1994.

27. Luís Arenal, *Cádenas y la Reforma Agrria: 1934 – 1940*, Center for Southwest Research, University Libraries, University of New Mexico, 1960.

28. M. Diaz, *El Sector Agrario en Mexico*, Secretaria de la Reforma Agraria, Mimeo, 2001.

29. Milton von Hesse, "Políticas públicas y competitividad de las exportaciones agrícolas", *CEPAL Review*, N.º 53, Agosto 1994.

30. Mónica Kjöllerström, "Competitividad del sector agrícola y pobreza rural: el papel del gasto público en América Latina", Serie Desarrollo Productivo, N.º 155, mayo de 2004, CEPAL.

31. Martine Dirven, "El papel de los agentes en las políticas agrícolas: intenciones y realidad", *CEPAL Review*, N°. 68, Agosto 1999.

32. Nicolás Mandujano Ramos, "Federalismo y descentralización fiscal en México", *Dimensión económica*, Instituto de Investigaciones Económicas, UNAM, Revista digital arbitrada, Vol. 2, núm. 5, enero-abril 2011. http://rde. iiec. unam. mx/revistas/5/articulos/1/11. php

33. Ortega, Santiago Perry, "Innovación participativa: experiencias con pequeños productores agrícolas en seis países de América Latina", Serie Desarrollo Productivo, No. 159, octubre 2004, CEPAL.

34. Pedro Tejo:

—"Políticas públicas y agricultura en América Latina durante la década del 2000", Serie Desarrollo Productivo, N°. 152, mayo de 2004, CEPAL.

—*Mercados de tierras agrícolas en América Latina y el Caribe*, CEPAL, Julio del 2003.

—"La pobreza rural una preocupación permanente en el pensamiento de la CEPAL", Serie Desarrollo Productivo, N°. 97, Diciembre de 2000, CEPAL.

35. Plaza y Valdes, *Reforma Agraria y Desarrollo Rural en el Siglo XXI*, Rincon, 2000.

36. Procuraduria Agraria:

—*Estadisticas Agrarias, 2000.*

—*Marco Legal Agrario, 1997.*

—*Estadisticas Agrarias: Ten dencias del Campo Mexicano, 2000.*

37. Raimundo Soto, "El precio del mercado de la tierra desde la perspectiva económica", Serie Estudios Y Perspectivas, N°. 163, Agosto 2005, CEPAL.

38. Rello F, Yolanda Trápaga, "Libre Mercado y agricultura: Efectos de la Ronda Uruguay en Costa Rica y Mexico", CEPAL, *Estudios y Perspectivas*, N°. 7, México, 2001.

39. Roberto Escalante, "El mercado de tierras en México", Serie Estudios Y Perspectivas, N°. 110, Noviembre de 2001, CEPAL.

40. Roberto Bisang, "Acumulación y tramas agroalimentarias en América Latina", *CEPAL Review*, N°. 87, Diciembre 2005, CEPAL.

41. Robles Berlanga, H. , *Los Tratos Agrarios en los ejidos certificados*, Mexico

D. F. ,2000.

42. Reuni6n Nacional de Organizaciones y Movirnientos, *Por una politica justa para el campo y la sociedad rural*, Mexico City, July 11,1995.

43. SAGAR, "PROCAMPO, 1994 – 1998", Claridades Agropecuarias 64, Deciembre,1998.

44. Salomón Salcedo, "Impactos diferenciados de las reformas sobre el agro mexicano:productos,regiones y agentes", Serie Estudios Y Perspectivas, N.° 57, Agosto de 1999,CEPAL.

45. Segretaria de la Reforma Agraria, *La transformaci6n Agraria*: *Origen*, Evolución,Retos y Testimonios,México,1998.

46. Secretaria de Agricultura,Ganadería,Desarrollo Rural,Pesca y Alimentación (SAGARPA)

—Analisis Comparativo de Indicadores del Sector Agroalimentario de Mexico y otros paises,2003,2005,2008.

—Ingreso Rural y la Producción Agropecuaria 1989 – 2002.

—El Comportamiento del Ingreso Rural en México 1994 – 2004, Abril 2006.

—Programa Especial Concurrente para el Desarrollo Rural Sustentable, Comision Intersecretarial para el Desarrollo Rural Sustentable 2007 – 2012.

—Estudio sobre la Evaluación del Desempeño del Programa de Apoyos Directos al Campo (PROCAMPO): Ciclos Agrícolas: OI 2004/2005 y PV 2005,Diciembre de 2005.

—Estudio sobre la Evaluación del Desempeño del Programa de Apoyos Directos al Campo (PROCAMPO): Ciclos Agrícolas: OI 2005/2006, Septiembre de 2006.

—Evaluación Externa del Programa de Apoyo para Acceder al Sistema Financiero Rural PAASFIR 2005 – 2006,Septiembre de 2006.

—Evaluación Integral del Programa de Promoción Comercial y Fomento a las Exportaciones de Productos Agroalimentarios y Pesqueros Mexicanos, 2005.

—Projecto Evaluación Alianza Contigo:Desarrollo de la Competittividad en Cadenas Agroalimentarias, Análisis de Políticas Agropecuarias y Rurales:

Integración de Cadenas Agroalimentarias, Noviembre, 2004.

—Projecto Evaluación Alianza Contigo: Enfoque Internacional sobre el Desarrollo de Cadenas Agroalimentarias, Análisis de Políticas Agropecuarias y Rurales: Integración de Cadenas Agroalimentarias, Noviembre, 2004.

—Projecto Evaluación Alianza Contigo: Propuesta para el Impulso a la Integración de Cadenas Agroalimentarias, Noviembre, 2004.

—Evaluación Alianza Contigo 2003: Sanidad Agropecuaria: Visión Estratégica, Octubre, 2004.

—Evaluación Alianza para el Campo 2004: Sistema de Sanidad e Inocuidad Agroalimentaria en México: Visión Estratégica, Septiembre de 2005.

—Projecto Evaluación Alianza para el Campo: Consejos Municipiales de Desarrollo Rural y Municipalización de Alianza para el Campo, Análisis de Políticas Agropecuarias y Rurales, Julio de 2005.

—Retos y perspectivas para los pequeños productores mexicanos ante la apertura commercial, Marzo de 2008.

—Análisis de Estacionalidad de la Producción y Precios en el Mercado de Productos: Hortofrutícolas y Frijol, Agosto de 2003.

—Projecto Evaluación Alianza para el Campo 2005: Análisis Prospectivo de Política para el Desarrollo Rural, Noviembre de 2006.

—Evaluación de la Alianza para el Campo 2001, Programas de Desarrollo Rural, Diciembre de 2002.

—Evaluación Alianza para el Campo 2006: Informe de Información Nacional Programa de Desarrollo Rural, Septiembre de 2007.

47. Servicio de Información Agroalimentaria y Pesquera (SIAP)

—Indicadores Básicos del Sector Agroalimentario y Pesquero, Abril de 2010.

—Balanza Mensualizada de Disponibilidad – Consumo: Información Básica, Marzo de 2010.

—Indicadores Básicos del Sector Agroalimentario y Pesquero, Abril de 2009.

—Situación Actual y Perspectivas del Trigo 1990 – 2006, Febrero de 2005.

—Situación Actual y Perspectivas de la Producción de Sorgo en México,

Septiembre de 2003.

—Situación Actual y Perspectivas del Maíz en México 1990 – 2004.

—Situación actual y perspectiva de Frijol en México 2000 – 2005.

—Situación Actual y Perspectiva del Arroz en México 1990 – 2010.

—La Cebada: Situación Actual y Perspectiva de la Producción 1995 – 2007, Agosto de 2006.

—Indicadores Estratégicos del Sector Agropecuario, Diciembre de 2006.

—Sistema Producto: Naranja, www. naranja. gob. mx

—Sistema Producto: Acuagate, www. aguagate. gob. mx

—Sistema Producto: Café, www. cafe. gob. mx

—Sistema Producto: Caña de Azucar, www. azucar. gob. mx

—Sistema Producto: Limón, www. limonmexicano. gob. mx

—Sistema Producto: Mango, www. mango. gob. mx

—Sistema Producto: Maíz, www. maiz. gob. mx

—Sistema Producto: Arroz, www. arroz. gob. mx

—Sistema Producto: frijol, www. frijol. gob. mx

—Sistema Producto: Melón, www. melon. gob. mx

—Sistema Producto: Trigo, www. trigo. gob. mx

—Sistema Producto: Cacao, www. cacao. gob. mx

—Sistema Producto: Guayaba, www. guayaba. gob. mx

48. Vázquez, Arturo (1994), "Retrospectiva y política actual de la investigación agropecuaria y forestal en México", Tesina, Instituto Nacional de Administración Pública y Colegio de Postgraduados, México.

49. Víctor Celaya:

—"El nuevo sistema de cobro de intereses del FIRA y la capitalización del campo", *Perspectiva agropecuaria*, Número 12, 1991, Consejo Nacional Agropecuario, México.

—"La tasa de interés real del crédito agropecuario en México", *Perspectiva agropecuaria*, Número 12, 1993, Consejo Nacional Agropecuario, México.

50. Zepeda, G., "Transformación Agraria: Los Derechos de Propriedad en el Campo Mexicano bajo el Nuevo Marco Institucional", CIOAC, México, 2000.

后　记

2004 年 3 月至 2005 年 2 月，笔者在国立墨西哥自治大学访学。当时，适逢北美自由贸易协定生效 10 周年，如何看待该协定对墨西哥农业、农村和农民的影响是墨西哥的热点话题之一，这引起了我的关注和兴趣。

2007 年以"拉美地区'三农'问题研究"为题申请了中国社会科学院的重点研究项目，2011 年底以"开放条件下的'三农'——墨西哥案例研究"为题结项。选择墨西哥作为案例国家，进行深入研究和分析，主要原因有三个：第一，在墨西哥访学期间，有意地收集了部分相关资料，也有一定的直观感受；第二，在拉美地区，墨西哥的"三农"问题较为明显和突出；第三，墨西哥的农村发展经历，特别是第二次世界大战以后的农业部门的发展历程，在发展中国家较为典型。

2012 年 9 月至 2013 年 9 月，受福特基金资助，笔者在美国加州大学圣迭哥分校的伊比利亚和拉丁美洲研究中心访学，利用该大学的便利条件，查阅和补充了一些资料。

2014 年是北美自由贸易协定生效 20 周年，但因本书主要参考墨西哥官方的普查资料和数据，而其最近的一次普查数据截至 2010 年，因此 2010 年以来的数据、形势变化未能及时反映出来。

作为一个对本国农业问题尚未充分认识和了解的中国学者，却研究墨西哥的农业改革开放问题，恐怕会出丑。书中的缺陷和不当之处，敬请同行和专家批评指正。

谢文泽
2015 年 3 月

《拉美研究丛书》已出书目